LA CONQUÊTE PACIFIQUE

DE L'INTÉRIEUR AFRICAIN

NÈGRES, MUSULMANS ET CHRÉTIENS

PAR

Le Général PHILEBERT

Ouvrage illustré
et accompagné de 3 cartes

PARIS
ERNEST LEROUX, ÉDITEUR
28, RUE BONAPARTE, 28

1889

ANGERS, IMP. BURDIN ET Cⁱᵉ, RUE GARNIER, 4.

Dédié a Son Excellence

Monsieur le Maréchal CANROBERT

Hommage de la reconnaissance et du respect de l'auteur.

Général Ch. PHILEBERT.

ALGER, VUE PRISE DE MUSTAPHA-SUPÉRIEUR. (Dessin de M. O...)

LE SAHARA

CHAPITRE PREMIER

Danger de nos possessions algériennes en cas de guerre européenne et de soulèvements indigènes. — Difficultés d'une concentration de l'armée d'Afrique. — Moyens de faciliter son action, et celle de la flotte.

Depuis quelque temps l'attention publique semble se reporter vers les questions algériennes. Il a paru un nombre considérable de brochures, d'articles de journaux ayant trait aux intérêts multiples qui se rattachent à nos possessions du nord de l'Afrique et l'opinion, excitée par les meurtres répétés de voyageurs français, suit ces divers travaux avec un soin tout particulier et un intérêt qu'elle n'apportait pas autrefois à ces questions. Le moment est peut-être favorable pour essayer d'esquisser, en un travail d'ensemble, les conditions générales de nos possesions au triple point de vue de la sécurité, de l'affermissement et du développement de notre colonie.

Le temps de notre jeunesse a été largement dépensé aux travaux de la conquête, on trouvera sans doute bien légitime de notre part, qu'arrivé au terme de la carrière, nous nous préoccupions de la grandeur et de la sécurité de ce pays qui forme le prolongement naturel de la France, à laquelle il est relié maintenant, par de nombreuses lignes de navigation à vapeur.

Le danger peut naître soit de conflits européens, soit de conflits avec le peuple musulman sur lequel nous l'avons conquis.

Il est logique d'admettre qu'en cas de conflits européens, nos possessions du nord de l'Afrique ne seront point terrain neutre et la tentation d'y apporter le désordre et d'en faire un théâtre de luttes, sera d'autant plus grande, pour l'ennemi, que la colonisation en sera plus développée. Il n'est pas douteux, non plus, que le séjour, tant soit peu prolongé d'une troupe de débarquement sur un point quelconque du littoral, amènerait une levée de boucliers d'une portion des populations indigènes. Quoique le transport et le débarquement d'une force, même peu considérable, soit toujours une opération difficile, nous devons en admettre la possibilité.

Les possessions françaises comprennent aujourd'hui l'Algérie et la Tunisie. Elles ont un développement de côtes de plus de trois cent cinquante lieues, de l'embouchure de l'Oued-Kiss à celle de l'Oued-Fessi.

Sur un aussi immense espace un ennemi entreprenant trouvera toujours moyen de descendre.

« *La frontière maritime de l'Algérie, dit le colonel Niox dans sa* Géographie physique, *n'est pas organisée en vue d'une attaque par mer. Si l'on pouvait avoir quelque inquiétude en cas de guerre européenne, c'est à la flotte qu'il faudrait remettre le soin de garantir le littoral très étendu de l'Algérie et de la Tunisie.* »

Si la descente a lieu, c'est à l'armée d'Afrique qu'il incombera de jeter promptement à la mer les troupes débarquées, sous peine d'avoir à combattre aussi, à bref délai, une insurrection indigène. Elle ne devra compter que sur elle seule pour remplir cette tâche car, à ce moment, le reste de l'armée française aura sans doute son emploi sur le continent, de même que la flotte sera opposée à la marine de nos adversaires.

Rue d'Alger. (*Dessin de M. O. Callaghan.*)

La concentration des forces, dont se compose l'armée d'Afrique, dans l'état actuel du réseau du chemin de fer algérien, serait longue et difficile.

Si l'on se rend compte de la dispersion, sur une multitude de points, des éléments qui la composent, de la distance considérable qui sépare presque tous ces points de la côte, de l'impossibilité dans laquelle chaque garnison se trouvera d'abandonner le poste dont elle a

La Casbah d'Alger. Pavillon de l'Éventail (*Dessin de M. O. Callaghan.*)

reçu la garde, il devient évident que l'on ne pourra compter, au début, que sur un petit noyau de troupes et que la concentration sera très lente.

Ces troupes, mêmes concentrées, seraient dans une situation défavorable parce que, sur ce vaste territoire, les points d'appui manquent. « *Alger même, dit le colonel Niox, dans l'ouvrage déjà cité, est insuffisamment protégé contre les insultes d'une flotte ennemie. Des fortifications, du côté de terre, défendent la ville contre toute insurrection arabe, mais seraient sans valeur contre l'attaque d'une armée européenne.* »

Nous ne pensons pas que l'attaque ait lieu contre Alger, mais, en admettant que ce soit une base, elle est trop éloignée pour suffire aux besoins sur tout le long développement de la côte. En effet, l'armée qui

LE JARDIN D'ESSAI. (*Dessin de M. O. Callaghan.*)

en sortirait pour marcher sur les vallées de Bougie, de Mostaganem ou de la Calle, aurait à traîner à sa suite ses vivres, ses munitions, à traverser des contrées immenses, des montagnes du plus difficile accès, au milieu de populations denses et guerrières. Ces opérations menées à bonne fin, elle se trouverait en présence de forces peut-être supérieures, ayant eu le temps de renforcer leur position au moyen de la fortification de campagne.

Il serait déplacé, dans une étude de ce genre, de se demander si la conduite que nous avons tenue vis-à-vis des indigènes est de nature à nous en concilier au moins une partie ; mais il est logique d'admettre, que pendant de longues années, les peuples conquis, de quelque façon qu'on les traite, ont le désir et la volonté de ressaisir leur indépendance. C'est un sentiment naturel auquel on doit accorder une valeur, lorsque, surtout, le vainqueur et le vaincu sont aussi différents de religion, de mœurs et de langage, que le Français l'est de l'indigène algérien.

Ce simple exposé suffit pour démontrer que la défense de ce vaste territoire serait difficile, et pour inviter à chercher les moyens d'améliorer la situation. Il appartient aux pouvoirs civils de faire effort pour assimiler le plus possible d'indigènes en leur faisant une part suffisante dans notre état social.

Puis, il faut organiser un réseau de chemins de fer, qui permette de concentrer rapidement les troupes sur les points où les descentes peuvent avoir lieu ; il aura pour nous le double avantage de servir également à diriger rapidement les forces sur les foyers d'insurrection.

Il faut aussi créer sur la côte des points suffisamment forts pour être à l'abri d'un coup de main et suffisamment pourvus de vivres et de matériel pour pouvoir servir de bases aux troupes chargées de rejeter l'ennemi à la mer et leur épargner la conduite et la protection, toujours difficiles, de convois pour lesquels les moyens de transport font toujours défaut au moment du danger.

Il n'entre pas dans le cadre de notre travail d'indiquer quels sont les points à fortifier. Ceux-ci, du reste, ne peuvent être choisis qu'après une étude approfondie des localités.

La marine a les mêmes besoins que l'armée. Il lui faut sur la côte des points d'appui, des magasins, des arsenaux.

En effet, une troupe de débarquement, toujours en danger d'être jetée à la mer jusqu'à ce que, comme l'armée de Wellington, elle se soit construit un Torrès-Védras, doit avoir à sa portée ses flottes de guerre et de transport, pour en tirer ses subsistances, et aussi pour s'y réfugier dans le cas où, attaquée par des forces supérieures, elle ne pourrait contenir l'ennemi. Or, la

Le Cap Carbon. (*Dessin de M. O. Cullaghan.*)

côte d'Afrique est inhospitalière, les mouillages y sont rares et si nous occupions solidement les cinq ou six meilleurs, il serait bien difficile à une flotte nombreuse de tenir longtemps, la mer sans danger grave, à portée des troupes de débarquement.

Ces points d'appui auraient encore une autre utilité, si on y joint des magasins, des chantiers et des ouvriers. Lorsqu'on lit le récit des batailles navales, on voit généralement que les plus grandes pertes ont lieu après le combat. Les vaisseaux les plus engagés, souffrent de nombreuses avaries, perdent une partie de leurs équipages, et ne sont plus en état de supporter une longue navigation. Il leur faut, à bref délai, un abri et les moyens de se réparer. Une flotte, loin d'un port de refuge, ne peut donc livrer plusieurs batailles sans de lourds sacrifices. En créant sur cette côte d'Afrique des abris et des chantiers de réparations, nous multiplions

BOUGIE, PORTE SARRASINE. (*Dessin de M. O. Cullaghan.*)

donc la force de la flotte et nous diminuons sensiblement les chances de l'ennemi.

C'est en Tunisie surtout, qu'il est de toute nécessité de créer une base de ce genre, à Bizerte, car c'est évidemment là que les premières tentatives auront lieu. — A quoi bon tous les efforts, tout l'argent dépensé pour coloniser ce pays, si nous ne prenons les précautions nécessaires pour le défendre et le conserver.

VUE DU PORT DE BIZERTE. (Dessin de M. ...)

Mosquée de Gabès. — Dessin de L. Piesse.

CHAPITRE II

Puissance du peuple musulman. — Hostilité des ordres religieux avec les gouvernements musulmans. — Ordres religieux algériens. — Origine des ordres religieux, leurs doctrines, leur importance, leurs tendances.

Nous croyons être dans la vérité, en disant que le danger de luttes avec le peuple musulman existe toujours dans nos possessions du nord de l'Afrique, et que nous aurions une idée fausse de ce danger, si nous le mesurions d'après les forces dont disposent les gouvernements musulmans. Turquie, Maroc, Vilâyet de Tripoli, Égypte, etc., sont dans un état de désordre et d'anarchie qui frise l'impuissance. La capacité de lutte du peuple musulman ne réside pas là, sa force est ailleurs et nous est, jusqu'à présent, restée en partie cachée.

Si nous remontons à l'origine, à la formation de la puissance musulmane, nous la voyons merveilleusement organisée pour la conquête ; en peu de temps elle a envahi une portion considérable de la surface du globe. En Europe, il est vrai, le musulman a été forcé de reculer, mais sa force d'expansion n'a pas été détruite sous les coups de nos ancêtres, la défaite de Poitiers a détourné le courant, sans réussir à l'arrêter.

De notre temps même, si cette puissance a cédé du terrain devant l'Europe civilisée, elle a conquis des royaumes entiers sur les idolâtres. Depuis son apparition dans l'histoire, le musulman, toujours conquérant, s'est heureusement montré inhabile à administrer les empires qu'il fonde et à développer leur puissance. Ce fait évident est facile à expliquer.

Pour les musulmans, toute puissance est dépendante de l'idée religieuse, et celle-ci n'est pas séparée de l'idée politique.

Mahomed et les premiers Khalifes sont bien des chefs d'État, mais ils ne gouvernent qu'en vertu de leur rôle religieux, ils ne parlent qu'au nom de Dieu, dont ils sont les envoyés. Les intérêts temporels sont soigneusement effacés et ils n'en ont cure, car ils ne cherchent pas la grandeur et la richesse du gouvernement. Ce ne sont pas des chefs de nation, ce sont des pontifes.

Les États qui s'établissent successivement sont tous fondés par des descendants du Prophète, et c'est leur qualité de chefs religieux, leur parenté avec le Prophète, qui leur assurent le respect et l'obéissance des populations. Le rôle de souverain, de puissant sur la terre, n'existe pas en dehors du Prophète et de sa lignée. Ces sentiments, cette tradition font la force du peuple musulman et constituent le levier qui le fait agir, qui réunit en un but unique les aspirations diverses de vingt peuples différents formant une masse de petits gouvernements ou mieux de petits groupes. C'est ce

Koubba près de Thiout.

levier qu'il faut étudier et qu'il est important de connaître.

Ce n'est pas auprès des gouvernements turc et marocain qu'on peut se rendre compte de ce qu'est le peuple musulman et de ce qu'il veut.

Le croyant ne connaît pas les frontières d'État, les idées de nationalité et de patrie lui font par suite complétement défaut. Il ne connaît que la loi religieuse, et surtout la loi de sa secte, le commandeur des croyants lui-même est à la remorque de cet esprit, dont la direction lui a échappé.

Le sultan du Maroc, malgré son origine chérifienne, n'est qu'approximativement maître chez lui. La vie du peuple musulman est tout entière dans les ordres religieux, ce sont eux qui ont en main les volontés de la population.

Les chefs d'ordres, par les instructions verbales et écrites, les manifestes qu'ils adressent à leurs vicaires (moqadems), apaisent ou soulèvent à volonté leurs frères (Khouans).

Il en résulte, d'une façon indiscutable, que c'est dans ces espèces de mandements, d'instructions des chefs d'ordres, qui sont, en réalité, de vrais exposés de principes et des règles de conduite, que nous devons chercher la note juste de nos relations.

Malheureusement, il est fort difficile de se procurer ces écrits et non moins difficile de les comprendre. Peu de gens, aujourd'hui même, après un contact de plus d'un demi-siècle, sont en état de traduire ces documents. Il en résulte que nous sommes fort ignorants de choses, qui sont cependant des plus intéressantes[1] pour nous.

Nous croyons à tort, en France, que les Arabes écrivent peu et qu'il y a peu de livres chez eux. L'instruction est rare, il est vrai, mais ceux qui la possèdent écrivent beaucoup et nombre de zaouias contiennent des richesses considérables.

Celle des rahmani'a à Nefta, entre autres, est extrêmement riche. Nous avons été fort étonnés de trouver rassemblés là un nombre considérable de livres de tous les âges.

Pendant la période de la conquête, occupés des combats journaliers, des difficultés du commandement, des mille détails de l'administration du pays, nous

---

[1]. Il devrait y avoir à Alger un bureau de traduction et un crédit annuel pour acheter ces documents. Il suffirait de deux ou trois savants pour mettre tout le monde au courant.

avions peu de temps à consacrer à l'étude : aussi les publications de cette époque sont peu importantes, elles ne donnent aucun aperçu d'ensemble. Aujourd'hui il

Mosquée de Sidi-Okba. (*Dessin de M. O Callaghan.*)

Inscription Coufique
« Ceci est le tombeau de Okba-ben-Nafé. Que Dieu lui pardonne. »
هذا قبر عقبة ان نافي رحمه الله

commence à paraître quelques livres sérieux, qui projettent un peu de lumière sur ces questions.

Nous en citerons deux, qui nous ont particulièrement aidé dans notre travail : celui de M. Henri Duveyrier sur l'ordre des Senoussya, et celui de M. le commandant Rinn, *Marabouts* et *Khouans,* auxquels nous avons emprunté une partie de nos renseignements.

Une quantité considérable d'ordres et même de sous-ordres se partagent la population musulmane et l'étude détaillée de chacun d'eux nous entraînerait au-delà du cadre que nous nous sommes fixé. Nous laisserons de côté ceux qui n'ont d'affiliés que dans les Indes, en Perse, en Égypte et en Asie-Mineure. Nous nous bornerons à citer les noms de la plupart de ceux qui sont africains, en indiquant seulement les points qui peuvent nous être utiles. Nous nous arrêterons davantage sur ceux qui ont pour nous un intérêt majeur, renvoyant ceux de nos lecteurs que cette question intéresserait à l'excellent livre de M. le commandant Rinn.

Le plus ancien de tous, celui qui a servi de modèle, de point de départ, est celui qui porte le nom de Seddikya. Il a été fondé par Abou-Baker, père de Aicha, femme du prophète que l'on appelle la vierge, (de toutes les femmes du prophète, elle fut la seule qu'il épousa vierge), par conséquent par le beau-père du Prophète et de son vivant. Tous les autres ordres se rattachent à celui-là. Aussi ses doctrines sont un point de départ qui nous éclaire absolument sur celles des dérivés[1].

Abou-Baker est le successeur de Mahomed, c'est le premier khalife; mais, bien plus que khalife, il est avant tout imam (pontife). Il s'appelle el-Seddik, *le certificateur,* et aussi el-Atik, *le prédestiné.* C'est un ascète, un musulman intransigeant. Son gouvernement s'appuie sur l'inflexibilité de la révélation. Il constitue son ordre dans le but de maintenir la pureté du dogme et l'or-

---

1. Les Ouleds-Sidi-Chikh, qui nous ont fait pendant vingt-deux ans une guerre si acharnée, ont Abou-Baker pour ancêtre direct.

Alger. Mosquée de Sidi Abd-er-Rahman. (Dessin de M. Taylor.)

thodoxie des fidèles. Il prêche l'imamat, le gouvernement de l'imam universel, de celui que Dieu a envoyé (رَسُول اللهِ Resoul-Allah) pour sauver le monde et indiquer les voies du salut, Mahomed.

Les successeurs ne peuvent rien modifier, rien changer à sa loi, puisqu'ils n'agissent que par sa délégation et qu'il reste en communication avec eux. C'est donc le prophète qui continue par leur intermédiaire de gouverner le monde mahométan.

L'imamat est donc en réalité le gouvernement de l'élu de Dieu lui-même. Il l'exerce à l'aide de personnages qu'il choisit et avec lesquels il entretient des relations.

« *L'islam*, dit Abou-Baker, *ne connaît qu'une loi, une et indivisible, il n'est pas permis d'obéir à une de ses prescriptions et de rejeter l'autre.* »

Dans la conception de cet ordre, l'imam est saint, c'est-à-dire est en communication avec Mahomed et reçoit de lui la puissance surnaturelle. Il fait en son nom des miracles.

Les ordres, fondés depuis, ont toujours pour base ce fait absolu : le chef fonde l'ordre sur l'invitation du prophète, qui se révèle à lui et le dirige. La parole du cheikh, sa volonté, sont celles de Mahomed lui-même.

Les principes fondamentaux des Seddikya sont, pour tout affilié, l'abandon absolu de toute volonté entre les mains du cheikh (chef de l'ordre) et la soumission complète à des pratiques, qui, toutes, tendent à l'absorption de toutes les facultés, de toutes les pensées, dans la contemplation du prophète et de Dieu, la confiance absolue dans le pouvoir surnaturel du cheikh.

Décrire toutes les pratiques mystiques et toutes les phases, qui conduisent l'affilié jusqu'à l'oubli de lui-même, jusqu'à la vision du prophète et à son

tion complète, ce serait paraphraser ce qu'en a dit M. le commandant Rinn. Les quelques explications, qui précèdent, suffisent du reste à démontrer l'esprit des associations religieuses, à établir que chaque musulman ne voit, n'agit que sous l'impulsion du chef de l'ordre auquel il a fait l'abandon de sa volonté, dans lequel il s'absorbe en un mot.

C'est un pouvoir bien considérable et nombre de révoltes et de luttes nous ont déjà prouvé sa réalité.

Mais le khalife, l'imam Abou-Baker, a prononcé d'autres paroles qui méritent notre attention. En prenant le pouvoir il a dit : « *Me voici chargé de vous gouverner, je ne suis pas le meilleur d'entre vous, j'ai besoin de vos avis et de votre concours, si je fais bien, aidez-moi, si je fais mal, redressez-moi. Devant moi l'homme faible et l'homme puissant sont égaux, je veux rendre à tous une impartiale justice. Tant que j'obéirai à Dieu et au Prophète, obéissez-moi; si jamais je m'écarte du sein de Dieu, je cesse d'avoir droit à votre obéissance.* »

Paroles graves, qui établissant le droit en face du devoir, légitiment toutes les révoltes et toutes les luttes contre le pouvoir temporel et le mettent absolument sous le contrôle religieux.

En dehors de la religion les hommes sont égaux, ils ne peuvent commander à leurs semblables qu'en son nom. Tous étant irrévocablement fixés à la loi de Mahomed, il n'y a ni amélioration, ni changements, ni progrès possibles. Les biens, les choses de la terre sont sans intérêt, l'observation des lois religieuses, la pureté, l'orthodoxie seules sont valables. La révolte est permise, elle devient même un devoir contre tout ce qui s'en écarte.

Aussi, la plus redoutable accusation que puisse en-

courir un musulman est celle de ne pas être orthodoxe; et chaque personnage désireux de fonder une secte religieuse commence toujours par l'énonciation du fait, qu'il a vu Mahomed et en a reçu la mission de fonder un ordre; puis il établit son orthodoxie absolue à l'aide de deux documents qui sont, l'un, un exposé de doctrines, l'autre la filiation des maîtres, professeurs et saints, qui lui servent de phares, de jalons et le rattachent à Mahomed. Ces deux documents se nomment : الطريق el Thriq, *la voie*, السند et Sened, *l'appui*.

Il n'échappera à personne combien la traduction de ces documents serait intéressante et importante; elle nous donnerait immédiatement la connaissance des tendances, des idées, du but de chaque ordre. Bien peu jusqu'à présent ont été traduits, mais le contact immédiat et prolongé avec les affiliés nous a appris, à nos dépens, une partie de ces secrets.

Tous ces ordres sont, aujourd'hui, affiliés à celui des Senoussya et font cause commune avec lui. Il suffira donc de les énumérer en réservant notre attention sur ce dernier.

Ordre des Qadrya. — L'ordre des Qadrya a été fondé en 1165 par Abd-el-Qader-el-Djilani, connu sous le nom de Mouley-Bagdad ou de Mouley-Abd-el-Qader. Cette secte est la plus répandue sur toute la surface de la terre et son fondateur est le plus grand saint de l'islam.

Le nombre des affiliés est considérable aux Indes, en Turquie, en Asie, en Égypte et dans tout le nord de l'Afrique, au Sénégal et jusqu'au Maroc. Mouley Abd-el-Qader, quoique pénétré comme tout musulman de l'excellence du çoutisme[1], est surtout remarquable par

1. Le çoutisme (de صفي être pur) n'est ni une secte ni un système, c'est la recherche par la vie mystique et les pratiques pieuses d'un état de

esprit de tolérance et de charité. Par une heureuse coïncidence, qui nous est très favorable, il est aussi pénétré d'une profonde admiration pour Notre-Seigneur Jésus-Christ, à cause de sa charité sans limites. Ses disciples ayant conservé intacts les principes et les idées religieuses du chef, nous devons les compter aujourd'hui parmi les moins hostiles.

Comme suite à l'esprit de tolérance du fondateur, l'ordre admet, ce qui est rare, les relations avec les pouvoirs temporels, et autorise à vivre avec eux, en bonne intelligence. Malheureusement, le siège de l'ordre est loin de nous, à Bagdad; la direction générale, très prudente, peu jalouse de ses droits, abandonne la direction à des personnages secondaires. La grande popularité dont jouissent, dans l'islam, les qadrya, entraîne beaucoup de khouans à se faire recevoir parmi eux. Par suite, l'ordre s'est fractionné en beaucoup de sous-ordres, et il est arrivé ainsi, que des portions ont joué un rôle tout différent de ses doctrines et que nous l'avons trouvé mêlé non en totalité, mais en fractions assez importantes, aux révoltes et aux insurrections.

ORDRE DES CHADELYA. — L'ordre des Chadelya a eu pour origine celui des Madanya, fondé, en 1126, par un nommé Si-Bou-Médian, né à Séville, et qui apporta dans l'ouest, les doctrines du çoufisme. Le centre de cet ordre est en Tripolitaine, où les affiliés se sont inféodés aux Senoussya, et par conséquent, doivent être considérés comme des plus dangereux.

Si-Bou-Médian eut pour élèves Abd-el-Selam-ben-Machich, qui fonda l'ordre des Machichya, et aussi le

---

pureté morale et de spiritualisme assez parfait pour arriver à l'extase, c'est-à-dire aux rapports directs avec Mahomed. Il est commun à tous les ordres.

Mosquée des Qadrya (Bagdad)

célèbre El-Chadely, né en 1196 près de Ceuta, et dont la sainteté est établie par de nombreux miracles ; il est le chef d'une école très nombreuse et très importante.

Un des préceptes de la philosophie religieuse de Si-Bou-Médian est celui-ci : « *Obéis à ton cheikh* (chef d'ordre religieux) *avant d'obéir au souverain temporel.* » C'est le développement, le complément des principes d'Abou-Baker.

Cette doctrine a encore été accentuée par son disciple El-Derqaoui, fondateur de l'ordre marocain des Derqaoua, dont le nom est devenu le synonyme de déguenillés et de révoltés.

La doctrine du chef a produit ses résultats. Elle recommandait d'éviter la société des hommes exerçant un pouvoir quelconque, d'avoir au contraire, pour le chef religieux, une obéissance absolue, d'être entre ses mains, suivant son expression, « *comme le cadavre entre les mains du laveur des morts.* »

Les disciples sont allés plus loin encore et sont devenus les ennemis de toute autorité, surtout de celle des Turcs.

Nous n'avons pas non plus à nous louer de leur obéissance et de leur attitude à notre égard ; cependant beaucoup d'entre eux, nous devons le reconnaître, ne justifient pas absolument leur mauvaise réputation.

En outre de ces ordres, l'école des Chadelya, très-importante au point de vue philosophique, a un grand nombre de dérivés, qui professent les mêmes doctrines ce sont : les ordres des Djazoulya, branche marocaine peu nombreuse.

Zerroukya.

Youssefya ou rachedya, le chef de l'ordre était originaire de Milianah (province d'Alger). Ses descendants sont encore chefs des Beni-Ferah, puissante tribu kabyle de Milianah.

Rachedya zerroukya, sud marocain, Ich, Igli, Figuig.

Razya, Maroc, oued Drââ.

Aïssaoua, Maroc, extrêmement exaltés. Ils poussent leurs pratiques religieuses jusqu'à une espèce d'état d'hallucination, qui les rend en partie insensibles à la douleur, comme au moyen âge les convulsionnaires de St-Médard. Ils ont des établissements chez les Ouzeras de Médéah, dont leur chef était originaire

Sohalya, Maroc.

Kerzazya, Maroc. L'importance de cet ordre dans le sud marocain est considérable. Il ne s'étend pas au loin mais ses affiliés sont très unis, très serrés autour de leur cheikh dont l'influence est en progrès.

Il a plus particulièrement pour clientèle les gens des oasis, qui ne sont pas nomades, et sa protection leur est plus spécialement accordée. Ce serait un ordre utile si on avait, dans ce pays, à développer l'agriculture et à fixer au sol les populations.

Nous n'avons pas eu, jusqu'à présent, à nous plaindre de son hostilité. Il est vrai que nos rapports sont peu nombreux, n'étant pas en contact immédiat avec lui. Cependant il y a quelques-uns de ses affiliés et de ses moqaddems jusqu'à Tlemçen.

ORDRE DES OULED-SIDI-CHIKH. — Ordre des plus hostile et des plus nuisible à notre influence. Il est aujourd'hui lié aux Senoussya et notre devoir est de le miner et de le détruire par tous les moyens en notre pouvoir. Malheureusement ses affiliés ont pour refuge le sud marocain où ils sont à l'abri de nos coups.

Nous avons vainement essayé de nous les attacher. Ils ont la même attitude vis-à-vis de tous les pouvoirs et ont été expulsés de partout à cause de leurs révoltes constantes.

Malgré leur rébellion en 1864 et la guerre acharnée qu'ils nous ont faite depuis, nous avons consenti à permettre leur rentrée et nous avons fait à quelques-uns une situation fortunée. Il est à craindre qu'ils ne s'en servent contre nous pour lever encore le drapeau de la haine et de la guerre aux chrétiens, et il est certain

Aïssaoui, Charmeur de Serpents. (*Dessin de M. O. Callaghan.*)

qu'ils ont eu l'initiative du meurtre de M. le lieutenant Palat.

On ne doit s'attendre de la part de cet ordre, qu'à des menées hostiles. Du reste, ses chefs détruisent eux-mêmes, petit à petit, par leurs actes de bandits, l'influence qu'ils avaient acquise par la piété, la sagesse et la charité de leurs ancêtres. Leurs adhérents religieux diminuent de jour en jour et cèdent la place aux coupeurs de routes et aux brigands qu'ils appellent près d'eux.

Ordre des Nacerya. — Maroc, oued-Drââ. Cet ordre a pour nous une certaine importance en ce qu'il a à sa tête des personnages considérables dont l'influence s'étend très loin. Il a des zaouias jusque sur les points les plus éloignés du Sahara. Tous les ans, des moqadems de l'ordre vont les visiter et en profitent pour entretenir des relations commerciales qui peuvent nous être utiles un jour.

Ordre des Zianya. — Maroc. C'est un ordre riche et puissant. Les khouans sont les pilotes du Sahara. *Ils conduisent les caravanes et les protègent contre les brigands et coupeurs de route.*

L'ordre est animé d'un grand esprit de tolérance et le cheikh n'a jamais permis à ses khouans de s'adjoindre aux Ouled-sidi-cheikh contre nous. Il a même rendu au général de Wimpfen quelques services dans son expédition contre Aïn-Chaïr.

Ordre des Hansalya. — Maroc et environs de Constantine.

Ordre des Habédya. — Tafilalet, sud marocain.

Ordre des Bakkaya. — Originaires du Maroc, est puissant dans le sud jusqu'à Tombouktou. Il a pour nous une très grande importance, si nous voulons étendre notre influence et nos relations jusqu'au Soudan.

Cet ordre est très tolérant; désireux d'étendre ses relations, il a déjà couvert de sa protection plusieurs voyageurs européens, surtout le docteur Barth qui malheureusement nous était hostile.

Ordre des Rahmanya. — Le fondateur de cet ordre, Si-Mahmed Ben-Abd-er-Rhaman Bou-Gobrin, est d'origine marocaine, mais il est né dans la tribu des Aït-Smaïl dans la Kabylie du Djurjura. Son nom de Bou-Gobrin (deux tombeaux) rappelle la légende, qui, au

Mosquée de Tripoli. (*Dessin de M. L. Piesse.*)

moment de sa mort, a miraculeusement permis à son corps d'être enseveli à la fois à Alger et en Kabylie pour satisfaire ses adeptes.

C'est un ordre puissant dont les khouans sont mêlés

à toutes les insurrections algériennes, sinon comme instigateurs, au moins comme agents actifs, venant se mêler aux combattants et les excitant par leur exemple et leurs prédications religieuses.

A la suite de la révolte de 1871, Si-Aziez, le cheikh actuel de l'ordre en Kabylie, avait été interné à la Nouvelle-Calédonie. Il est parvenu à s'échapper et a vécu depuis à la Mecque et à Djeddah, assurément fort hostile à notre domination et en relations journalières avec ses affiliés, qui voient en lui un saint et une victime de la persécution des chrétiens.

L'ordre, heureusement, s'est morcelé ; quatre zaouia importantes se partagent aujourd'hui les khouans et elles ne sont pas susceptibles d'une action commune.

Elles sont situées : une à Taulga dans les Zibans, (sud de la province de Constantine, c'est la zaouia qui a soulevé les Zibans et a nécessité le siège de Zaatcha,) deux à Nefta, dans le Djérid tunisien et une à Cherfat-el-Amel, près de Bousaada (province d'Alger).

Ordre des Khadyria ou Mohammedya. — Cet ordre est extrêmement étendu et très hostile. A la suite de la mort de son quatrième cheikh, Si-Ahmed-ben-Idris El-Fassy, il s'est coupé en deux fractions, l'une entièrement indienne, l'autre, qui est devenue la secte fameuse des senoussya, à laquelle nous consacrons un chapitre à part.

Cette énumération, fastidieuse pour le lecteur, à peu près terminée, il ressort de ce que nous avons dit, que tout musulman est affilié au moins à un ordre, quelquefois à plusieurs. Que tous les ordres ont pour règle et pour moyen la pratique d'un mysticisme ardent, qui fait de l'ensemble une armée toute organisée avec ses fractions. Les chefs heureusement sont divisés d'intérêts et d'ambition, mais prêts à obéir, s'il apparaissait dans le monde musulman une personnalité de force à soulever et diriger l'ensemble. Nous devons reconnaître que si quelques succès partiels mettaient en lumière un personnage, nous serions en grave danger et que même les soulèvements partiels peuvent avoir sur la prospérité de notre colonie une influence fâcheuse.

CHAPITRE III

Origine et début des Senoussya. — Leurs doctrines, leurs tendances. — Siège de leur puissance. — Ses développements. — Dangers certains de notre établissement dans le Nord-Afrique.

ORDRE DES SENOUSSYA. — Différentes études ont déjà paru sur cet ordre important, toutes établissent les mêmes faits. Il a été fondé en 1835 par Si-Mohamed-ben-Si-Ali-ben-Senoussi, né dans les Ouled-Sidi-Abd-Allah de Mostaganem, province d'Oran. Son origine est illustre, il descend de Fatma, fille unique du prophète, par son fils Hassen et aussi de Idris, qui a donné son nom à la dynastie chérifienne. Aussi il a ajouté à ses noms ceux de el-Hassani, el-Idrissi. Il fit ses études à Fez, puis il parcourut le monde, séjourna à Laghouath, à Messad, à Temacin, dans le Djerid Tunisien, en Tripolitaine, au Caire et à la Mecque. Il profita de ces voyages pour s'affilier à tous les ordres existants, pour étudier et s'assimiler toutes les doctrines. Partout il écrit, il discute, il prêche, et devient partout un objet d'effroi pour tous les pouvoirs établis. Aussi, il est chassé de partout. A la Mecque même, où il a bâti l'importante zaouia d'Abou-Kobaïs, il exaspère par ses allures hautaines et ses doctrines intransigeantes les détenteurs des pouvoirs politiques et sa position devient intolérable. Obligé de quitter la Mecque, il simule pour dissimuler sa fuite une révélation du prophète, *qui lui ordonne de prescrire à ses disciples de construire de leurs mains des établissements religieux dans le monde entier.* Dès lors, on voit, dans tous les pays musulmans, travailler à l'accomplissement de l'ordre révélé et partout

DERVICHE MENDIANT. (Pirmin-Didot.)

les mosquées et les zaouias se multiplient avec une incroyable rapidité.

Il choisit alors pour centre de l'ordre qu'il veut créer les côtes abandonnées de la Cyrénaïque et s'y établit loin de toute autorité et de tout gouvernement. Dans ses nombreux voyages, dans ses écrits, il a déjà fait connaître les bases de son ordre. Ascétisme rigoureux, isolement, contemplation, rigorisme absolu, éloignement de toutes relations avec le monde surtout avec le monde chrétien, récitation continuelle de la prière.

L'ordre est ouvert à tous et pour faciliter son extension et la cacher, il admet les Khouans de tous les ordres à faire partie du sien, avec l'intention certaine de finir par les absorber tous. « *En somme*, dit M. le commandant Rinn, *les doctrines des Senoussya sont le retour au Coran et au Çoufisme des premiers siècles de l'Islam. Leur but est surtout le retour à l'Imâmat comme gouvernement, et, c'est vers l'Imâmat exercé par leur cheikh que tendent tous les actes et toutes les prédications des Senoussya.* »

Si-Mohamed s'établit d'abord entre Tripoli et l'Égypte, près de Ben-Ghazi, à la zaouia de Refâ. Mais à cette époque il ne se sent pas assez puissant pour rester à portée des Turcs et bientôt il s'éloigne jusqu'au Djebel-el-Akhdar où il construit, à El-Beida, une zaouia, qui est le berceau de sa grandeur.

En peu d'années le Djebel-el-Akhdar fut littéralement couvert d'établissements. Chaque jour son influence grandit et il est bientôt le véritable souverain de tout l'immense pays que limite au nord la Méditerranée, de Gabès à Alexandrie, et qui s'étend au sud, au delà des royaumes nègres du Wadaï, du Baghirmi, jusqu'au bassin du Congo.

Vers 1855, la lutte entre les ulémas et les Turcs

de Constantinople grandissant toujours, il trouve le Djebel-el-Akhdar encore trop près de la côte et il s'enfonce dans le désert, à trente jours de marche de la côte. C'est près de l'oasis Syouah, à (جغبوب) Djerboub, qu'il fixe définitivement sa résidence et qu'il établit la zaouia maîtresse de son ordre.

Le point est bien choisi, au milieu de populations assez denses, mais sans relations avec le monde chrétien, presque inconnu des Européens; point central cependant pour les populations musulmanes de l'Afrique, nœud où toutes les routes de l'Égypte, du Soudan, du Maroc, de l'Algérie et de la Tripolitaine se soudent et où se rencontrent les caravanes allant à la Mecque; à portée de Constantinople, qu'il faut surveiller, car les sultans, trop en contact avec la civilisation européenne, sont suspects de tiédeur. Là, de tous les pays, les caravanes amènent des représentants; beaucoup, partis pour le saint voyage de la Mecque s'arrêtent à Djerboub, et, suffisamment sanctifiés, retournent dans leur pays, emportant la bonne doctrine, l'affiliation et l'enthousiasme.

Cette immense propagande rend, en quelques années, le Senoussi maître d'une partie du Soudan, auquel il renvoie, comme missionnaires, après les avoir convertis à sa doctrine, les nègres amenés par les caravanes. Dans d'autres parties du Soudan, ses principes s'imposent par la force et le sabre. Il nous suscite des insurrections, des révoltes à Lagouath, à Tuggurth; ailleurs, comme chez les Touaregs, il s'introduit sans bruit par la propagande de ses adeptes. Reconnaissant en Algérie et en Tunisie les difficultés d'un triomphe par la force, il conseille aux musulmans l'abandon de ces pays: « *Quittez, leur dit-il, ces pays maudits, la terre est assez grande pour vous recevoir, ne vous souillez pas du contact de l'infidèle, et Dieu vous donnera les jardins du Bonheur. »* Ses moqadems répètent ses paroles : « *Est-*

Le Père Pouplard, Missionnaire d'Afrique, assassiné près de Ghadamès.
(Missions Catholiques).

ce que la terre de Dieu n'est point vaste, changez donc de résidence sur cette terre ; quant à ceux-là qui n'émigreront pas, leur demeure sera l'enfer, et celui qui quittera sa patrie pour suivre la voie de Dieu, trouvera sur la terre des asiles nombreux et commodes. » A

Djerboub, siège de l'ordre, un chrétien ne peut pénétrer ; à Ben-Ghazzi, à trente jours de marche de ce dernier point, un consul européen n'oserait, le soir, sortir de sa demeure. Le musulman même, s'il est étranger, n'y est introduit qu'après l'examen le plus minutieux, les épreuves les plus sévères et la certitude de son identité. La Zaouia est rempli d'armes, même de canons achetés en Égypte, et des renseignements, qui peuvent être admis comme vrais, affirment que, récemment, cet arsenal a reçu trente mille fusils. Un personnel nombreux et choisi est prêt pour la défense, et des ouvriers habiles sont entretenus pour la réparation et l'entretien des armes. Un service de courrier à cheval ou à mehari (chameau de course), est organisé autour de Djerboub sur plusieurs lignes distinctes.

Des chameaux en grand nombre paissent à portée de l'oasis, prêts à emporter le cheïkh dans les asiles qu'il s'est préparés dans le désert, en cas de dangers graves. La police des Senoussya est admirablement faite partout où ils ont un intérêt ; et, c'est un fait reconnu, ils ont introduit jusqu'auprès du sultan, leurs affiliés et leurs serviteurs, et celui-ci a été, plus d'une fois, obligé de suivre la direction donnée par eux.

La doctrine s'étend de jour en jour, nous pouvons calculer le chemin parcouru, par le nombre de morts qu'elle nous a coûtés. Elle entoure et cerne nos possessions algériennes, dans lesquelles elle pénètre peu à peu. Les zaouias s'élèvent partout en Algérie, et les tribus du sud tunisien, qui avaient fui en Tripolitaine, sont remplies de ses khouans et de ses moqadems.

Personne, dans le monde musulman, ne doute de la puissance et des moyens considérables, dont disposent les Senoussya. Qu'attendent-ils et que veulent-ils ? Quel est leur but? Au service de quelle œuvre ont-ils mis toute cette énergie, ces talents d'organisation et préparé ce levier redoutable, de la foi d'un peuple si amoureux de luttes, de batailles, de sang? Questions auxquelles nul ne saurait répondre, mais qui nous préparent pour l'avenir, plus d'un sujet de surprises.

Lorsqu'on jette un coup d'œil sur le vieux monde musulman, on est frappé des sentiments de rivalité qui, depuis longtemps déjà, existent entre les Turcs et les Arabes et de la diminution de la puissance du commandeur des croyants, de celui que l'on nomme l'homme malade. Un choc puissant aurait déjà produit sa chute, si Constantinople n'était un objet de convoitise, pour plusieurs états européens. Le choc est inévitable et les esprits clairvoyants peuvent prévoir, dans un avenir rapproché, la fin de l'influence du gouvernement turc sur le monde musulman, soit par la chute même de l'empire, soit par le progrès de l'influence de la civilisation chrétienne sur les Turcs de Constantinople, influence qui les éloigne de plus en plus de la loi du prophète et qui peut finir par les mettre hors de l'orthodoxie. Dans ce dernier cas, la conséquence logique de la réforme entreprise par les Senoussya, serait de reconstituer entre leurs mains l'imamat, c'est-à-dire, le gouvernement général du monde musulman, faisant retour à l'orthodoxie.

Le réformateur, sous un but apparent de recherches de la pureté religieuse, veut le Panislamisme, et, au nom de son orthodoxie, il jette l'anathème aux chrétiens et aussi aux Turcs qui les fréquentent, à tous ceux qui s'accordent et s'arrangent avec eux. Il prêche la guerre sainte comme retour au Coran armé du sabre du conquérant, qui convertit ou fait disparaître les populations. Aussi voici la devise de son successeur, de son fils el-Mahdi :

التركُ والنصارى « Les Turcs et les chrétiens »
الكل في زمرة « Tous de la même bande (classe, espèce, catégorie). »
نقطعهم في مرة « Je les détruirai en même temps. »

L'ambitieux (un chef d'ordre ébloui de sa puissance l'est toujours) veut jouer le premier rôle. Il voit bien que l'empire des Turcs est vieux, que son influence s'éteint, et il se prépare à en élever un, qui aura pour base la foi religieuse du peuple arabe, et qui réunira en un seul faisceau, les mille tribus éparses sur la surface du mystérieux continent. De là, le choix pour capitale d'un point inconnu, en plein désert. Là, on peut s'organiser et grandir sans être vu. De là, les fortifications de Djerboub, ses approvisionnements d'armes, de canons, ses fabriques de poudre. De là ces refuges préparés au milieu du désert et sur la route du Soudan dans ces oasis de Koufara, d'Aziat, de Nedjila et de bien d'autres qu'il a défrichées, plantées à l'aide des nègres du Soudan et de ses adeptes, et élevées sur les ruines de vieilles civilisations égyptiennes ou romaines; vieux mondes tombés dans le néant et qu'il a ressuscités.

Là, il est insaisissable, y conduire une expédition serait une affaire des plus difficiles, aussi bien pour les Turcs que pour nous. Une fois le débarquement effectué, il faudrait pour arriver à Djerboub, avec des forces suffisantes, trente jours de marche dans le désert, et les moyens de transport feraient absolument défaut. Enfin il ferait le vide devant l'ennemi et se réfugierait dans les profondeurs du Sahara. Cependant, il est certain qu'on lui porterait un coup redoutable en s'emparant de son port de Tabrouq et en s'y installant solidement, car c'est par là qu'il entretient, avec de nombreux bâtiments européens, un commerce des plus fructueux, dans lequel il écoule tous les produits soudaniens qu'apportent les caravanes de l'intérieur et les nègres que la traite lui livre.

Quelle devrait être la force d'une pareille expédition ? Quels moyens devrait-elle avoir ? Quelles dépenses entraînerait-elle ? Ce sont là autant de questions auxquelles nous ne sommes point en mesure de répondre, mais qu'il est nécessaire d'étudier, car il est certain que la lutte deviendra aiguë et que nous serons un jour ou l'autre dans l'obligation d'agir. En tout cas, Tabrouq est un port qui ne manquerait pas d'importance et de valeur pour notre marine.

Comme le dit si justement M. Henry Duveyrier, le nom seul du fils du fondateur de l'ordre, Si-Mohamed el-Mahdi est un programme politique. Le nom de sa mère, Fatma, son âge, le signe des prophètes (*nævus* rond et bleuâtre entre les deux épaules qui, d'après la tradition musulmane, existait à la même place sur le corps de Moïse, de Jésus-Christ et de Mahomed), tout se réunit aux yeux des musulmans pour qu'il soit l'homme de la vieille prophétie qui promet à l'Islam le Maître du monde. Quand on voit les secousses données à notre conquête algérienne par des Bou-Maza, des Bou-Baghla, des Bou-Débia et des Bou-Haméma, on ne peut que redouter une levée de boucliers conduite par cet homme. Ah ! On comprend bien la haine des Senoussya pour nous autres Français, nous leur avons pris leurs plus belles provinces. Au royaume de Djerboub, il manquera toujours ces joyaux, qui s'appellent Tunis, Constantine, Alger, Oran. Bien plus, notre esprit cultivé, nos habitudes de tout soumettre à l'examen se refusent à croire à leurs miracles et démasquent aux yeux de nos sujets musulmans les mensonges de l'ambitieux.

Jusqu'à présent, en face de nous, le chef des Senoussya n'a pas osé se mettre en campagne, à la tête d'une levée en masse, pour exterminer les infidèles et conquérir Alger, arrachée violemment depuis plus d'un demi-siècle au culte orthodoxe. Il eût fallu, pour cela, abandonner les jouissances d'un luxe exquis, dont il est fort épris, dit-on, et les adorations dont sa personne, toujours voilée, est l'objet dans ses palais de Djerboub, pour courir les aventures, et mener une vie des plus dures et des plus pénibles. Il eût fallu croire soi-même à sa puissance surnaturelle, pour oser se lancer au devant de tous les dangers et essayer une œuvre dont le succès est certainement plus que douteux : arracher l'Algérie à l'armée française et jeter celle-ci à la mer.

Quelle que soit la raison de son inaction, il n'a pas agi, au risque de perdre une partie de son prestige et d'inspirer des doutes sur la réalité de sa mission providentielle. Il faut que les raisons qui l'ont retenu aient été puissantes, car il a déjà dû entendre dans le monde musulman des protestations contre cette inaction et des sommations qui le rappellent à son rôle. Aussi nous devons admettre comme une chose certaine, qu'à la première occasion favorable nous aurons à compter, sinon avec lui, du moins avec ses lieutenants ou ses émissaires. « *C'est*, dit Henri Duveyrier, *publier une
« vérité, que seuls parmi les intéressés, nous resterions
« à ignorer, que d'affirmer que la confrérie des Se-
« noussya est l'ennemie irréconciliable et réellement
« dangereuse de la domination française dans le nord
« de l'Afrique aussi bien en Algérie qu'en Tunisie et
« au Sénégal et de tous les projets tendant, soit à
« étendre notre influence et notre commerce dans l'in-*

venait de l'Afrique, est venu et augmente le nombre de ses connaissances sur le sud-ouest au nord de l'équateur.

Le Père Richard, missionnaire d'Afrique, assassiné près de Ghadamès
(*d'après une photographie*)

Nous sommes en contact avec les Senoussya sur deux points principaux :

1° Dans le sud tunisien soumis à leur influence depuis

que les dissidents, lors de notre entrée dans la Régence, ont séjourné sur le territoire tripolitain, en contact journalier avec les gens du Madhi.

Beaucoup, parmi les principaux personnages des Hamamas ont été jusqu'à Djerboub et en sont revenus avec le titre de moqadems et des missions particulières.

2° Dans l'extrême sud de nos possessions algériennes, depuis qu'il a établi des zaouias à Rhatt et à Insalah et que l'assassinat du colonel Flatters et de sa mission ont rompu toutes relations entre nous et les tribus Touaregs qui couvrent tout le Sahara depuis Ghadamès jusqu'à l'Atlantique et au Soudan.

FANTASIA. (Dessin de M. Boutet de Monvel.)

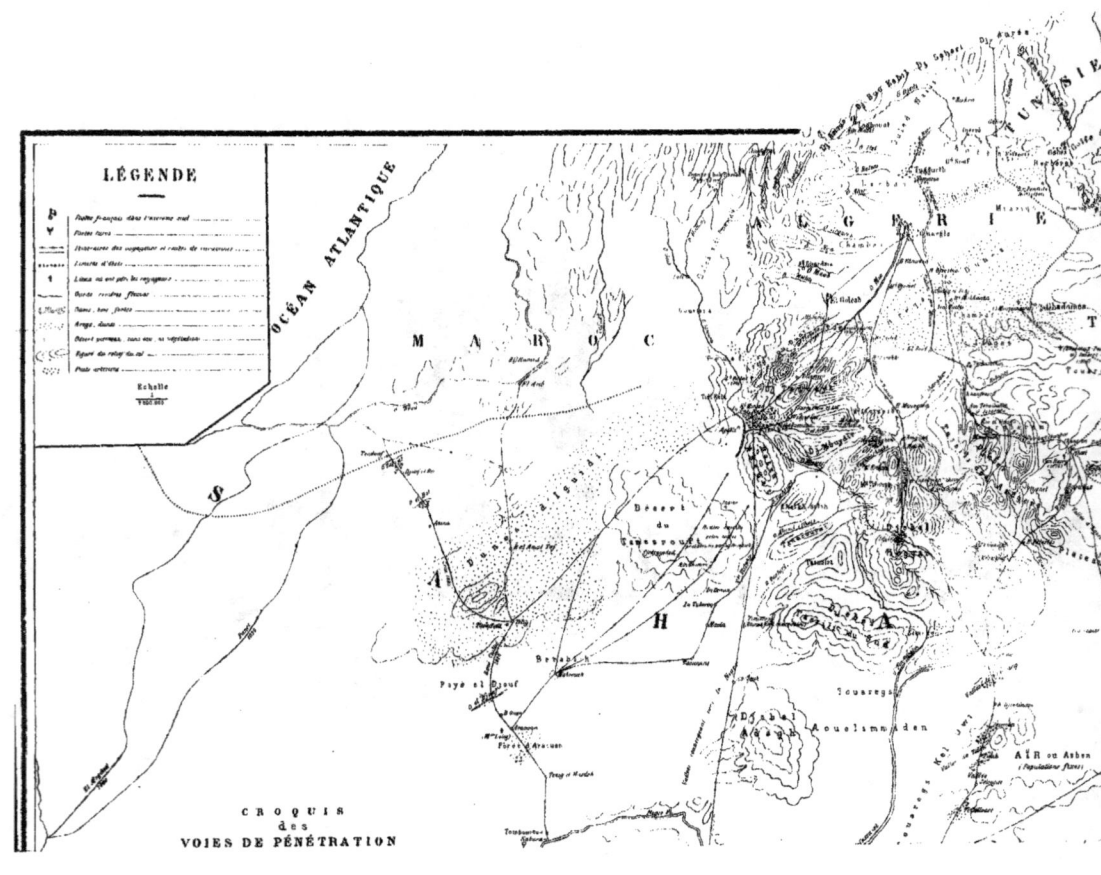

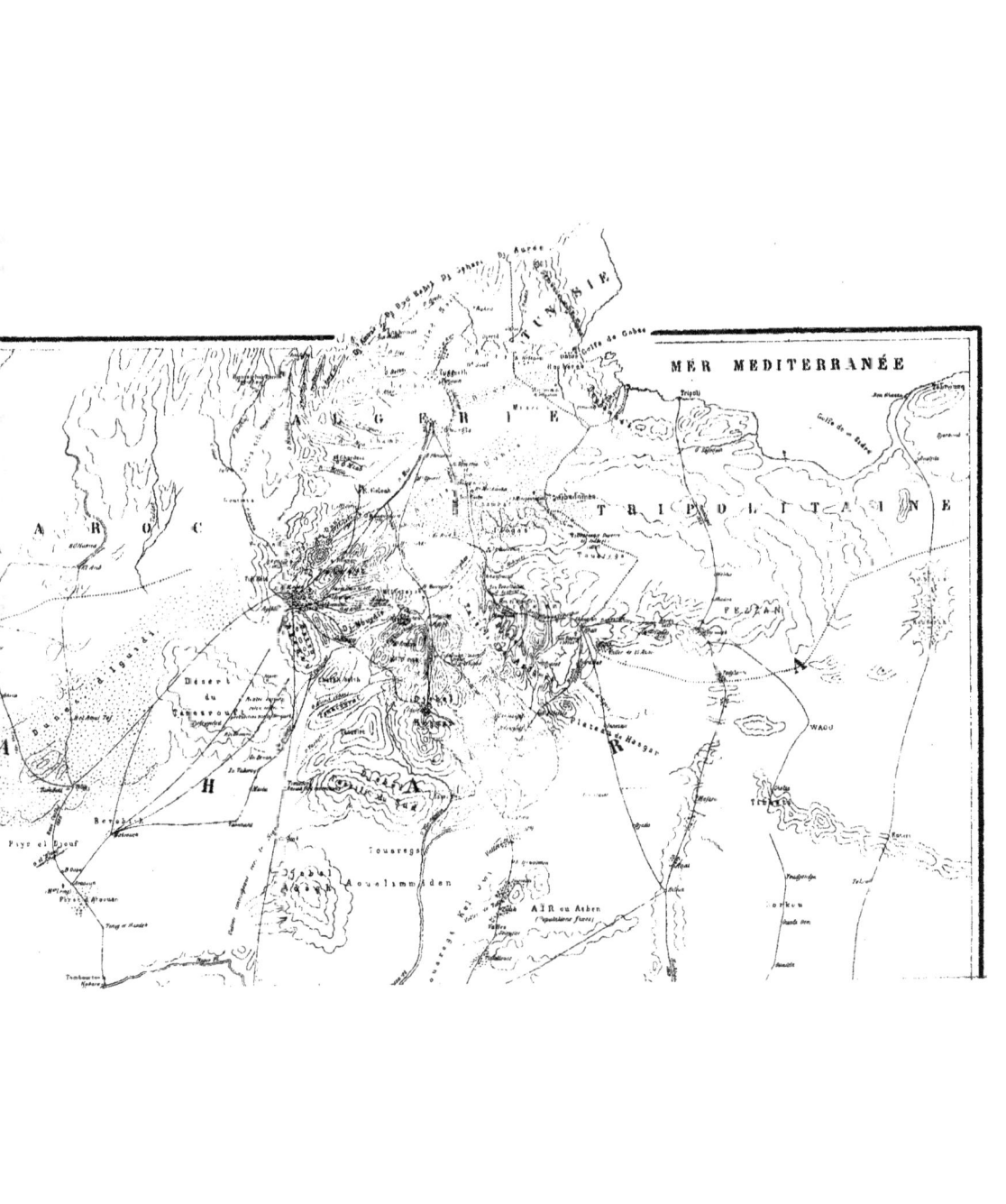

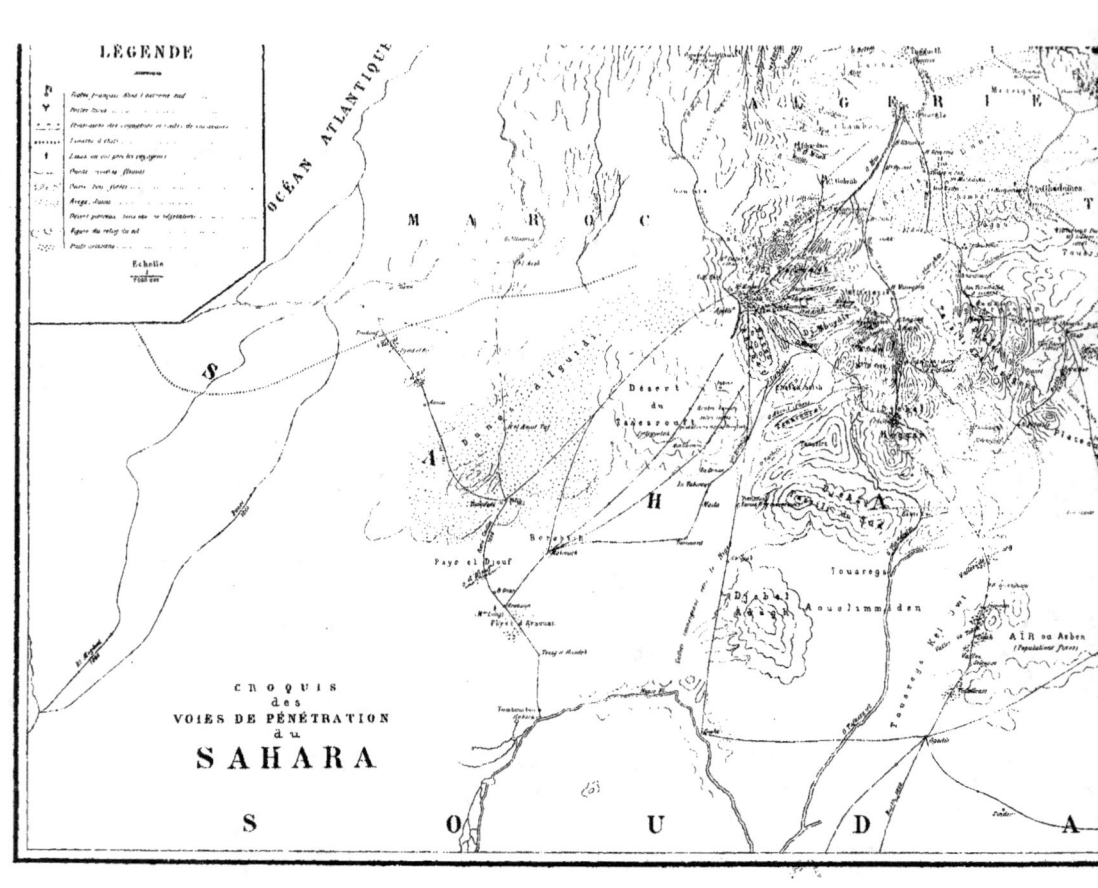

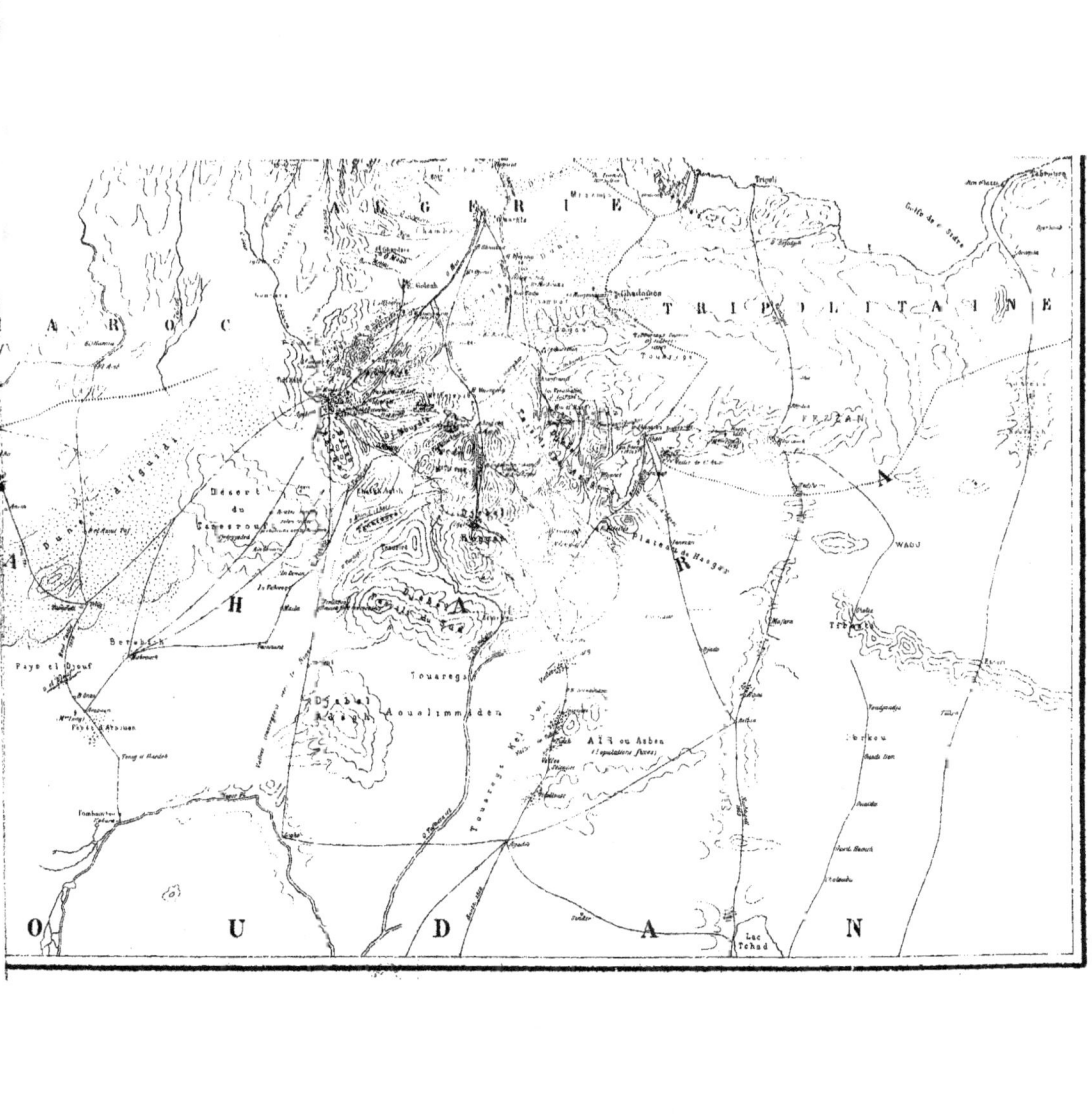

CASBAH DE SOUSSA. (*Dessin de M. O. Callaghan.*)

CHAPITRE IV

Frontière sud de la Tunisie. — Frontière sud-est. — Montagnes des Ourghemmas. — Nécessité d'occuper solidement cette frontière et de garder les passages qui couvrent la Tunisie et l'Algérie.

Maintenant que nous avons jeté un coup d'œil d'ensemble sur l'organisation du peuple musulman, il faut nous rendre compte de la situation de nos possessions dans le nord de l'Afrique.

Lorsqu'on jette les yeux sur une carte de la Tunisie[1] au delà des Chotts, on voit des dunes immenses s'étendant de l'est à l'ouest. C'est une barrière difficilement franchissable et seulement par des éléments peu nombreux. L'eau très abondante dans la partie nord des dunes est rare aujourd'hui dans toute la partie sud, qui mesure de deux cent soixante-dix à trois cents kilomètres de largeur. Les dunes y sont très élevées, très denses ; aussi les populations autour de Ghadamès sont presque nulles, elles font partie des tribus Touaregs. Au nord de cette région, les populations sont aussi peu nombreuses : elles se composent des tribus nomades des Mrazigs, des Ghorib, des Ouled-

1. Voir la carte n° 1.

Yagoub, des habitants sédentaires du Nefzaoua, vivant de la culture de leurs palmiers et de leurs jardins. Plus au nord sont les chotts, que l'on franchit assez facilement en des points trop nombreux pour qu'il soit possible de les garder tous.

On peut donc admettre que directement au sud de la Tunisie, les dunes nous couvrent bien, qu'elles nous placent dans de bonnes conditions et que nous n'aurions pas grand chose à craindre, si nous parvenions à établir solidement notre influence au Nefzaoua, qui est en réalité une tête de pont au delà des chotts. Si nous rendions la prospérité à ces populations, elles augmenteraient en nombre et en puissance ; avec leur aide, il nous serait facile de maintenir toutes les tribus nomades du nord. La plus dangereuse est celle des Hamamas que M. Henry Duveyrier a si bien définie dans ce passage : « *Lorsque chez eux,* dit-il, *il naît un garçon, le « jour même de sa naissance, son père le pose sur un « cheval tout harnaché et lui dit en forme de baptême.*

Es Serdj ou el Djêm.

Ou el Aïch ala el Islam.

« C'est-à-dire : *la selle et la bride et l'existence sur « l'Islam.* Traduction exacte : *Tu auras pour héritage « un cheval et des armes et tu vivras en courant sus « à tes coréligionnaires. Quant aux Juifs et aux « chrétiens, ces recommandations sont superflues.* »

C'est, comme on le voit, une tribu de voleurs, de bandits toujours en mouvement contre le monde entier et pouvant mettre sur pied le chiffre de plus de cinq mille cavaliers. Evidemment, c'est une force considérable toujours prête pour la lutte, mais si elle ne peut s'échapper dans le sud, elle est réduite à l'impuissance ; nous avons donc grand intérêt à fermer sérieusement les passages qui conduisent dans l'extrême sud et l'immensité des dunes nous le facilite.

Si notre frontière sud est établie dans de bonnes conditions, il n'en est pas de même de la frontière est du côté de la Régence de Tripoli. Nominalement, cette régence appartient aux Turcs, mais elle touche au pays des Senoussya et le Pacha est en fait un Khouan Senoussya, par conséquent un serviteur du cheikh El-Madhi. C'est de là que viendront toutes les excitations, tout le danger. C'est aussi le refuge des malfaiteurs et des révoltés. Les dissidents, en 1881, leur ont montré le chemin.

La côte qui, depuis Tunis, se dirige au sud, s'infléchit presque à angle droit au delà de Gabès et court ensuite directement de l'ouest à l'est. Parallèlement à la côte s'élèvent des montagnes d'un assez fort relief. Celles qui vont du nord au sud sont séparées du Nefzaoua et des dunes par une vallée d'une soixantaine de kilomètres, riche en eaux et en pâturages. Là sont les Euglas de Zaline, de Meretba, les puits de Bir-Sultan et aussi ceux de Bir-Zemmitz, intarissables et pleins d'une eau excellente. C'est un bas-fond d'une extrême importance.

Les différentes rivières, qui descendent des montagnes, se réunissent et forment une grande vallée qui va se perdre dans les chotts. L'eau abonde partout à fleur du sol et la paix et l'ordre permettraient de la transformer en une forêt de palmiers. Aujourd'hui c'est le chemin des coupeurs de route, des bandits et des insurgés. Il longe le pied ouest de la chaîne de montagnes où les villages, les jardins de palmiers et d'arbres fruitiers sont nombreux.

A quelques lieues au sud du ksar Douirat, la chaîne change de direction et suivant la côte, court d'une façon générale de l'ouest à l'est.

Des versants est et nord de ces montagnes, sortent toutes les rivières, qui forment le bassin méditerranéen et parmi elles l'oued Fessy, qui est le plus considérable, coupe à peu près par moitié tout le sahel des Ourghamma. Ce fleuve sort de l'angle formé par les deux reliefs dont nous venons de parler et à peu près à leur point de jonction. La frontière est plus loin dans l'Est, elle va jusqu'à Gebata.

Monastir. (*Dessin de M. L. Piesse.*)

Le couloir méditerranéen, comme le couloir saharien, n'a guère que cinquante à soixante kilomètres dans sa plus grande largeur. Il renferme de gros villages comme Ksar Métamer et Ksar Moudenin. Il est bien gardé par ces centres qui peuvent être occupés; mais le versant saharien ne l'est pas.

Il est de toute évidence que Douirat est le point essentiel, que c'est là qu'il faut s'établir à cheval sur les deux versants, mais il faut y avoir assez de moyens pour dominer tout le pays et rayonner autour du poste.

Dans les montagnes, habitent des tribus d'origine berbère. Elles portent en général le nom de Ourghemmas, ont une population d'environ vingt-cinq mille âmes, se décomposant en quatre groupes principaux : Touazin, Galidat, Ouled-Cheheda et Oudernas.

Placés entre Tunis et Tripoli, toujours en lutte avec les uns ou les autres, ils sont pour ainsi dire indépendants, très batailleurs, comme tous les Kabyles et n'ont

VUE DU VILLAGE DE MENZEL.

jamais payé l'impôt que lorsque cela leur a plu, c'est-à-dire très rarement. C'est une espèce de tampon entre les deux états.

Beaucoup vont à Tunis faire tous les métiers, servir et travailler comme les Biskris à Alger. Quelques-uns même parlent français. Nous en avons trouvé à Ghermassa et à Ghoumerassen, qui avaient été huissiers et concierges au consulat de France, près de M. Roustan; d'autres avaient servi aux tirailleurs algériens.

Lorsque à Douirat même, on a entretenu les principaux personnages du pays de l'impossibilité pour eux de s'entendre à la fois avec le maître de Tunis et celui de Tripoli, de l'obligation de fermer leur territoire aux dissidents et enfin de choisir et d'être à l'un ou à l'autre, le cachi de l'oued Tataouin, le principal personnage présent à la réunion, nous a répondu que si nous voulions nous établir au milieu d'eux et les aider à se défendre contre les expéditions des dissidents et des Tripolitains, ils seraient absolument à nous et fermeraient leur territoire à tous les étrangers. Mais que si nous les abandonnions à leurs propres forces, ils ne pouvaient pas jouer ce rôle, qu'il leur faudrait comme par le passé, avoir des intelligences dans les deux camps. Nous avons reculé, la marine a trouvé que la côte n'avait pas assez de fond, qu'elle n'était pas d'un abord assez facile, qu'il n'y avait pas de mouillage à portée, absolument comme si toute la flotte cuirassée devait y séjourner pour approvisionner quelques centaines d'hommes qui auraient, du reste, trouvé dans le pays une grande partie des subsistances nécessaires.

La côte n'est pas plus inhospitalière là qu'à Gabès, et un établissement militaire à Douirat, surveillant les deux versants des montagnes des Ourghammas, donnerait une sécurité absolue à notre conquête en séparant toutes nos possessions, de la Tripolitaine et des Senoussya. C'est une clef.

Nous savons bien que les clefs, pour parler le langage de la fortification, n'ont en pays arabe, qu'une valeur relative. Les Algériana, cette mordante boutade sur les premiers temps de notre conquête, nous l'ont trop spirituellement démontré pour que nous l'oublions et on nous excusera d'égayer un instant notre sujet sérieux par une petite citation :

« Nous nous félicitons, comme d'une victoire,
« De quelques postes pris, et conservés sans gloire,
« Nous sommes prisonniers dans nos propres réduits,
« Derrière ces remparts que nous avons construits.
« Pas un des défenseurs n'oserait, sans escorte,
« Aller se promener à cent pas de la porte ;
« Nous appelons cela leur barrer le chemin,
« Pourquoi pas s'emparer de Quimper-Corentin ?
« Devant nos parapets, si l'Arabe s'arrête,
« C'est pour faire en passant un geste malhonnête.
« Il est certaines gens, véritable fléau,
« Dont les yeux sont couverts d'un éternel bandeau,
« Qui, s'ils ont le malheur d'adopter un système,
« Se croient obligés de l'appliquer quand même.
« A les voir, on dirait qu'ils sont ensorcelés.
« Quelques-uns, par exemple, ont la bosse des clefs,
« Si vous saviez combien ils se donnent de peine
« Pour trouver quelque clef qui verrouille la plaine.
« Ils avaient le Fondouk, ils avaient Coléah,
« Ils ont dernièrement découvert Médéah.
« Médéah, c'est pour eux la clef par excellence,
« Nous pouvons maintenant dormir sans méfiance.
« Dans leur aveuglement, ils n'ont pas vu du tout
« Qu'ici tous les Bédouins ont des passe-partout. »

C'est à peu près vrai, mais si l'on joint à la clef une petite colonne assez forte pour circuler autour et faire aux environs des expéditions de quelque étendue, la situation change du tout au tout et, en réalité, c'est en occupant les clefs du territoire et en les reliant entre elles par des colonnes que le maréchal Bugeaud a conquis l'Algérie et que nous avons fini par la pacifier.

Dans les tribus des Ourghammas chaque famille, chaque fraction exposée à tout instant aux attaques subites des voisins, a pour refuge de petits forts carrés très solidement construits en pierres et à la chaux, espèces de blocs de maçonnerie dans lesquels ils abritent tout ce qu'ils possèdent et où on ne pénètre que par de très étroites ouvertures. Quelques-uns, comme Ksar-Moudenin, peuvent donner asile à des tribus entières, immense fourmilière qui rappelle au souvenir les temps et les mœurs troglodytes. Inexpugnables pour des contingents arabes, elles n'offrent aucune résistance au canon. Presque toutes ces petites citadelles renferment ou ont à leur portée des citernes construites avec beaucoup d'art et qui conservent dans un état parfait, pendant très longtemps, les eaux pluviales.

La montagne est couverte de petits forts et de jardins.

La vallée de Douirat est particulièrement fertile en céréales, en palmiers et en légumes. Ces belles cultures affirment les habitudes laborieuses du peuple qui l'habite. L'eau très abondante à fleur du sol et l'altitude assez élevée de Douirat assurent une température supportable.

Notre installation au milieu de ces populations actives apporterait, avec des instruments de travail perfectionnés, un bien-être supérieur et une sécurité qui nous les attacheraient promptement.

A notre humble avis, la raison d'éloignement qui a fait repousser l'idée de prendre pied au milieu d'eux, n'est pas fondée. Une fraction de nos troupes y rendrait de grands services à la cause de la paix, tandis que leur dissémination dans beaucoup de postes qu'elles occupent, où du reste elles ne servent à rien, est pour elles un grand danger.

On comprend bien ce fractionnement au moment de la conquête, parce qu'alors il était nécessaire de surveiller et de commander le pays, de plus il a été la conséquence de la création des bureaux de renseignements. Les postes ont été créés pour protéger et donner autorité aux officiers chargés de ce service. Le nombre considérable de troupes dont on disposait permettait de maintenir dans ces postes des forces suffisantes pour leur sécurité.

Aujourd'hui, le même besoin n'existe pas, le commandement et la surveillance ont été rendus au Bey et à ses agents; ces derniers ont seuls la responsabilité, et l'armée par conséquent n'a plus de rôle et plus de raison d'être maintenue près d'eux. Le danger en outre est bien plus grand, puisque le nombre des troupes a été réduit dans une proportion considérable et que l'on occupe les mêmes postes avec des garnisons très inférieures en nombre. Nous traversons une époque difficile, époque où les prédications qui promettent l'empire du monde aux musulmans vont, selon eux, s'accomplir. Il y a nécessité impérieuse de concentrer les troupes, de les mettre à l'abri de toute surprise et aussi de les placer aux points essentiels, où elles peuvent rendre un effet maximum. Il est clair que Douirat est un de ces points. Une troupe établie dans ces montagnes, si elle est assez forte pour rayonner et si elle est bien pourvue de vivres, couvrira le sud de la Régence et y sera une garantie certaine d'ordre et de paix.

Trompés par d'anciennes et fausses légendes sur l'horreur des solitudes sahariennes, le sable, la sécheresse, nous reculons toutes les fois que la nécessité de

pénétrer le Sahara s'impose à nous. Alors il ne fallait pas s'emparer de ces pays-là, et il fallait rester chez nous, jouir de nos frais ombrages et du confortable organisé de nos existences. Du moment que nous y sommes, il faut aller jusqu'au bout. Ce n'est qu'en plein Sahara que nous trouverons pour nos possessions la sécurité et la paix parce que le Sahara est pour l'Arabe, le refuge, le moyen de luttes, la citadelle dans laquelle se réfugie tout ce qui nous est hostile. Nous allons retrouver la même nécessité au sud de l'Algérie, où nous sommes en contact avec les Touaregs.

Mais avant de traiter à fond la question de pénétration, il faut nous arrêter un instant sur la zone qui borde le Sahara de Gabès à Ouargla, pour nous rendre compte de sa valeur et de son importance, car avant de pousser plus loin, il faut qu'elle soit devenue nôtre. Nous devons donc nous demander si elle présente des ressources suffisantes, et des chances de prospérité.

KHANGET SIDI NADGI. (*Dessin de L. Piesse.*)

CHAPITRE V

Le Sahara. — Les Rouagha. — Causes de leur décadence. — Moyen d'améliorer leur état social. — Le Nefzaoua. — Voies de pénétrations dans le Nefzaoua.

Depuis cinquante ans, la colonisation française s'est étendue sur la plus grande partie des territoires que l'on désigne sous le nom général de Tell.

Les besoins de la conquête ont fait occuper des points plus au sud, mais, généralement, ce ne sont encore que des postes militaires. Il était, du reste, tout naturel que les colons européens recherchassent pour leurs établissements, des conditions d'existence à peu près semblables à celles de la mère patrie, soit au point de vue de la température ou du climat, soit à celui de l'emploi des connaissances acquises en agriculture, qui ne pouvaient utilement trouver leur application que dans des cultures similaires (céréales, élevage des bestiaux, vignes, etc.) à celles de leur pays natal.

De plus, les conditions de sécurité ont été longtemps précaires sur les bords du Sahara. Il est donc bien naturel, que l'établissement ait commencé à la côte, et se poursuive de proche en proche. Mais il nous semble utile, pour l'avenir de l'Afrique française, de ne pas rester sur cette donnée, que la partie sud de son territoire, bordant le Sahara, est infertile et sans valeur, au point de vue de la part qu'elle peut apporter à la richesse future de la colonie.

La culture des palmiers, citronniers, orangers, celle du coton, de la garance et de tous les fruits des climats les plus fortunés peut être la source de revenus aussi considérables que la culture de la vigne, des céréales. En un mot, le sud dans la partie qui borde le Sahara, donnera des résultats aussi avantageux que le Tell. Jusqu'à présent, il a mauvaise réputation, il nous faut, si nous voulons prouver notre thèse, la discuter.

D'abord, le climat, dit-on, est horriblement malsain et les Européens ne peuvent y vivre.

Généralement, en effet, les points habités aujourd'hui : Nefzaoua, Djerid, Tuggurth, Ouargla, Insalah, etc., sont exposés à la fièvre paludéenne, qui prend quelquefois la forme d'accès pernicieux. Il en est ainsi partout où les eaux sont très abondantes et où le marécage d'eau salée domine. Mais ces marécages peuvent, avec des travaux intelligemment conduits, disparaître, et la canalisation des eaux, en assainissant le pays, en augmentera la valeur et l'étendue. Nous savons aussi, aujourd'hui, que cette fièvre s'annonce par des signes précurseurs faciles à connaître et que le danger qu'elle crée ne dure, en somme que pendant la saison des fortes chaleurs.

Dans ces pays réside une population particulièrement apte aux cultures que nous indiquons, les Rouar'a (mot à mot habitants de l'oued Rir'), qui malgré son nom n'est pas une race particulière à cette partie du pays, et se retrouve sur tous les points semblables.

Ce serait un long travail que de rechercher quelle est son origine, son histoire. Débris de races primitives dont elle a conservé l'idiome, croisée par son commerce avec les esclaves venus du Soudan, elle est merveilleusement apte à tirer parti de ces oasis. Ce n'est point la paresse, comme on le croit généralement, qui l'a mise dans l'état de décadence et de misère où nous l'avons trouvée. Elle est au contraire extrêmement laborieuse, et quiconque a vu, de ses yeux, les travaux gigantesques qu'elle entreprend à la recherche de l'eau, pour arroser ses palmiers, ne peut que lui payer un juste tribut d'éloges. La vraie cause de sa misère, c'est l'oppression, c'est la servitude que le conquérant arabe lui a imposée. Depuis des siècles, le Rouar'a n'est plus propriétaire des terrains qu'il cultive, il n'est qu'un serf et son maître, stupide et féroce, ne lui laisse pas même de quoi vivre; il s'acharne dans ses luttes intestines à frapper, à faire périr, par tous les moyens, le seul élément de travail qui donne de la valeur à sa propriété dont il est lui-même incapable de tirer parti.

L'ordre, la paix, la justice rendront promptement ces populations au travail, et elles ont une merveilleuse aptitude à la reproduction. Dès qu'elles auront de quoi vivre, elles pulluleront et fourniront des bras nombreux pour la culture. Nous en avons un exemple frappant sous les yeux depuis que nous avons commencé à creuser des puits artésiens dans l'oued Rir'. Depuis qu'un peu d'ordre y règne, la population a augmenté considérablement, les plantations s'étendent, les oasis se multiplient. Voici une statistique que nous empruntons au *Bulletin de la Société de Géographie* (n° 13, janvier 1886, page 363).

En 1854....... 6,772 habitants 359,000 palmiers.
En 1886........ 13,000   —   611,000   —

En outre l'éloignement diminue. Déjà la côte est liée

VIEUX BISKRA. (*Dessin de M. O'Callaghan d'après une esquisse de M. Dinet.*)

par le chemin de fer de Philippeville à Constantine et à Batna. Cette année même, il parvient à Biskra. Dès lors, il aura atteint la frontière du Sahara et n'aura plus que quelques pas à faire pour joindre Tuggurth, et, à sa suite, nous verrons l'industrie apporter son concours au commerce et à l'agriculture.

Tuggurth, ou plutôt l'oued Rir', a un avenir immense. Mais ce n'est qu'un point du bassin de la grande rivière l'Igharghar, qui a ses sources au centre du Sahara. On peut affirmer que des eaux artésiennes existent partout le long de son ancien cours, à peine visible aujourd'hui, puisque, en le remontant, nous en trouvons jusqu'à Negouça et Ouargla, où existe un immense bas-fond au centre duquel quelques puits artésiens, creusés jadis par les indigènes, arrosaient plus d'un million de palmiers. Plus haut encore, nous trouvons celui de Temassinin.

A partir de la mer, si nous marchons de l'est à l'ouest, nous trouvons d'abord les vastes plaines dont l'oasis de Gabès est le centre. Les puits de la Compagnie de M. de Lesseps et de son ingénieur, M. Baronnet, prouvent que, là aussi, la couche artésienne donne un vaste débit, et déjà les Européens ont commencé à en tirer parti.

Puis, au delà des oasis des Beni Zid, un pays à peu près inconnu aujourd'hui, le Nefzaoua, qui mérite à un très haut degré de fixer l'attention. Il s'étend le long du bord sud du chott El Fedjedj, continuation vers l'est du chott El Djerid.

L'oued Igharghar, autrefois, remplissait tous ces chotts et le Nefzaoua est formé par la surélévation des terrains appuyés à la petite chaîne du Djebel Tebaga. Au nord et à l'ouest, il est borné par les chotts sur lesquels les dépôts successifs de sable apportés par les vents lui font gagner du terrain. Au sud, il est borné par les grandes dunes qui le séparent du pays de Ghadamès et qui font une barrière importante, d'un parcours des plus difficiles. A l'est, sa limite peut être indiquée aux montagnes, qui forment la côte tunisienne et qui sont habitées par les Ourghammas. Mais comme la guerre, en ces contrées, est à l'état permanent, une vaste zone déserte sépare ces montagnes du pays des oasis, du Nefzaoua.

Cette zone, quoique inhabitée, en dehors de l'oasis d'El Hammam, centre de la puissante tribu des Beni

Zid, n'est pas du tout un pays aride et inhabitable ; bien au contraire, l'eau y est extrêmement abondante, et le terrain, très riche en pâturages, est évidemment d'une grande fertilité. Une immense vallée suit le flanc ouest des montagnes des Matmata et des Ourghammas et va ensuite se perdre dans les dunes. Une multitude de rivières y descendent de toutes ces montagnes et leurs eaux, en temps de crues, viennent s'y déverser. Arrêtées au sud et à l'ouest par les dunes, elles restent à une faible profondeur et un grand nombre de puits, dont les plus connus sont ceux de Bir Zemitz et de Bir Sultan, indiquent leur abondance tout à fait exceptionnelle.

Cette vallée et ces eaux ont une importance capitale. C'est là que les tribus rebelles Hamamas, Zelass, O. Khelifa, O. Ayar, etc., se sont groupées et ont vécu pendant de longs mois. C'est aussi sur ces puits, surtout à Bir Zemitz, que nos colonnes expéditionnaires ont séjourné pour préparer leur mouvement en avant. Le bey Ahmed, souverain intelligent et capable, avait compris l'importance de ce point, passage obligé de toute troupe un peu nombreuse allant de la Tripolitaine en Tunisie lorsque le chemin du bord de la mer est fermé, et il avait fait construire, près des puits de Bir Zemitz, un fortin où il entretenait une garnison.

Les Romains, eux aussi, avaient autrefois signalé l'importance de ces pays[1], et nous en avons la preuve dans le *Bulletin* n° 1 de la Société de Géographie, 1886, page 10, où on lit les renseignements suivants :

« Parmi les ruines les plus intéressantes, on peut citer :

---

1. Dans le Nefzaoua il y a des traces de ruines près de Kebili, près de Zaouiat el Art et au nord de la vallée à Mergeb el Diab.

« 1° *Ksar Relaïne,* près des puits d'El Haguef, au sud du Nefzaoua. Ces ruines semblent être celles d'un poste romain fortifié, qui gardait vraisemblablement ce point d'eau important.

« 2° *Le Ksar Tarcine*, sur la route de Bir Sultan à Douirat, à dix kilomètres sud-est de Bir Sultan. On y trouve les vestiges d'un poste fortifié sur un mamelon, avec une citerne creusée au pied de la hauteur, dans le lit même de l'oued El Hallouf.

« 3° *Tammounet,* à cinq ou six kilomètres à l'ouest de Guermessa, village des Ourghammas, situé sur la chaîne de montagnes au nord de Douirat.

« 4° *Sehib*, à neuf kilomètres ouest de Douirat, et deux citernes sur l'oued el Nekla.

« 5° *Thalet*, à dix kilomètres sud-est de Guermessa, semble être les ruines d'une ville assez importante.

« 6° *Guelb Smain*, à vingt kilomètres ouest de Douirat, près de l'oued Tataouin, qui sort de Douirat et porte ses eaux à l'oued Fessy. »

Cette énumération est loin d'être complète. On trouvera sans aucun doute, avec le temps, des traces bien plus nombreuses de l'occupation romaine, mais elle suffit pour indiquer que les Romains ont attribué à cette contrée une certaine importance.

Cette vallée, quoique inhabitée, fait partie du Nefzaoua, et si la paix et l'ordre s'établissent dans ces régions, elle ne manquera pas de se peupler. Le Nefzaoua a environ cent vingt à cent trente kilomètres de l'est à l'ouest et cinquante kilomètres environ de Seftimi à Douz, axe de sa plus grande profondeur. Sur tout ce terrain, l'eau est près du sol et affleure sur un espace considérable, principalement entre Tembar et Mansourah ; aussi aux environs de Negga, d'Oum el Semah, de vastes marécages le couvrent... A chaque pas, lorsqu'on le parcourt, on voit des restes d'oasis, des ruines de villages, et cependant les groupes actuels sont encore nombreux. Il y existe plus de dix oasis contenant de 50,000 à 100,000 palmiers, et la plupart

PALANQUIN DE VOYAGE ET DE MARIAGE
(Dessin de M. O'Callaghan, d'après une photographie.)

des centres ruinés retrouveraient promptement leur richesse et leur prospérité dès que l'ordre et la paix y régneraient.

Aujourd'hui, le Nefzaoua est, il est vrai, très pauvre et les populations y sont misérables. Mais ce n'est pas la faute du pays, c'est le résultat de l'anarchie et des guerres perpétuelles. Le gouvernement tunisien a contribué pour une large part à ruiner ces populations. Trop faible pour y commander directement, avec son armée mal organisée et mal conduite, il a fait ce que font tous les gens faibles, il a divisé pour régner. Le pays, par suite, était divisé en deux camps hostiles, se faisant contrepoids et s'entretuant, et la lutte était éternelle. Successivement le gouvernement des Beys donnait l'investiture à chacun des chefs, lorsqu'il avait amassé une somme assez ronde pour mériter la préférence[1]. Chaque parti, soumis d'abord à des impôts successifs par l'adversaire, se ruinait ensuite pour aider son candidat à prendre le dessus, sans compter les tueries incessantes que cet ordre de choses amenait. Dans ces pays-là, la trahison, le meurtre, la spoliation sont de tous les instants et personne, hors des murs et des limites des oasis, n'ose sortir et se livrer au travail. Pour continuer la tradition, le kahia[2] a été à son tour destitué et, chose étrange en face du représentant de la France, il a été remplacé par le neveu d'Ali ben Khalifa, le chef de la révolte.

Au moment où nous y sommes passés, la population de l'oasis de Telmine venait d'être en partie détruite, et quand nous l'avons traversée, il ne restait plus une seule maison debout. Dans les ruines, quelques femmes et enfants se cachaient comme des animaux sauvages...

---

1. De sorte qu'il y eut toujours un chef officiel et un prétendant, et le gouvernement prenait parti pour l'un ou pour l'autre suivant son bon plaisir. Il destituait le chef officiel sous le prétexte d'exactions, cette accusation si simple et si bien passée dans les mœurs, qu'elle apparaît toutes les fois qu'on veut se débarrasser d'un chef indigène, absolument comme si le Turc avait cure du bien-être des populations ou de la justice.

2. Kahia correspond dans l'armée tunisienne au grade français de lieutenant-colonel. C'était un officier de ce grade qui commandait au Nefzaoua au moment de notre arrivée.

Les jardins de l'oasis étaient en friche et tout y faisait contraste avec l'air de prospérité de ses voisines, Mansourah et Kébili.

Malgré toutes les avances que nous pûmes faire, il ne fut pas possible d'obtenir que les malheureux que nous trouvâmes dans ces ruines récentes s'approchassent de nous, et nous en sortîmes sans connaître les détails de ce qui s'y était passé. Mais c'est l'histoire de tous les

MENDIANTS ARABES. (*Dessin de M. Boutet de Monvel.*)

ksours et de tous les moments de ce pauvre peuple, et nous pouvons la reconstituer.

Telmine était la plus grande ville du parti de Mohamed-ben-Khalled el Yagoubi, située en face de Kébili, tête de l'autre parti. De temps immémorial, ces deux villes sont en guerre et luttent pour le premier rôle, et dans ces pays la défaite entraîne la destruction. Lorsque nous pénétrâmes en Tunisie, une partie de la population se souleva, sous prétexte de guerre aux infidèles; ce serait une chose bien curieuse à élucider que de savoir si les tribus qui prirent part à cette révolte étaient poussées en effet par la seule haine des infidèles ou par un autre motif, toujours est-il que, sur beaucoup de points, les tribus révoltées furent celles du çoff (parti) du gouvernement existant et que plusieurs des gens les plus rapprochés du bey lui-même furent convaincus d'y tremper. Dans le Nefzaoua, la lutte se définit ainsi. Le kahia, chef reconnu du pays, installé à Kébili et appuyé par les Kébiliens, avait en face de lui Mohamed-ben-Khalled, chef de la petite tribu des O^d Yagoub à peine composée de trente cavaliers, mais de trente cavaliers qui sont la terreur de ces régions, et qui à eux seuls commettent plus de crimes et de brigandages que tous ceux du reste du pays. Encore sont-ils divisés, comme toutes les autres tribus, en deux çoffs ennemis. Il est vrai, le çoff ennemi de Mohamed-ben-Khalled ne comptait plus que deux individus, El Bachir et son nègre, et encore El Bachir n'était-il qu'une faible partie d'un homme : haut de quatre pieds et demi, boîteux, estropié par une balle reçue au genou, un poignet coupé, il avait une large balafre qui lui couvrait la figure, et quand il ôtait son turban, on voyait qu'il lui manquait aussi une oreille ; mais dans ce corps chétif, tout couturé de blessures, soufflait le feu d'une âme de démon et jamais ni fatigue, ni misères, ni dangers ne rebutaient son courage et n'arrêtaient sa haine ni sa soif de vengeance. Le pays n'avait point de secrets pour lui, et nuit et jour il était prêt pour n'importe quelle besogne. A pied, il se traînait péniblement avec sa béquille, mais une fois hissé sur son méhari, il se transformait : faim, soif, fatigues n'existaient plus. Quant au négro, il faisait corps avec son maître, marchait de son pas et ne le quittait jamais. Dire qu'il pensait est peut-être beaucoup, mais il percevait et reflétait les pensées de son maître et les exécutait d'instinct.

VUE DE JARRA. (D'après une photographie de M. Baroinet.)

Lorsque les tribus révoltées s'enfoncèrent dans le sud, pour éviter nos colonnes, elles s'établirent à Bir Zemitz, à Bir Sultan, et là, appelées par le chef des O^d Yagoub, elles attaquèrent Kébili pour le mettre à sac et à contribution. Le kahia, énergique et puissant, possesseur de grandes richesses, s'était de longue date préparé à la résistance contre le chef des O^d Yagoub; aidé de El Bachir, il se défendit avec une rare vigueur; son bordj, extrêmement solide, bâti près de la source

VIEILLE FEMME ARABE. (Dessin de M. Boutet de Monvel.)

de la rivière, rendit vains tous les efforts de l'ennemi.

La marche en avant des colonnes françaises changea la situation. Les Hamamas et autres révoltés s'enfoncèrent dans la Tripolitaine, suivis de Mohamed-ben-Khalled et des gens les plus compromis de Telmine.

Ce que nous avons vu a été la conséquence de ce que nous venons de raconter, les détails de l'acte n'ont pû nous être connus, mais peu importe, les résultats n'en sont pas moins visibles.

Il en résulte aussi la démonstration bien claire des causes, qui font de ce pays un champ de ruines malgré la richesse de son sol et les produits de ses cultures privilégiées.

Les premiers besoins de ces contrées sont l'ordre, la paix et la justice, et tout gouvernement qui les y fera régner est sûr de voir la population promptement augmenter et les terrains cultivés s'étendre à vue d'œil.

La ville extrême du Nefzaoua que nous avons vue est Douz. Au delà, dans le lointain, on n'aperçoit que les lignes jaunâtres des grandes dunes et la cime de quelques palmiers qui indiquent l'emplacement de misérables hameaux dont le plus important est Sabria. Ceux des habitants de cette ville, que nous avons rencontrés n'avaient plus la physionomie ni le costume arabe. Ils portaient les vêtements bleus, la culotte serrée au cou de pied et le voile, en somme le costume des Touaregs. De très petite taille, de couleur très foncée, ils possédaient de superbes méharis. Ils se montrèrent peu désireux d'entretenir avec nous des relations et ne se prêtèrent point à la conversation. Ils semblaient, peut-être affectaient-ils, ne pas nous comprendre facilement et il fallut consentir à accepter l'aide de El-Bachir qui, du reste, paraissait être avec eux tout à fait en amitié... Il les décida à porter aux chefs de la grande tribu des Mérazigs, des lettres qui les invitaient à rentrer dans leur pays et à faire connaissance avec nous.

Les Mérazigs sont une très grande tribu de Marabouts, pas guerriers, mais extrêmement riches en chameaux. Ils habitent et parcourent les environs du Nefzaoua et se réunissent l'été non loin de Douz. C'est là que leur ancêtre Merzoug est enterré près de son fils et leurs tombeaux sont surmontés de deux koubbas pareilles.

Douz n'est point riche en palmiers, c'est une grande

place de quatre à cinq cents mètres de côté, entourée de maisons à simple rez-de-chaussée au milieu de petits enclos... Il n'y a autour ni récoltes ni jardins, la seule fortune des fils de Merzoug consiste en chameaux. Sur un petit mamelon, au nord-est de la grande place, sont les deux koubbas, en avant desquelles flottent les étendards du prophète et une petite zaouia où quelques enfants apprennent à lire le Coran. A cette époque il n'y avait à Douz, que quelques membres de la grande tribu. Tout le reste des Merazigs, (singulier Merzoug), craignant avec juste raison les Hamamas, qui leur

Vue de Douz. (*Dessin de M. O'Callaghan, d'après une photographie.*)

avaient volé un grand nombre de chameaux, avaient fait le vide, et s'étaient enfoncés dans les dunes ; ce qui nous permet de conclure que ces dunes, comme toutes celles que nous connaissons sont largement pourvues d'eau. Ils étaient, il faut croire, fort loin dans ces dunes sur le chemin de Ghadamès, car le voyage du petit nègre de Sabria, l'ami de El-Bachir, dura longtemps. Il ne revint que quatre jours après. Il apportait une réponse favorable, et en effet les Merazigs vinrent à sa suite d'abord en petit nombre, comme de bons sauvages qui flairent le terrain, avant de poser le pied, puis plus nombreux, et enfin, lorsqu'ils furent convaincus de nos intentions pacifiques et qu'ils eurent tiré de nous quelques petits services, ils revinrent en masse. Dès lors nous fûmes très bons amis, peut-être trop, à coup sûr plus que nous ne le demandions, car, avant notre départ, à une grande réunion d'adieux, sans que rien ait permis de le prévoir, les plus vieux de la tribu nous entourèrent, puis après quelques prières préparatoires, enlevèrent leurs guelmounas, leurs chachias crasseuses, exposant ainsi à un soleil ardent leurs vieux crânes polis, et l'un deux, le plus vieux lut sur nous le fatha[1]. Il nous couvrit la tête du pan de son vieux burnous au risque de secouer sur nous sa vermine séculaire et nous passa au col son chapelet. C'en était fait! Sans nous y être attendus, nous étions fils de Merzoug...

Le Nefzaoua, comme nous l'avons dit, est peu accessible; au sud, il est couvert par les dunes, à l'ouest, par le chott Djerid, au nord, par le chott El-Fedjedj. Nous avons franchi ce dernier. Il a environ vingt-six kilomètres de largeur d'une rive à l'autre.

La route de Gafsa au Nefzaoua traverse le défilé d'Oum-Ali, d'une longueur de sept à huit kilomètres. Elle est profondément encaissée entre deux montagnes très abruptes, absolument dépourvues de végétation, d'un parcours difficile, des blocs de rocs surplombent et, désagrégés par le soleil, se détachent fréquemment de leurs flancs. C'est un des passages les plus importants de la chaîne de montagnes élevées qui forme la ceinture nord des chotts. Les Romains en avaient bien compris l'importance, car on retrouve là les ruines très visibles d'une forte muraille qui fermait

---

[1]. Premier verset du Coran de ﻓ ouvrir, commencer.

entièrement le défilé, reliant jusqu'en haut les deux pics entre lesquels court la route. En arrière de la muraille colossale, on trouve aussi, près de deux puits, qui sont dans le fond du défilé, les ruines d'un poste qui, sans doute, servait d'abri à la garnison chargée de défendre le passage.

Au sortir du défilé, au delà d'une petite plaine, on arrive au bord des chotts en face de l'oasis de Seftimi. Leur traversée est une opération extrêmement dangereuse et dans laquelle il ne faut pas s'engager sans des guides sûrs et expérimentés. Il faut aussi leur obéir

PETIT NÈGRE DE SABRIA (*Dessin de Mlle M. L. Philebert.*)

sans s'écarter de leur trace, car le moindre écart à droite ou à gauche du sentier vous expose à disparaître dans les boues. En fait, il n'existe pas de chemin sûr et solide. Comme l'a très bien reconnu le commandant Roudaire, les bancs de sable, qui supportent les voyageurs, sont simplement en suspension sur l'eau et, en dessous, des gouffres de profondeurs variables et inconnues, sont prêts à les engloutir.

Ce fait paraît certain et indiscutable. Lorsqu'il a plu ou qu'un grand vent souffle sur les couches de sable, l'eau suinte, sort des sables comme d'une éponge pressée, elle s'amoncelle et on peut voir sur le terrain, d'abord sec et d'apparence solide, se former des courants et des vagues, qui lui donnent la physionomie de rivières agitées. La couche sablonneuse ne se solidifie donc que dans sa partie supérieure, lorsqu'elle est damée à la surface, et le moyen de la damer est de faire passer et repasser des troupes de chameaux dont le large pied masse le sable et le solidifie. Pendant

BORDJ DU CHEF DE SEFTIMI
(*Dessin de M. O'Callaghan, d'après une photographie de M. Baronnet.*)

toute cette traversée, il est presqu'impossible de laisser sur place les chevaux ou mulets pesamment chargés, ils enfonceraient s'ils s'arrêtaient... Les Romains avaient fait une chaussée qui traverse à l'est d'Oum-Ali et qui conduisait dans la vallée de Bir-Zemitz, dont nous avons parlé.

Comment ont-ils résolu ce problème effrayant ? A quelle profondeur ont-ils été chercher les assises de cette chaussée? Quelle immensité de matériaux ont-ils pu jeter dans ce gouffre? C'est évidemment une chose impossible à dire, sans des sondages qui seraient eux-mêmes un gros travail; mais les ruines de cette chaussée prouvent l'importance énorme qu'ils ont attaché à ce pays du Nefzaoua.

Tente arabe. (Dessin de M. O'Callaghan, d'après une photographie.)

Bientôt, il faut l'espérer, la colonisation y prendra pied et elle y trouvera, *sans aucun doute*, un pays d'une fertilité exceptionnelle, qui lui paiera largement ses efforts. C'est un champ immense à exploiter, et une fois relié à Gabès par un chemin de fer, on verra promptement ce pays renaître de ses cendres et redevenir un des plus riches et des plus productifs de nos possessions.

VUE DE GAFSA. (Dessin de M. O'Callaghan.)

CHAPITRE VI

Arrivée des colonnes françaises à Gafsa. — Son importance. — Ses environs, les citernes (Madjen). — Oasis de El-Guettar. — El-Hamman. — Vallées de l'oued-Terfaoui et de son affluent l'oued-Tseldja. — Légendes.

Sur la rive nord des Chotts nous trouvons aussi une série d'oasis dont la plus importante est Gafsa, l'ancien évêché romain de Capsœ. Salluste a raconté la conquête de Gafsa, faite par le célèbre général romain Marius, et les moyens qu'il prit pour prévenir tout danger de révolte future. Il était depuis longtemps, il est vrai, aux prises avec les gens de ce pays, et, fatigué de leurs incessantes attaques, résolu à en finir avec eux, il conduisit sur cette ville une expédition et y pénétra par surprise, la nuit, après plusieurs marches forcées, puis simplement, comme si c'était une chose toute naturelle, il supprima tous les mâles en les faisant tuer ou en les envoyant esclaves à Rome, et à chaque chef de famille il substitua un soldat romain qui devint mari, père, propriétaire. Ce grand romain, dont on nous a conservé l'image désolée sur les ruines de Carthage, avait, comme on peut le voir, des idées extrêmement pratiques; mais elles ne sont pas admises aujourd'hui. Nous avons traité Gafsa avec beaucoup plus d'aménité et de douceur, lorsque nous y sommes entrés. Cependant ses habitants avaient manifesté contre nous des sentiments d'antipathie, qui, si nous avions eu les façons expéditives du général romain, auraient légitimé une punition sévère.

Au moment où nos colonnes pénétraient en Tunisie, la population, suivant son habitude, se sépara en deux partis bien distincts. L'un, de temps immémorial hostile à la famille du bey actuel, resta avec nous, satisfait de penser que la dynastie allait disparaître; l'autre, dévoué à la famille beylicale, se tourna contre nous et se mit en révolte. Gafsa, capitale et cœur de la tribu remuante des Hamâmas, de plus, centre religieux très fanatique, suivit le mouvement de ces derniers, qui, du reste auraient certainement forcé les habitants à partager leur fortune, s'ils n'avaient pas, d'eux-mêmes pris ce parti. Mais dans Gafsa, en outre du caïd, se trouvait un autre représentant du bey, Si-El-Hadj-Hassein-el-Longo, capitaine d'artillerie et chef des Askers (soldats du bey). Depuis longtemps il vivait en mauvaise intelligence avec le caïd, comme devaient logiquement le faire deux autorités musulmanes dans ce pays. Si-El-Hadj-Hassein-el-Longo quoique intelligent, ne comprit pas bien le mouvement qui avait lieu, il ne vit que la surface. Le traité, fait par le bey avec les Français, lui sembla conclu de bon gré et l'acte de révolte des Hamâmas et des Gafsiens, une révolte contre la dynastie à laquelle il devait son dévouement. Cela lui parut d'autant plus clair que, dès le début de la révolte, les Askers, méconnaissant son autorité, s'y mêlèrent et que la population excitée par le caïd, son ennemi personnel, lui prodigua les menaces. Le capitaine d'artillerie tunisien se réfugia avec son fils et quelques fidèles serviteurs dans la Kasbah, qui est un fort solide, bâti en grosses pierres de taille sur des assises romaines, garni de quelques canons effrayants, quoique plus dangereux pour ceux qui s'en servent que pour l'ennemi et menaça de brûler la ville si on l'attaquait.

Les gens de la ville, aidés des Hamâmas, essayèrent plusieurs attaques, mais le vieil artilleur était fort entêté, son fils était, de plus, un tireur habile. Les révoltés eurent chaque fois quelques morts ou quelques blessés. Bref, ils finirent par se tenir à distance et par attendre que la famine eut raison du serviteur de la dynastie... Heureusement la Kasbah avait des puits d'eau abondante et excellente et était pourvue de vivres à cause des prisonniers que l'on y enfermait habituellement. El-Hadj-Hassein se dépêcha de les renvoyer afin de ne pas être obligé de les nourrir.

Cette situation dura plus de deux mois et les défenseurs de la Kasbah commençaient à désespérer et à succomber à la fatigue, parce que, très peu nombreux, ils étaient obligés de veiller constamment pour garder le développement trop considérable pour eux des murs du fort. Ils furent tirés d'affaire par l'arrivée de la colonne de Constantine qui, à son retour de Kairouan, vint séjourner quelques jours à Gafsa. Les habitants, privés de leur Kasbah, réduits à eux-mêmes par la fuite des Hamâmas, effrayés, du reste, de la puissance de la colonne expéditionnaire, renoncèrent à toute lutte et vinrent se remettre à la discrétion du commandant de la colonne... Le vieil artilleur sortit en triomphateur de sa Kasbah et vint apporter au chef français ses rancunes et l'histoire de ses souffrances. La colonne y laissa une garnison, après quelques jours de séjour et continua sa route vers Constantine.

Ainsi Gafsa fut prise sans coup férir.

C'était une conquête avantageuse. La ville en elle-même n'est pas très considérable : six mille habitants environ, huit cents israélites. Les rues sont assez larges, les maisons bien bâties, quelques-unes à plusieurs

Kasbah de Gafsa. (*Dessin de M. O'Callaghan d'après une photographie.*)

étages..... mais la ville est envahie par les ruines. Ces ruines sont presque toutes propriétés des confréries religieuses (Habous.) Ici, comme partout, du reste, chez le peuple musulman, tout bon croyant fait aux mosquées ou aux confréries des legs importants. Ces confréries sont forcément malhabiles à en tirer parti ; si ce sont des jardins, au bout de peu de temps ils deviennent incultes ; si ce sont des maisons, elles tombent en ruines et restent ainsi, pour l'éternité, puisque, sous aucun prétexte, les confréries ou les établissements religieux ne peuvent les aliéner. De plus ces ruines deviennent de vrais charniers où l'on jette toutes les ordures et les débris. A Gafsa, il fallut des ordres extrêmement sévères et bien du temps pour y mettre ordre..... L'ancienne et grande mosquée est très vaste, mais ce n'est pas un monument qui mérite l'attention ; c'est un simple rez-de-chaussée peu élevé dont le plafond est soutenu par une cinquantaine de colonnes de marbre blanc, débris probablement des anciennes églises chrétiennes de l'évêché de Gafsa.

D'autres ont déjà décrit son imposante Kasbah, les piscines de Dar-el-Bey devenu notre hôpital, ses minarets et ses portes monumentales. A chaque pas on rencontre des traces de l'occupation romaine et des fouilles feraient assurément découvrir des richesses archéologiques, car les ruines se sont superposées aux ruines et la ville actuelle est bâtie en élévation de six ou huit mètres au moins au-dessus du sol primitif. A l'époque de l'arrivée, on fit un déblai destiné à faire disparaître un petit monticule afin de relier, à la porte nord de la ville et à la Kasbah, le cercle, le jardin des officiers et le camp des troupes et on mit à découvert un grand nombre d'urnes de toutes formes, des lampes funéraires, etc., qui ne laissèrent aucun doute sur la formation de ce monticule. Le cimetière romain qu'il recouvrait s'étend, croyons-nous, jusque sous le cimetière actuel des Arabes, qui est à droite de la porte de Fériana, entre cette porte et le mur du jardin des officiers.

Les inscriptions sont rares à Gafsa. Du reste toutes ont déjà été décrites par plusieurs voyageurs. On y trouve aussi des traces nombreuses des premiers temps de la conquête musulmane, des inscriptions coufiques.

Quelques maisons presque en ruines sont des spécimens de la gracieuse architecture de ce temps, entre autres celle de la famille de el-Akhdar-ben-Hamadi. Il s'y trouve des boiseries et des portes remarquables et la colonnade intérieure est d'un bel effet. Ce el-Akhdar, descendant d'une famille princière, qui fut jadis à la tête du pays, était sous-officier dans les troupes du bey, et fidèle serviteur du capitaine El-Hadj-Hassein-el-Longo avec lequel il s'enferma dans la Kasbah. Mauvais cava-

DAR EL BEY, PISCINE ROMAINE.
(Dessin de M. O'Callaghan d'après une aquarelle de M. Tissot.)

lier, le malheureux fut entraîné par son cheval, dans un combat livré aux Hamâmas, qui voulaient voler les chameaux de la colonne, et fut tué. Je ne crois pas que le gouvernement ait pris grand soin de sa veuve et de ses enfants, les Hamâmas qui l'ont tué étant aujourd'hui en faveur. Il existe un joli spécimen de l'art musulman : c'est une plaque de marbre de deux mètres de long environ, représentant un enchevêtrement de fleurs et de branches. Elle fut trouvée dans la Kasbah, lorsqu'on creusa les fondations de la caserne d'artillerie et placée dans la maison de Si-Ahmed-ben-Youssef, devenue l'habitation du commandant des troupes, où elle fut, pour la conserver, placée comme tablette d'une cheminée monumentale construite dans la grande salle du premier étage.

L'oasis contient, croyons-nous, sept à huit mille palmiers, dix-huit mille oliviers et des citronniers qui sont merveilleux de beauté et de dimensions... Les orangers, en petite quantité du reste, n'y donnent que des fruits médiocres. De vastes terrains de culture l'entourent et pourraient être multipliés, mais en ce moment c'est tout ce que les habitants peuvent arroser.

Les eaux, qui servent à la culture de l'oasis sont de trois provenances; les eaux thermales qui ont leur source dans les bassins romains de Dar-el-Bey et de la Kasbah. Celles des fegaguir, (canaux souterrains), ouverts de distance en distance, travail énorme, qui, aujourd'hui, donne peu de ressources et arrose à peine quelques jardins au nord de l'oasis, mais qui témoigne de l'énergie des Gafsiens.

Enfin les canaux de l'oued Baïach dont le débit pourrait, par des travaux intelligents, être considérablement augmenté.

Cette rivière a sa source à huit ou dix lieues au nord de Fériana, célèbre par ses immenses ruines romaines. Après avoir arrosé les cultures de cette oasis, elle se perd dans les sables et ne reparaît qu'à trente lieues plus loin, à Gafsa, où elle remonte à la surface dans l'étranglement formé par le Djebel-Orbata et le Rouméli... Plusieurs prises d'eau très rudimentaires, déversent ses eaux dans des conduits, mais une grande partie se perd au grand détriment des cultures... L'oued Baïach, par son débit journalier, est le grand bienfaiteur des jardins de Gafsa qu'il vivifie, mais son bassin est immense, il a des crues d'une violence extrême et il détruit en quelques instants ce qu'il a aidé à créer.

Il y a quelques années, une crue extraordinaire bouleversa l'oasis, la rivière devenue énorme sortit de son lit et se fit un chemin à travers la forêt de palmiers, qu'elle traversa en arrachant les arbres et couvrant

PORTE DE GAFSA. (*Dessin de M. O'Callaghan.*)

tout de sable et de débris. L'ouverture béante existe encore stérile et déserte.

Depuis notre arrivée, un travail considérable a été entrepris sous l'inspiration du commandement français pour barrer aux crues de l'oued Baïach, le chemin de l'oasis. C'est une digue de huit mètres d'élévation, longue de deux cents mètres environ, large de quatre mètres au sommet et de dix à douze mètres à la base. En avant de la digue est un vaste fossé où l'eau affleure et qui a été planté de roseaux et de tamarisques. Si cette digue est entretenue, elle préservera l'oasis d'une dévastation certaine.

D'autres travaux utiles ont encore été entrepris et parmi eux un barrage sur un petit affluent du même oued et qui permet de cultiver une portion de la vaste plaine qui entoure Gafsa.

Un barrage très considérable avait été construit sur l'oued Lala. Il aurait permis de rendre à la culture une plaine immense et aurait enrichi ce pays : malheureusement une crue énorme, qui faillit submerger le village et l'oasis, en franchit les extrémités et le brisa. C'est un malheur pour les populations qui ne le relèveront pas de longtemps à moins que le Gouvernement ne devienne soigneux de leurs intérêts et ne leur apporte son aide. Gafsa est appelée, si la civilisation pénètre dans ce pays, à devenir une grande ville. Elle a une importance considérable reconnue de tout temps. C'est le passage forcé de toutes les caravanes qui se rendent au Djérid, le pays par excellence des dattes. Tout ce qui du nord, de l'est de la Tunisie, du nord-est et du sud de la province de Constantine va au Djérid passe par Gafsa. Son marché est important et le nombre des caravanes qui le fréquentent est considérable.

De plus, c'est le centre de toutes les tribus du sud-ouest tunisien, qui campent une grande partie de l'année près d'elle et alimentent son marché. Malheureusement elle n'est plus que l'ombre de ce qu'elle fût du temps des Romains. Partout on trouve les vestiges des immenses travaux faits par le peuple roi, pour recueillir les eaux et fertiliser le pays.

L'orsqu'on va de Gafsa à l'oued Fekka on traverse

GABÈS. — MARABOUT.
(Dessin de M. O'Callaghan, d'après une photographie.)

un immense plateau où l'on rencontre, dans un périmètre de vingt à vingt-cinq lieues, de vastes constructions que les indigènes désignent sous le nom de madjen (récipients, citernes.) Deux surtout ont fixé notre attention. Une, nommée Madjen-Smaoui, sur la route de Kairouan à Gafsa, à douze lieues environ de cette ville. C'est une masse énorme de maçonnerie. Elle est de forme circulaire, et a environ quinze mètres de profondeur. Elle est aussi large au fond qu'au niveau du sol, et a environ trente mètres de diamètre. Elle peut donc contenir quatre mille mètres cubes..... Sur une partie de la circonférence, il règne une sorte de voûte percée de trous par lesquels on puise l'eau. Lorsque nous y sommes passés, elle était à moitié pleine et l'eau qu'elle contenait était assez bonne. Nous avons cherché à nous rendre compte de la façon dont elle se remplissait, mais sans succès ; aucune conduite, aucun aqueduc n'y débouchait ; elle était seulement construite entre deux ravins profonds de deux ou trois pieds et près de leur confluent. Nous fûmes forcés d'admettre que ces ravins avaient eu des crues considérables et que l'eau était montée assez haut pour entrer dans la citerne. Peut-être existait-il autrefois des barrages sur ces ravins, mais il n'en restait aucune trace. Très désireux de tirer parti de cette construction sur une route où l'eau vive ne se rencontre, en été, qu'à de très grandes distances, nous fîmes des barrages dans les ravins pour déverser les eaux des crues dans la citerne et nos travaux furent couronnés d'un plein succès.

A Gafsa, on nous dit que cette citerne avait été bâtie par un nommé Smaoui dont elle porte du reste le nom, et qui était l'ancêtre éloigné du sergent El Akhdar-ben-Hamadi, celui-là même qui fut tué dans une sortie contre les Hamâmas dont nous avons parlé plus haut.

El Akhdar, interrogé, eut la complaisance de nous montrer un vieux livre de famille où se trouvaient des comptes établissant le prix de revient des travaux que son ancêtre Smaoui avait fait exécuter. La lecture attentive de ce document important nous a démontré que ce n'avait été qu'une simple réparation, qui avait consisté à vider la citerne, à enlever la boue, les immondices, puis à boucher les fuites en rebâtissant les parties effondrées de la maçonnerie et en faisant à l'intérieur un enduit avec un mélange de chaux et de ciment. Mais évidemment il n'y eut qu'une réparation importante et non une construction. La quantité de matériaux transportés ne permet pas l'ombre d'un doute. Elle est donc plus ancienne que cette réparation. Un autre dira si elle est d'origine romaine ou non, ses dimensions, sa durée portent à le croire.

L'autre est aussi sur la même route, entre Madjen-Smaoui et l'oued Fekka. Elle porte le nom de Madjen-Célicila.

Elle a à peu près la même situation par rapport à un lit de rivière qui passe près d'elle. Elle a encore de plus grandes dimensions que Madjen-Smaoui, mais elle n'a pas aussi bien résisté aux insultes du temps. Peut-être n'a-t-elle pas été réparée et entretenue comme l'autre ; mais elle présente une installation particulière. Un aqueduc *romain*, de dimensions considérables, traverse toute la plaine dans sa direction, pendant plusieurs lieues, et en ligne droite. Il semble avoir pour point de départ l'oued Cehela, qui se perd à la sortie de la montagne près de la Koubba de Sidi-Ali-Ben-Aoun.

Quelques palmiers dressent à cet endroit leurs cimes élevées.

Nous pensons qu'il devait y avoir là un barrage, dont l'aqueduc recevait les eaux pour les conduire à

RETOUR DE MARCHÉ

Célicila. Nous avons cherché inutilement ses traces.

Cet aqueduc porte à croire à l'origine romaine de ces citernes. Du reste toute la Tunisie est couverte des ruines laissées par les conquérants ; elles indiquent une densité de population, telle qu'aujourd'hui dans l'état actuel du pays, elle mourrait absolument de soif. Il est donc bien certain qu'il existait, du temps des Romains, sur toute la surface, des quantités d'eaux beaucoup plus considérables, grâce à des travaux d'aménagement très complets et très habiles.

En somme, la rivière de Lala, l'oued Baïach, et tous les ravins qui sortent des montagnes environnant Gafsa, donnent la certitude que cette ville est appelée à un grand développement lorsque des travaux intelligents développeront les richesses du pays.

Il y a entre le Nefzaoua et Gafsa beaucoup d'autres points importants par leurs cultures et les développements qu'ils peuvent prendre, par exemple l'oasis d'El-Guettar sur la route de Gafsa à Gabès.

C'est un endroit remarquable par l'esprit énergique, la vitalité de ses habitants. Les conduites (fegaguir) qu'ils ont creusées pour aller chercher sous terre, à une profondeur considérable, les eaux, qui arrosent leurs jardins et entretiennent la fraîcheur de leur oasis, méritent l'attention et prouvent combien les accusations de paresse adressées à ces populations sont fausses et erronées.

Puis la splendide oasis d'El-Hammam, centre de la grande tribu des Beni-Zid, tribu guerrière et pour ainsi dire tribu maghzen qui, pendant l'insurrection, nous a prêté un concours dévoué.

En continuant vers l'ouest, on suit le cours de l'oued Baiach qui, après Gafsa, prend le nom d'oued Terfaoui. L'eau de la rivière, qui apparaît de distance en distance, est généralement salée ; cependant, à Gourbata, il y a une source d'eau douce. C'est le point dangereux entre Gafsa et le Djérid, et c'est là que les coupeurs de route attaquent toujours les caravanes soit à l'aller soit au retour. Aussi, dans les premiers temps on avait construit à Gourbata même, sur la source, une petite redoute et la garnison assurait la sécurité des voyageurs. C'est le pays de la peur et des légendes. Un des affluents de l'oued Terfaoui, l'oued Tseldja, descend du Djebel Tseldja. En le remontant on arrive à une gorge extrêmement remarquable. La rivière, qui prend sa source au nord de la montagne, l'a traversée en la creusant profondément, et on marche pendant deux kilomètres entre deux blocs de roches de cent mètres d'élévation, qui font des deux côtés une muraille à pic. Au bout de deux kilomètres, le défilé s'élargit et forme un vaste cirque boisé de tarfas (tamarisques). Près de la sortie de cette plaine, on a creusé de main d'homme dans le rocher une grotte spacieuse, en forme d'hémicycle. Elle a environ soixante mètres de diamètre sur vingt à vingt-cinq mètres de profondeur. Il nous a été raconté par les indigènes que c'était une reine des anciens temps (sultane, Djazia el œlèlia) جازية الهلالية (¹), qui avait fait creuser cette grotte pour habiter pendant les chaleurs de l'été. Le rocher dans lequel elle a été creusée porte encore le nom de Kef-Djazia. Les indigènes prétendent que ces montagnes sont hantées par des démons مغاربت (afârits), et qu'il s'y trouve des serpents énormes (Trâben) qui attaquent l'homme. Beaucoup parmi eux affirment en avoir rencontré et racontent des histoires d'hommes dévorés par ces serpents. Ils n'y passent le jour qu'en nombre. La nuit aucun d'eux n'y resterait, tant ils sont

---

(1) Djazia el œlèlia est l'héroïne de plusieurs romans historiques de la conquête arabe, entre autres de El-Zenati.

convaincus des fables qu'ils racontent. Malgré l'espoir qu'ils avaient fait naître en nous de trouver là un descendant du fameux serpent de Régulus, et quoique

Vue de Taulga. (Dessin de M. L. Piesse.)

nous y soyons restés deux nuits, rien n'est venu troubler notre sommeil.

A quoi attribuer ces traditions? Il y a évidemment des faits historiques à élucider qui en donneraient l'explication, mais parmi ceux qui nous accompagnaient personne n'en savait davantage. Le lieu n'était pas fait, nous l'avouons, pour inspirer une confiance entière. Ce sombre défilé, ces murailles à pic, noires et perpendiculaires, en faisaient un site des plus sauvages et des plus pittoresques ; la rivière, assez abondante, saute de rochers en rochers avec un bruit étourdissant. Partout, sur la montagne et sur la petite plaine, des ruines de villages, des traces de cultures anciennes, quelques oliviers, mais pas un vestige récent. Il s'est évidemment passé là un fait de destruction qui remonte peut-être à l'époque de l'invasion arabe, et à cette histoire se trouvent mêlés seulement deux noms, celui de la sultane Djazia, la reine de la grotte qui s'était assuré là, en même temps qu'un abri impénétrable aux rayons du soleil, un bain rafraîchissant dans la rivière qui fermait sa demeure ; puis le nom de Chaâbi, sultan qui a joué un grand rôle dans ce pays. En somme, dans ce désert, on trouve les traces d'une population assez dense. La rivière, qui traverse cette gorge a sa source, assez loin dans le nord, et arrose une oasis nommée Aïn-el-Ksob, puis elle disparaît sous le sol et ne reparaît qu'au renflement produit par les montagnes de Tseldja et par plusieurs sources que l'on appelle Ras-el-Aïoun. A la sortie de la gorge dont nous avons parlé, elle disparaît sous les sables.

Autrefois elle a été cependant utilisée à sa sortie, car on trouve sur les flancs du rocher, à une élévation de dix à douze mètres au-dessus du niveau actuel de la rivière, les traces considérables d'un barrage en maçonnerie et des prises d'eau qui la déversaient dans la plaine. Il serait relativement facile aujourd'hui d'établir un travail de ce genre et de créer un beau village et des cultures avec les eaux, mais il y aurait lieu, en le construisant, de prendre des précautions pour le garantir des crues de la rivière, qui doivent être d'une violence extrême.

CHAPITRE VII

Le Djérid. Oasis de Deggache. Ceddada. Tozer, Nefta, oasis de l'oued Souf. Ligne de partage des eaux du Golfe de Gabès et de l'Atlantique; cours d'eau et affluents.

Le Djérid est une des plus riches, parmi les contrées qui bordent le Sahara. C'est, disent les Tunisiens, la vache à lait du gouvernement du bey. C'est en effet un pays privilégié, les dattes y ont une saveur particulière, et chaque année les caravanes y affluent pour faire la provision annuelle de chaque famille : on y trouve en grand nombre des habitants de Tunis, de Sousse, de Djerba, des Tripolitains, des représentants de la province de Constantine, et de toutes les tribus nomades de la Tunisie, de la Tripolitaine, même des commerçants de Rhadamès. Le pays de Djérid se compose d'une série d'oasis, dont la première en arrivant de Gâfsa, par la route de l'oued Terfaoui et Gourbata, est l'oasis de El-Hammam... quarante-huit mille palmiers. La source qui l'arrose sort d'une colline de soixante mètres d'élévation qui fait partie du seuil de Kriz, et est au sud de l'oasis. Les environs de la source sont couverts d'anciennes habitations, mais les attaques continuelles ont porté les habitants à les quitter et à s'établir au milieu même des jardins. Des fièvres dangereuses les ont décimés, et la population, peu nombreuse aujourd'hui, abandonne petit à petit ses jardins, que les broussailles et les arbustes sauvages envahissent. Il faudrait cependant, de la part de l'administration, peu d'efforts pour rendre à cette oasis son antique prospérité. Quelques canaux d'irrigation en augmentant la superficie du terrain cultivé, et en rendant à la culture de l'olivier et des céréales des parties autrefois productives et un canal de déversement des eaux non employées dans le chott, assainiraient l'oasis. Les habitants, aujourd'hui que nos garnisons rendent au pays la sécurité, pourraient habiter en dehors de l'oasis et échapper aux miasmes des marais. Il nous paraît à peu près certain que des sources nombreuses jaillissent dans les jardins même de l'oasis, et contribuent à former les marécages, plus encore que le ruisseau lui-même.

Parmi ces sources, il en est une qui possède des propriétés thérapeutiques. Il y a eu là des thermes romains, leurs ruines sont cachées à l'œil, il faudrait quelque travail pour les mettre à nu, mais le bain est encore fréquenté. Il a une toiture de chaume, et les gens de l'oasis et les nomades y viennent chercher un soulagement à leurs souffrances et aussi, dit-on, des plaisirs que la morale réprouve.

Dans la régence, les impôts sont en totalité versés dans les caisses du trésor beylical. Il n'en est dépensé aucune portion pour les travaux d'utilité particulière au pays qui paye les impôts. De sorte qu'il n'est jamais fait de travaux d'utilité publique. Le rôle de l'administration consiste à prendre et elle prend beaucoup.

1° Sous la forme d'impôt de capitation, tant par tête ; impôt injuste, en ce sens que le pauvre, chargé d'une nombreuse famille, est accablé sous le poids qui augmente en proportion de la difficulté de nourrir ses enfants.

2° Impôt sur les arbres dans les oasis, d'un chiffre fixe par pied, soit palmier, soit olivier, etc. Cet impôt qui, à première vue, paraît être établi proportionnellement à la richesse de chacun, est nuisible, plus que tout autre à la prospérité des oasis, c'est lui surtout qui cause leur décadence. Les agents du fisc, en effet, jaloux de faire produire à l'impôt le plus possible, imposent tout arbre, quelqu'il soit, qu'il rapporte ou non. Aussi, dans le Djérid, on n'aperçoit jamais de jeunes oliviers, pas plus qu'à Gafsa. Il sont tous vieux, on n'en plante jamais. L'olivier est extrêmement lent à pousser et met près de vingt ans à donner des fruits ; or, aussitôt planté aussitôt imposé. Un homme, qui ferait une plantation de jeunes oliviers, serait donc un homme ruiné, depuis

Camp de Tozer. (*Dessin de M. O'Callaghan d'après une photographie.*)

longtemps avant qu'elle lui rapporte, ruiné d'autant plus vite qu'il en planterait davantage. Ils plantent cependant quelques palmiers, dans l'intérieur des jardins, jamais hors de l'enceinte. Le beylick fait tous les ans recensement sur recensement et, bien entendu, il faut que le recensement paye le voyage et les frais du recenseur. Aussi les totaux ont des différences incroyables. Bien entendu, c'est toujours le chiffre le plus exagéré qui est le chiffre adopté.

La fortune du pays va donc toujours en diminuant et il n'est pas douteux, que des étendues considérables de terrains plantés d'oliviers du temps des Romains sont aujourd'hui des dunes de sable ou des terrains désolés

3° La Douane. Au rebours de ce qui a lieu en tout pays, la douane, au Djérid, perçoit un droit sur tout ce qui sort, sur l'exportation, nuisant ainsi à la production du pays.

4° Les perceptions sur les marchés.

5° L'impôt sur les bestiaux à tant par tête, de chameau, de mouton, etc.

Avec un pareil régime administratif, il y a lieu de s'étonner que le Djérid ne soit pas un pays absolument ruiné, et, bien au contraire, il a la réputation d'être le point le plus riche et le plus fortuné de la Tunisie. Riche d'abord par l'immense production de ses dattes sans pareilles, et les autres productions de son sol, aussi par les produits de son industrie, étoffes de toute espèce en laine, de ses cuirs richement brodés, etc.

A quelques kilomètres au sud derrière la petite chaîne de collines d'où sort la source d'El-Hammam et sur le bord du Chott-el-Djérid, en face même et à cinquante kilomètres de Debabcha, dernier oasis du Nefzaoua, nous rencontrons Deggache, centre du commandement d'El-Oudian, qui s'étend sur plusieurs oasis et contient cent-cinquante-mille palmiers. Moins bien partagé que El-Hammam, Deggache n'a pas une source naturelle qui l'arrose, c'est par des travaux gigantesques que ses habitants se sont assurés le développement de leur prospérité. Ils ont fouillé les entrailles de la terre à une profondeur considérable pour arriver à l'eau et ont établi à ciel ouvert une immense conduite dont la profondeur est progressive et qui va à plusieurs kilomètres pénétrer du côté sud dans le cœur de la colline, qui la sépare d'El-Hammam et qui est connu sous le nom de Seuil de Kriz. Aussi Dieu a béni leur travail colossal et rien n'est beau comme les jardins enchanteurs de Deggache. Elle a pour chef un indigène intelligent, d'une instruction très supérieure à celle de ses coréligionnaires. Il a voyagé, visité Alger, Tunis et est très apte à lancer ses administrés dans la voie de la prospérité.

SOURCE DU SEUIL DE KRIZ.
(Dessin de M. O'Callaghan, d'après une photographie de M. Baronnet).

Il a fait venir des bananiers, des cédratiers, des mandariniers, des goyaviers, des orangers, etc. La puissante végétation de ces régions donne à ces arbres des dimensions fabuleuses et leurs produits ont une supériorité incontestable. On trouve même à Deggache des cannes à sucre.

Bien administrés, commandés par un homme dont

ils reconnaissent la supériorité intellectuelle et dont ils aiment la fermeté bienveillante, les habitants de Deggache sont en voie de prospérité. On peut rêver pour l'oasis une extension presque indéfinie, car le terrain cultivable est sans limite et partout sur le bord des chotts, l'eau ne manque pas non plus.

Pour le prouver, il suffit de dire que M. le colonel Roudaire a fait creuser un puits au centre du plateau qui sépare le Chott-el-Djérid du Chott-el-Rharsa et qu'il a trouvé à quarante-deux mètres, une nappe d'eau douce, inépuisable, c'est celle du reste qui produit toutes les sources qui arrosent les nombreuses oasis de ce pays.

Les traditions affirment que du temps des Romains tout le pays était couvert d'arbres fruitiers et que les oasis actuelles, îlôts surnageant au milieu d'étendues arides ne formaient qu'un seul jardin et qu'il n'existait entre elles aucune solution de continuité.

Nous pourrons travailler et planter longtemps avan ce résultat.

En face de Deggache, le Chott-el-Djérid est immense et la traversée pour atteindre Débabcha oasis du Nefzaoua est de cinquante kilomètres. Elle est dangereuse. Nous ne croyons pas qu'il existe de chemins qui traversent le chott directement au sud. Les cartes indiquent des puits sur le bord méridional du Chott. C'est un pays à explorer.

Il est vierge, croyons-nous, et aucun européen ne l'a parcouru ; là règne la peur, les bandits des Hamâmas et des O[d]. Yagoub, seuls s'y aventurent.

En 1883, lors de la conquête de la Tunisie, il avait été décidé qu'une petite expédition y serait envoyée et que ce pays serait reconnu aussi loin que possible dans le sud du Chott. Elle devait se rendre à Douz par Bir-

Regaa, Bir-el-Douar, Bir-bou-Krib, El-Fouara, Sabria, etc. Si elle avait eu lieu nous aurions des données positives, malheureusement des raisons d'ordre divers l'ont empêchée et les cartes continuent à indiquer cette partie comme une région désolée, un désert sans eau. Nous ne le croyons pas. Entre les bords du Chott et les grandes dunes, il doit y avoir une région plus ou moins large,

O^d NAÏL, HOMME, FEMME ET ENFANT.

semblable au Nefzaoua, l'eau doit s'y trouver à fleur de terre, ou, au plus à quelques mètres de profondeur. Du reste, quelque incomplètes qu'elles soient, les cartes indiquent sur tout le parcours, des puits à faible distance les uns des autres. Il y a lieu de s'étonner que le gouvernement tunisien n'ait pas repris le projet et ne l'ait pas mis à éxécution, afin de reconnaître au moins la limite de nos possessions. Car enfin si le pays est susceptible de culture, le Djérid, le plus riche pays de la Tunisie, celui dont la population fournit au trésor beylical, la proportion d'impôt la plus considérable peut recevoir une extension indéfinie.

C'est en tout cas une question fort intéressante, que de savoir si le bord sud du Chott a été peuplé, habité comme le côté nord. M. le colonel Roudaire dit qu'on a trouvé à Tozer les débris d'un bateau, d'un autre côté on dit que jamais ces chotts n'ont communiqué avec la mer. C'est être bien peu curieux que de ne pas chercher où allaient ces bateaux, quels pays ils abordaient. Il y a des ruines romaines à la pointe du Nefzaoua vers Debabcha. Il n'est pas douteux qu'il doit y en avoir sur la même rive vers Bir-Regaa ou vers El-Fouara. Il n'est pas possible que le Nefzaoua seul ait été habité, il est plutôt le dernier reste, le témoin d'une ancienne civilisation qui s'éteint.

La ville la plus vieille du Djérid, est Ceddada. Ses ruines sont situées dans les gorges du Chareb (montagne qui forme la limite nord des chotts) ; à peu de distance au nord-est de la ville actuelle, près de la Koubba de Sidi-Bou-Hellal, que domine un défilé profond, le Khanget-Majer, débouchant sur le versant nord de la montagne, à l'ouest de Bégra : sur ses flancs, ravinés, ravagés par les orages, on trouve des traces confuses des cavernes qui y étaient creusées. L'emplacement en est indiqué de distance en distance par de très légères cavités. Seule, une grotte située dans un ravin voisin est assez bien conservée. La tradition arabe veut qu'elle, ait été l'ermitage d'un pieux personnage Sidi-Abbas (Sa Koubba s'élève vis-à-vis de celle de Sidi-bou-Hellal, elle n'en est séparée que par le Khanget-Majer) qui s'y serait retiré pour y mener la vie pieuse des anachorètes et des solitaires.

Elle paraît quoiqu'en dise la légende, bien antérieure à l'époque où vivait cet ermite, et être l'une des anciennes demeures des premiers habitants du pays. Puis, succédant à ces grottes préhistoriques, s'est élevée sur les sommets une cité moins antique, mais aussi étrange. C'est la vieille Ceddada. Ses remparts monolythes, déroulés le long des abîmes, dominent à l'est le

SOURCE DE NEFTA
(*Dessin de M. O'Callaghan, d'après une photographie de M. Baronnet*).

défilé d'El-Majer et à l'ouest le Chabt-el-Melah. Ils s'abaissent brusquement vers le sud pour donner accès dans la ville par le ravin de Sidi-Bou-Hellal, que couronne la koubba du saint : au nord ils remontent d'une manière uniforme jusqu'à l'extrémité de la table dans laquelle ils sont taillés et qui se termine elle-même, par une petite plateforme entourée d'un léger rebord en saillie. Le roc est, en cet endroit, percé de trous peu profonds, qui pouvaient être aussi bien destinés à recueillir le sang des sacrifices, qu'à recevoir la hampe d'un étendard ou les supports d'une tente. Un chemin de ronde de un mètre de largeur sépare les maisons des précipices, sur lesquels elles semblent se pencher curieusement. Des restes d'escaliers gigantesques descendent au fond des précipices, aux sources qui probablement alimentaient la ville.

Il est difficile de déterminer la nature des habitations primitives. Les décombres accumulés sur le plateau de Sidi-Bou-Hellal, pèsent de tout leur poids sur le passé et promettent, croyons-nous, une riche moisson à ceux qui essaieraient de les soulever.

Les Romains ont occupé Ceddada, ils ne pouvaient négliger une position militaire aussi importante. Mais ils n'y ont eu vraisemblablement qu'un poste. Leur colonie Thiges, était située dans l'intérieur, aux lieux que les indigènes appellent henchir Gubba, Tagianous ou Taghious, où il y a des restes de constructions.

Il est probable que Ceddada, préservée par les difficultés extrêmes de sa situation, résista longtemps à l'invasion arabe. Mais en 980 de l'hégire, elle fut détruite de fond en comble par un sultan du Djérid, et les habitants qui échappèrent à la mort, durent dorénavant habiter au pied de la montagne. C'est ainsi que se créa la nouvelle Ceddada. Ses habitants forment encore dans le Djérid une population sauvage, mal unie au reste des habitants, ayant l'allure de gens opprimés et disposés à la révolte.

Autrefois Ceddada formait avec les autres villes d'El-Oudian une seule oasis d'une longueur de douze kilomètres environ. Leurs jardins forment maintenant trois tronçons, et l'espace qui les sépare montre encore des traces de jardins qu'une administration intelligente ferait facilement revivre, en déblayant les sources qui les alimentaient autrefois. Les indigènes abandonnés à eux mêmes, sans union entre eux, désintéressés de leur entretien par des impôts abusifs, qui tuent la production, les déblaieraient eux-mêmes si le gouvernement les encourageait par des dégrèvements proportionnés à leurs efforts ou par l'aide de quelques subsides ; il est clair que l'ordre et la paix qu'imposent notre protectorat, rendront ces espaces à la culture et à leur fertilité première.

MARCHÉ DE TOZER. *(Dessin de M. O'Callaghan, d'après une photographie).*

L'oasis que nous rencontrons en marchant vers l'ouest est Tozer. C'est la plus riche et la plus importante du Djérid. Les palmiers s'élèvent au chiffre de plus de deux cent cinquante mille et au-dessous de leurs têtes élevées s'abritent un nombre plus considérable encore d'arbres de toutes sortes.

Du temps des Romains, Tozer était une très grande

ville et le centre d'un puissant pays. Il reste des traces nombreuses de leur établissement et ce sont encore des barrages établis par eux, qui répartissent l'eau entre les différentes fractions de l'oasis.

Tozer est très connue et la richesse de ses plantations et de son industrie est trop célèbre pour que nous nous arrêtions à en faire une description que d'autres ont, du reste, déjà plusieurs fois essayée.

Ce qui nous importe, c'est de dire que Tozer peut être considérablement augmentée, qu'autrefois elle avait un développement bien plus grand et que quelques travaux conduits avec intelligence permettraient de multiplier ses plantations et de les étendre à de grandes distances. Il n'est pas douteux qu'il y a peu de temps encore des portions de terrains aujourd'hui incultes étaient en pleine culture, et des vieillards montrent des endroits où coulaient de vrais ruisseaux qui sont aujourd'hui à sec. Les eaux qui alimentent Tozer sont les eaux dont les sondages Roudaire ont établi l'existence au Seuil de Kriz. Ce ne sont pas les eaux du Bahar Tahtani, elles n'en ont ni la température ni le goût et H. Duveyrier dit : « *L'eau non plus ne leur manque pas, parce que le Djebel Chareb, et le Djebel Tarfaoui, etc., leur envoient sous la forme de ruisseaux et de rivières intarissables le résidu des pluies qu'ils reçoivent, et grâce aux conditions géologiques spéciales à la contrée, les eaux de ces ruisseaux sont thermales. Les oasis du Djérid, proprement dit, sont donc des serres naturelles, à ciel ouvert, irriguées avec de l'eau tiède, dernière condition que ne réalisent ni les oasis de l'Algérie, ni celles de la Tripolitaine, ni celles du Maroc. Aussi nulle part trouve-t-on rien de comparable aux superbes et délicieuses variétés de dattes du Djérid? On pourrait maintenant cultiver dans ces oasis*

BARRAGE ROMAIN DE TOZER.
Dessin de M. O'Callaghan, d'après une photographie de M. Barronnet.

quelques-uns des végétaux qui font la fortune des colons de l'Inde, de la Martinique et de la Réunion. »

La population extrêmement laborieuse, est exempte de fanatisme, désire l'ordre, la paix, et ne demande qu'à avoir la liberté de travailler et de commercer. Nous savons que jadis ses produits allaient à Ghadamès et dans le Soudan, et étaient une source d'immenses bénéfices. La tradition, nous dit aussi, que les chefs de Tozer avaient une grande puissance, l'un d'eux, Keidad, père d'Abou-Yezid se posa même en rival des Fatimites.

Aujourd'hui, divisés en plusieurs partis, jaloux les uns des autres, leur rôle est très diminué, et ils sont sans action hors de leurs murs. Souvent même, ils ont à souffrir les meurtres et les vols des bandits Hamâmas. Mais leur fortune est encore considérable et leur argent leur donne à Tunis un certain poids.

Non loin de Tozer est sa rivale en fortune et en développement agricole, Nefta. Elle a environ cent quatre-vingt mille palmiers et un nombre considérable d'orangers, de citronniers, de jujubiers. C'est la ville la plus orientale du Djérid. Les sources qui la fertilisent suintent au pied de collines de sable fort élevées et qui vont toujours en se surélevant par les dépôts successifs. De sorte que les eaux forment un ruisseau s'écoulant entre deux berges profondes.

Lorsqu'on arrive au sommet de ces dunes, on aperçoit à ses pieds et fort au-dessous de soi cette forêt d'un vert sombre d'une immense étendue. Le coup d'œil est vraiment magique. Malheureusement cette dune gagne sur les sources qu'il faut péniblement déblayer. Il serait relativement facile d'arrêter l'envahissement de ces sables et de les empêcher de gagner sur les sources.

Nefta est un centre religieux, la population est plus fanatique que celle de Tozer. Cela tient à la présence de plusieurs Zaouias importantes. Mais cependant, il n'y a pas là de gens de désordre et de guerre. Tout y est voué au commerce et à la culture. Du reste Nefta n'est susceptible d'aucune défense. De Nefta à quelques kilomètres à l'ouest la route nous conduit aux oasis de l'oued Souf. Il est inutile de les décrire, on ne pourrait

VUE DE NEFTA
(Dessin de M. O'Collaghan, d'après une photographie de M. Baronnet).

que répéter les récits déjà faits. Nous nous bornerons à saluer en passant la puissance de la volonté et le génie humain, victorieux dans une lutte, de tous les instants, contre une nature rebelle et ingrate.

Les palmiers de l'oued Souf sont arrosés par des eaux superficielles, et déjà nous aurions dû venir au secours de cette laborieuse population, en faisant des sondages artésiens qui réussiront sans doute. Il en a déjà, croyons-nous, été souvent question, mais nous n'avons pas encore entendu dire qu'aucun travail ait eu lieu, du moins les résultats n'ont pas été publiés. Il ne peut être douteux que, sur tous les bords du chott Melrir, le Bahar-el-Tahtani n'existe, et par conséquent tout le pays qui s'étend entre Nefta, les oasis nord de l'oued Souf (Sidi Khelifat et Gemar) et les bords du chott Melr'ir', est arrosable et cultivable. Bien plus, lors même que la couche artésienne, pour une cause inconnue viendrait à y faire défaut, l'eau superficielle doit y être à fleur de terre, sous le sable, à la hauteur des eaux du chott Melr'ir'.

Nous ne parlerons pas de la richesse des bords du chott Melr'ir'; depuis trente ans, la population grandit en nombre, les plantations se multiplient et déjà, comme nous l'avons dit à la première page de ce travail, la colonisation européenne y a pénétré sous la forme de sociétés et y a obtenu des résultats satisfaisants.

Lorsque nous dépassons dans l'ouest le Chott Melr'ir', le sol se relève sensiblement et nous conduit vers la ligne de crête qui forme la ceinture ouest de l'Igharghar, en un mot vers l'épine dorsale du continent africain, qui sépare le bassin du golfe de Gabès du bassin de de l'Atlantique et du Niger. Cette épine dorsale, est composée de hauts plateaux (hammadas), et là il ne faut point espérer trouver des contrées favorables à la culture... Cependant, quelques-unes des rivières, affluents de l'Igharghar, qui, sortent de cette épine dorsale méritent de fixer notre attention.

1° L'oued Mzi ou Djedi, qui sort du Djebel Amour, arrose Aïn Mahdi, Tadjmout, Laghouath et enfin les oasis des Zibans, célèbres dans l'histoire de la conquête française par la lutte énergique que les populations soutinrent dans Zaatcha. Célèbres aussi par la richesse de leur végétation et le nombre immense de leurs palmiers.

L'oued Djedi est un vaste champ et là non plus la terre et l'eau ne manqueront pas. Le temps n'est pas loin où il sera à notre portée par le chemin de fer de Biskra.

2° L'oued Mzab, qui arrose les cinq oasis de Ghardaïa, Melika, Beni-Isguen, Bou-Noura, et El-Atef.

Nous ne citerons que pour mention l'oued Zeguerir qui arrose l'oasis de Guerara, et l'oued Neça qui arrose Berrian.

Si nous poussions plus loin cette étude nous pourrions

Vue de El Feidj. (*Dessin de M. L. Piesse.*)

ajouter à cette nomenclature tous les terrains que traverse le cours de l'Igharghar, entre le chott Melr'ir' et les dunes d'Ouargla. Mais nous avons déjà un champ assez vaste pour suffire à notre activité pendant de longues années. Nous faisons des vœux ardents pour que la France, reconnaissant enfin que la Méditerranée est le centre le plus favorable à l'extension de sa puissance concentre tous ses efforts et tous ses moyens à développer dans sa colonie les ressources qu'elle contient en germe et à lui donner toute l'extension dont elle est susceptible.

Nous avons jadis laissé prendre Gibraltar à l'Angleterre, et bientôt avec ses canons dont la portée va toujours en augmentant, elle fermera le détroit. Dans des temps plus récents nous lui avons laissé mettre la main sur Suez, là aussi elle fermera bientôt le passage...

Si par suite nous devons craindre de ne plus pouvoir sortir de cette Méditerrannée, au moins occupons-nous de la partie qui est nôtre et hâtons-nous de nous en assurer la possession en armant nos ports, en y faisant des arsenaux, des chantiers, des constructions, etc... surtout, des chemins de fer qui lient l'intérieur à la côte et aussi en la peuplant et en y développant toutes les cultures et toutes les industries.

Vue de Tuggurt. (Dessin de M. O'Callaghan.)

CHAPITRE VIII

Eaux de l'Igharghar. — Eaux artésiennes. — Rôle des Dunes. — Versant de l'Océan Atlantique. — Recherche des bassins artésiens. — Reconnaissance des environs d'Ouargla. Le Transsaharien.

Dans les chapitres précédents, nous croyons avoir démontré qu'à l'est de la ligne des crêtes séparant les eaux du golfe de Gabès de celles de l'Atlantique, il existe le long de la bordure nord du Sahara, de vastes terrains riches en eaux, admirablement propres à la culture du palmier, de l'oranger, des arbres fruitiers, des légumes et de divers produits exotiques, comme la banane, le coton, le café, le poivre, la canne à sucre, la garance, etc., etc. L'autre versant, celui qui, à l'ouest du méridien d'Alger s'étend jusqu'à l'Atlantique, présente les mêmes conditions de richesse et de fertilité.

Dans le Sahara il n'y a pas d'eau de surface, l'évaporation les fait disparaître, mais les dunes sont d'immenses réservoirs, qui absorbent toutes les eaux, les préservent de l'évaporation, et forment ainsi comme des lacs souterrains. Par suite, dans les dunes, il suffit de creuser pour trouver l'eau.

De plus la pression de ces vastes réservoirs produit au moins une partie des nappes jaillissantes et explique les puits artésiens que partout on rencontre, à Gabès, à Tuggurth, Ouargla, et au delà à Temassinine. Donc en avançant avec la sonde artésienne on trouvera l'eau dans tous les terrains, qui sont tributaires des dunes, aussi bien dunes d'Ouargla, que dunes d'Iguidi, et par conséquent le Sahara n'est pas dépourvu d'eau comme on le prétend généralement.

Cette hypothèse nous met en opposition avec plusieurs ingénieurs, qui ont écrit et affirmé que les eaux artésiennes de l'oued Rir' venaient du nord et que la tradition et la croyance des indigènes à l'origine sud de ces eaux (au Bahar tahtani) *mer souterraine,* était sans fondement. C'est avec une grande circonspection que l'on doit discuter les affirmations d'hommes importants par leurs connaissances spéciales, cependant nous ne pouvons abandonner l'idée principale, qui ressort de notre hypothèse : à savoir que dans le Sahara les dunes sont les réservoirs des eaux. Nous ne sommes point mûs par l'ambition de créer un système, déjà du reste avancé par d'autres personnes. Nous insistons, parce que ce système donne une solution certaine au besoin qu'a notre pays de trouver à travers le Sahara une route vers le Soudan, route à laquelle il faut renoncer si l'eau n'existe pas, autrement dit, si les dunes ne couvrent pas des nappes d'eau considérables qu'elles protègent de toute évaporation et conservent précieusement.

Pour expliquer notre pensée, il est nécessaire d'entrer dans quelques détails que le lecteur nous pardonnera.

Au centre du Sahara sont deux reliefs montagneux considérables, le *Tassili,* habité par les Touaregs Asdjers et le *Hoggar.* Les eaux des versants nord de ces deux chaînes s'écoulent par plusieurs rivières dont les principales sont : l'oued Isaouen, les oued Ighargharen sortant du Tassili, l'Igharghar sortant du Hoggar. Elles coulaient autrefois dans la direction nord, et réunies sous le nom d'Igharghar, elles apportaient leur tribut au vaste bassin d'Ouargla, et remplissaient les chotts Gharsa, Djérid, Fedjedj etc.

Le lit aujourd'hui desséché de cette rivière est encore visible sur bien des points de son parcours, de plus de

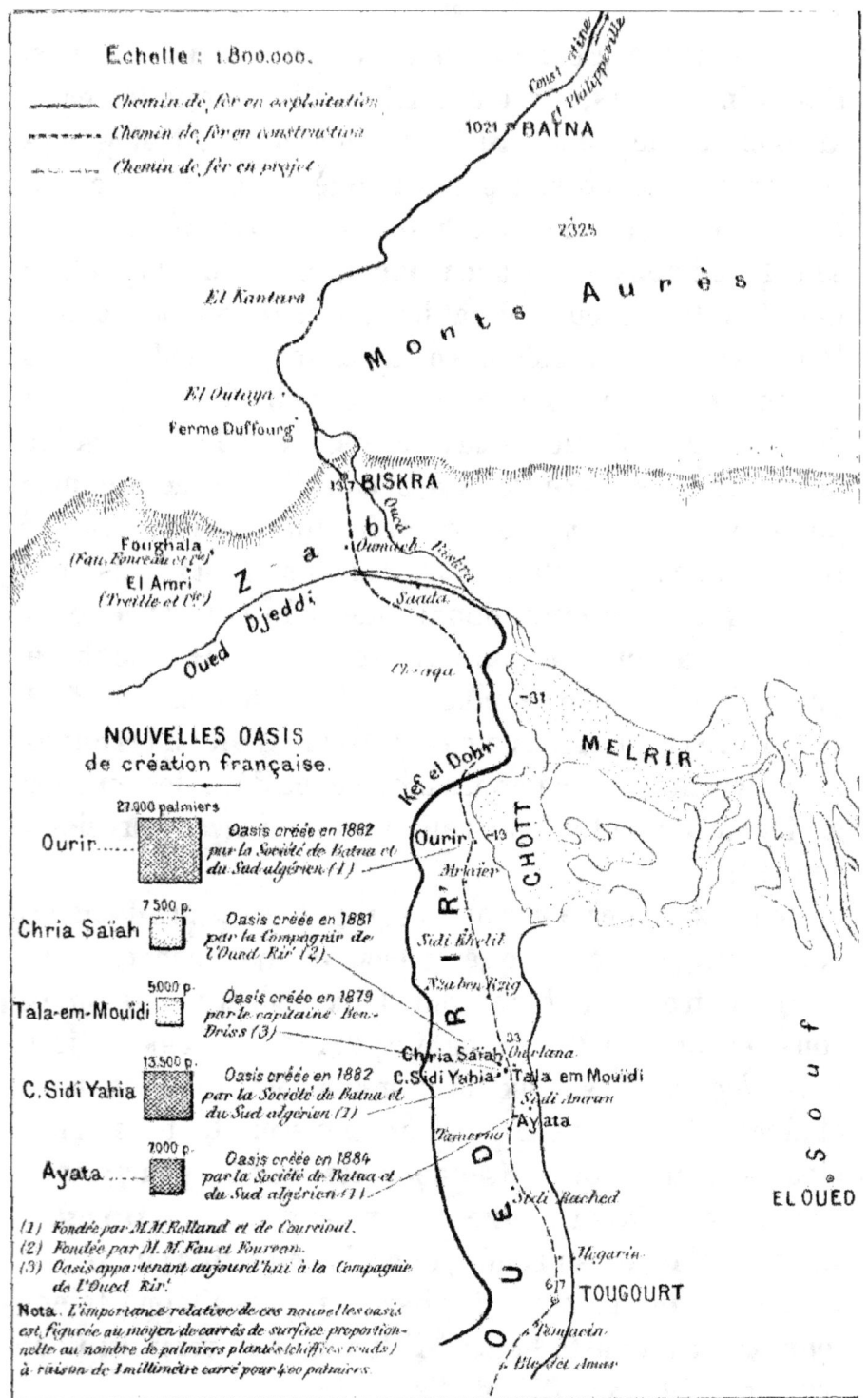

CARTE DES OASIS NOUVELLES, OUED-RIR'. (Donnée par M. Rolland.)

deux mille kilomètres. Depuis longtemps les sables l'ont coupé au nord de Ouargla et ont formé d'immenses dunes qui arrêtent les eaux, et créent un réservoir gigantesque, par son étendue et ses dimensions. Nous savons que les Ighargaren sont riches en eau, qu'elle y affleure partout le sol et qu'il y reste même, de distance en distance, des bouquets de palmiers, derniers vestiges d'anciennes cultures que la guerre et ses horreurs ont fait abandonner.

Sur l'Igharghar, Flatters nous a révélé la présence des Aguellachen, flaques d'eau, qui sont aussi la preuve de nappe aquifère abondante et affleurant la surface du sol. Au nord, les puits artésiens sont nombreux, tout le cours de l'ancien Igharghar en est jalonné de distance en distance, d'abord à Ouargla où il y en a aujourd'hui un grand nombre arrosant des oasis et un million de palmiers, cinq ou six, croyons-nous, entre Ouargla et Tuggurth où maintenant il en existe un grand nombre arrosant cinq à six cent mille palmiers. Enfin, près de la côte, près du seuil de Gabès, qui seul semble empêcher cette nappe souterraine de se déverser dans la mer, le commandant Landas a retrouvé la couche d'eau et a fait jaillir des sources considérables. La mer souterraine suit le cours de l'Igharghar, cela est absolument démontré par la série ininterrompue de puits qui existent tout le long de son cours et que nous avons indiqués sur notre croquis.

Les montagnes qui entourent le bassin à l'ouest, au nord et à l'est et d'où sortent les affluents considérables qui s'y déversent, apportent naturellement leur contingent à la quantité considérable d'eau qui jaillit au centre du bassin. Il est impossible qu'il en soit autrement, car ces affluents sont nombreux et considérables.

Il peut bien se faire aussi, comme on l'affirme, que les sommets neigeux de l'Atlas aient des infiltrations, qui contribuent à l'ensemble. Mais, tout en admettant ces faits, il est pour nous, non moins évident, que les dunes d'Ouargla, l'Erg, ont une large part au débit. Nous en donnons, croyons-nous, une preuve indéniable par l'existence du puits de Temassinine au nord de ces dunes, et par la suite ininterrompue des puits d'Ouargla jusqu'au puits Landas, près de Gabès.

Dire que l'appoint venu du sud est peu de chose nous paraîtrait être une assertion hasardée, le Tassili, le Hoggar, ne sont pas de simples coteaux, ce sont des reliefs importants qui s'élèvent, d'après ce que nous en savons, jusqu'à deux mille mètres, et couvrent une étendue considérable de terrain, ce sont de vraies montagnes et quoiqu'elles nous soient imparfaitement connues, nous savons que les eaux vives n'y manquent pas. Il peut bien être admis comme certain que les pluies ordinaires y sont rares, mais leurs sommets sont quelquefois couverts de neige et elle y tient souvent plusieurs jours de suite. Il est certain aussi que les orages ont dans cette région une violence extrême, et que les crues de ces rivières atteignent des dimensions d'autant plus considérables que le déboisement d'une partie du pays, laisse toutes les eaux courir à la surface, or, toutes ces eaux se perdent aujourd'hui dans les dunes dont l'évaporation est nulle.

Nous devons donc admettre, que le bassin tout entier de l'Igharghar et ceux de ses affluents, concourent à la production des eaux artésiennes, que les dunes de l'Erg y apportent leur part, et généralisant, nous disons que toutes les dunes jouent partout le même rôle.

Malgré l'évidence de leur rôle, beaucoup de per-

Puits de Sidi-Amram, Oued Rir'.

sonnes n'admettront ces données que comme des hypothèses, mais, en considérant que le Soudan, si vaste, si peuplé, si riche en eaux et en productions de toutes sortes, est destiné dans l'avenir à être un marché important, nous disons que le Sahara n'est pas une barrière infranchissable ; que notre hypothèse n'est pas à rejeter sans étude et que la France a un intérêt des plus grands, un intérêt de premier ordre à se rendre compte des difficultés et à entreprendre de les résoudre. Laissant cette question générale, nous nous bornons aujourd'hui à un point particulier, qui est celui-ci : depuis notre débarquement en Algérie, nous avons fait de grands efforts, d'abord pour conquérir : nous avons sans compter versé beaucoup de notre sang, comme nos ancêtres les Gaulois, puis dépensé beaucoup de notre argent. Nous sommes arrivés à un résultat important, que personne ne nie et qui s'accentue tous les jours. La colonisation est maîtresse du Tell, tous les jours elle le transforme et le fait sien, tous les jours des capitaux nouveaux viennent ajouter aux forces et aux ressources propres des colons, et aider à la marche en avant de la civilisation et de la culture.

Cependant deux ennemis connus forcent notre attention.

1° Les insurrections répétées des musulmans. Tout le danger vient des nomades du sud. Les soulèvements des populations sédentaires sont faciles à dompter. L'effort peut se calculer à tant de soldats, tant d'argent et tant de temps. Plus la colonisation s'étend et pénètre les populations indigènes, plus le danger diminue de ce côté. L'insurrection des populations du sud est une autre affaire et nous savons par l'expérience, que nous en avons faite, qu'il est difficile d'y mettre un terme. Si nous supposons la colonisation répandue sur les terrains bordure du Sahara que nous avons décrits et arrivée à une certaine densité, elle formera barrière et le nomade, pris entre le Tell et cette population, dépendra absolument de ces deux éléments, ne pourra vivre sans eux et par cela même, sera hors d'état, à tout jamais, de rien entreprendre. Nous devons donc nous hâter de coloniser ces régions sud.

2º La colonisation a d'autres ennemis. La culture qui lui a donné, en Algérie les ressources et la vie, est celle de la vigne. Elle a prospéré au moment où elle disparaissait en France sous le fléau du phylloxéra, mais il est à craindre que le terrible insecte ne l'atteigne aussi, de plusieurs côtés on en a signalé l'apparition. Ce serait un grand malheur, dont on ne peut cependant repousser la probabilité. De plus, il viendra toujours un moment où la France reconstituera, au moins en partie son vignoble et où la concurrence arrêtera l'essor qui en ce moment pousse la fortune de la colonie. Déjà, dit-on, l'écoulement de ses produits souffre quelques retards et la production n'est pas sûre de la vente.

La sagesse conseille de chercher, sans abandonner la culture de la vigne, bien entendu, d'autres produits rémunérateurs. A bien des points de vue, la culture du palmier est la plus avantageuse. D'abord, d'ici à bien longtemps, on a la certitude que la production sera inférieure à la consommation. Le peuple indigène seul, pour sa nourriture, achète et paie un prix rémunérateur puisque le palmier adulte, même de qualité ordinaire, dont la valeur est de dix francs environ, tous frais payés, rapporte au minimum trois francs soit trente pour cent et si, dans un avenir lointain, la production dépassait la demande, il ne fait doute pour personne, que la distillerie trouverait dans la datte de l'alcool et du sucre en grande quantité.

Tout ce que nous avançons ici a déjà été compris

Puits Rolland Oued Rir

par quelques personnes connaissant le pays, et plusieurs
sociétés se sont formées pour exploiter ces ressources.

La plus ancienne est celle de MM. Fau, Foureau, et C¹ᵉ. Depuis 1876, ils ont acheté des jardins, creusé des puits artésiens, planté des palmiers, et en résumé, sont propriétaires de plusieurs domaines répartis sur différents points : Mraïer, Chria Saïah, Tala Em Mouidi, Tamerna et enfin Tuggurth. Satisfaits des résultats de leur exploitation ils cherchent maintenant à agrandir leur entreprise et font à Paris une campagne pour réunir les fonds nécessaires aux agrandissements qu'ils projettent.

Après cette société, celle de MM. Courcival et Rolland, établie dès le début sur des bases plus larges et dont la Société de géographie a plusieurs fois publié les progrès ; puis celle de M. Treille. Toutes les trois ont pour théâtre le bassin artésien depuis longtemps connu de Tuggurth et de ses environs.

Enfin une quatrième, a entrepris d'exploiter l'est tunisien, près des bords de la mer ; elle a pour inspirateur M. Ferdinand de Lesseps lui-même, et a eu d'abord pour agent M. le commandant Landas. Aujourd'hui M. Baronnet, ingénieur, est à sa tête. On peut dire que ce projet se rattache à celui qu'avait conçu M. le commandant Roudaire et qui était connu sous le nom de mer intérieure.

Si tout ce que nous avons avancé est vrai, ces quatre compagnies méritent qu'on les aide énergiquement, car il n'est pas douteux que si elles réussissent elles entraîneront sur ce terrain des imitateurs. Avec une audace des plus heureuses elles ont montré la voie à suivre ; leur réussite prouvera la justesse de leur conception et facilitera aussi la tâche de ceux qui oseront suivre leur exemple.

Le gouvernement de la France et celui de l'Algérie ont un puissant intérêt à soutenir et à faire prospérer ces entreprises, d'abord parce que la colonisation de ces contrées, en nous attachant à tout jamais les populations Rouar'as, nous donnerait, comme nous l'avons expliqué plus haut, la certitude de mettre les nomades dans un état réel d'impuissance et ferait disparaître toute crainte d'insurrection.

Les militaires qui sont responsables de la sécurité de l'Algérie, ne doivent pas arguer de la difficulté de

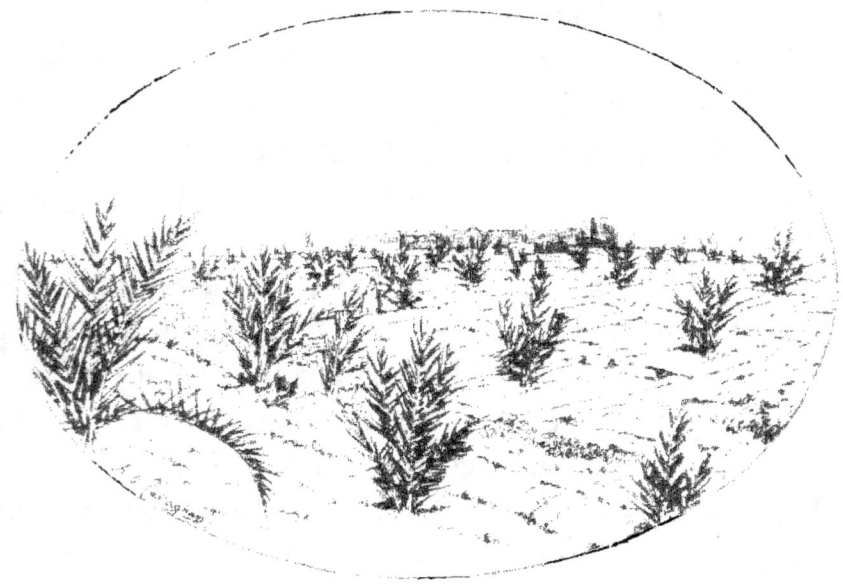

Bordj de Sidi Yahia et plantations nouvelles
(Société de Batna, Oued Rir'. Donné par M. Rolland.)

protéger des entreprises aussi avancées ; la force des choses nous a amenés à conquérir ces contrées, à y mettre des garnisons, et la protection de l'armée doit s'étendre partout où la colonisation peut faire des établissements utiles.

Depuis quelques années le problème s'est résolu tout seul, et la justesse des idées soutenues autrefois par plusieurs des représentants de l'armée ne fait plus de doute. Ce sont les garnisons les plus avancées qui sont les plus utiles à la sécurité de l'Algérie : à la lisière du Sahara il n'est, du reste, pas besoin de troupes nombreuses, et quelques centaines d'hommes suffisent toujours pour assurer une protection efficace.

Quels sont les secours, quelle est l'aide que le gouvernement peut donner à cette entreprise?

1° Avant tout, il faut étudier l'avenir de cette colonisation, reconnaître si oui ou non il y a dans ce pays des chances de prospérité et de fortune, se faire une conviction. Ce n'est pas là une chose difficile à résoudre, car il y a assez de gens qui, depuis 1854, année de la conquête de Tuggurth, l'ont étudiée pour que tous les éléments du problème soient connus. Cela fait, si l'enquête est en faveur de cette idée, il est du devoir du gouvernement français et algérien de faire connaître leur manière de voir au public par tous les moyens possibles, de porter à sa connaissance les ressources, les difficultés, en somme, les chances bonnes ou mauvaises.

2° Faire connaître aussi les conditions générales dans lesquelles la colonisation de ce pays peut se faire et qui doivent servir de direction au public. Elles ne peuvent absolument être les mêmes que celles employées pour le Tell. Il est bien évident qu'il y a suivant la nature, l'état du pays, des différences qui imposent la conduite à tenir.

D'abord, il est presque certain que la colonisation devra s'y faire avec des capitaux français, mais avec la main d'œuvre indigène. La chaleur, le climat, l'inexpérience des ouvriers français dans la culture du palmier leur interdit pour quelque temps encore la pénétration du pays en grand nombre. De plus, la région des oasis est occupée par une population laborieuse, particulièrement apte à ces cultures et qu'il est utile de nous attacher. Constamment opprimée et martyrisée par les nomades, elle est bien préparée pour être nôtre, si nous lui faisons une existence possible.

Nous ne devons donc pas procéder, comme nous l'avons fait dans le Tell, par la substitution de l'élément français à l'élément indigène, mais bien comme l'ont fait déjà MM. Fau et Fourand, nous rendre acquéreurs des arbres avec nos capitaux et employer les indigènes à la culture. L'intérêt bien entendu des Européens est

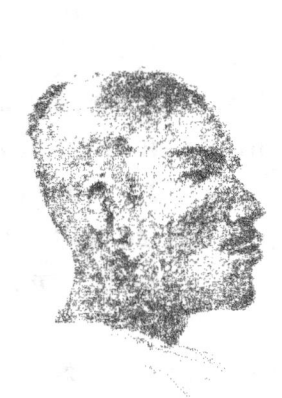 

Puisatiers Oued Rir'
(Dessin de M. O'Callaghan, d'après un croquis de M. Dinet.)

d'utiliser leurs capitaux de deux manières différentes, mais qui tendent au même but : acheter des arbres en plein rapport, afin d'avoir de suite un revenu et planter peu à peu de jeunes arbres à portée des anciens. Se contenter de planter de jeunes arbres condamnerait les capitaux à rester sept ou huit ans sans revenus, ce serait une mauvaise spéculation. En employant les deux moyens concurremment on assure le présent et on prépare l'avenir.

La plantation de terrains nouveaux est entourée de quelques difficultés inhérentes à la constitution de la propriété dans ces régions, difficultés qu'il faudra étudier et lever en partie par la législation.

3° L'eau est le premier facteur de cette colonisation. Dans le Sahara les eaux de surface sont rares à cause de l'évaporation, mais de temps immémorial il y a eu dans l'oued Rir' des puits artésiens. Nombre de personnes, entr'autres M. le colonel Pein (Lettres familières sur l'Algérie, publiées par Tanéra), ont décrit comment les indigènes creusaient ces puits et les entretenaient. M. le général Desvaux, commandant la province de Constantine, le premier, vint en aide à ces populations en amenant dans l'oued Rir', un matériel de sondage fourni par M. l'ingénieur Jus. L'État a creusé, depuis cette époque, aux environs de Tuggurth nombre de puits qui ont rendu à la culture une grande quantité de terrain et ont ramené la fertilité, par suite la prospérité. En continuant ces forages sur ce terrain, l'État, à notre avis, sort de son rôle et nuit aux sociétés françaises, qui sont elles-mêmes pourvues d'outillage, et sont en mesure de creuser pour leur compte et même pour les indigènes tous les puits que l'on voudra. L'aide utile au début s'est changée en une sorte de concurrence nuisible.

Est-ce à dire que le rôle de l'État soit fini et qu'il n'ait qu'à cesser les forages, telle n'est pas notre pensée. Ses efforts doivent se porter ailleurs. Il doit chercher à découvrir le chemin suivi par les nappes artésiennes, en laissant aux Compagnies l'exploitation de la découverte. Il doit aussi, dans l'oued Rir' fixer le régime des eaux : M. l'ingénieur Rolland a, dans la *Revue scientifique,* proposé la création d'un syndicat tendant à ce but.

La reconnaissance opérée par M. le capitaine Bajolle, publiée en 1887, est venue confirmer ce que nous avançons au sujet de la richesse en eaux de tous les abords du cours de l'Igharghar. Il dit, page 25, en parlant du sud d'Ouargla. « *Les puits sont nombreux dans la région. On les trouve dans les oued ou dans les dépressions. Dans tout le bassin de Ngouça, il suffit de gratter la terre pour trouver l'eau.*

Dans l'oued Igharghar et dans les dépressions qui parsèment le plateau, les puits sont si faciles à creuser que les Chambas se préoccupent peu de les voir ensablés.

Il est certain qu'une petite troupe d'une centaine

PUISATIER OUED RIR
(Dessin de M. O'Callaghan d'après un croquis de M. Dinet.)

d'hommes, munis d'un appareil de sondage portatif et suivant les lignes de dépression, n'aurait pas beaucoup à se préoccuper de la question d'eau. »

Et plus loin page 27 : « *Les sondages exécutés dans l'oued Mya et aux environs d'Ouargla, les traditions recueillies chez les indigènes établissent à n'en pas douter l'existence d'une nappe artésienne considérable dans l'oued Mya et dans l'oued Igharghar. Afret ec Chaouch, Aïn Sidi Mohammed, H^t Mahmoud, Aïn el Khadra, Bou Kheloua sont autant de points où la* *tradition, d'accord avec l'examen et la cote du terrain, signale l'apparition d'eaux artésiennes. Ce ne sont pas les seules, les dépressions utilisables sont nombreuses dans l'oued Igharghar.* »

Il donne ensuite la description des terrains qu'il a reconnus et d'une grande quantité de puits qu'il a mesurés et examinés. Il est donc acquis que ce pays n'est pas celui de la sécheresse et de la soif. Les ruines de villes et les traces de cultures témoignent de sa richesse au temps passé. C'est la guerre, l'anarchie, les luttes intestines, l'absence de travail humain qui l'ont rendu inculte et désert, et le travail humain le vivifiera.

On commence à y croire; cette année encore, le gouvernement envoie des officiers faire des recherches dans ces contrées et nous avons la conviction qu'elles ne seront pas vaines; en tout cas, il est certain, dès maintenant, que tout le long de l'oued Mya et de l'oued Igharghar, l'eau existe en abondance et qu'il n'y a qu'à creuser pour la faire jaillir.

Le succès des forages opérés près Gabès, par M. le commandant Landas, indiquent que la nappe artésienne doit exister entre Tuggurth et Gabès. Il faut porter la sonde et les recherches du gouvernement sur les routes : de Mrair au Djérid, qui suit les bords sud des chotts, passant au nord des villes du Souf; du Souf au Djérid, puis sur celle du Djérid à El Fouara et au Nefzaoua. Ces routes traversent un immense pays qui, plus tard, appartiendra à la culture : c'est le devoir de l'État d'y aller à la découverte et d'en jalonner les routes, en un mot d'en faire la reconnaissance de proche en proche et la sonde à la main. Nous devons reconnaître qu'entre Ouargla et Goléah, cette mission a reçu un heureux commencement d'exécution et que déjà sur cette route où l'on ne trouvait pas une goutte d'eau, il y a aujourd'hui, croyons-nous, cinq puits qui, à chaque gîte d'étape, donnent une eau abondante.

4° Ouvrir avec ce pays des voies de communication qui facilitent les relations, assurent les transports à un prix raisonnable et permettent d'y amener l'outillage indispensable pour les constructions. Cette condition est déjà à peu près remplie, car le chemin de fer de Cons-

BORDJ D'OURIR ET PLANTATIONS NOUVELLES
(*Société de Batna. Oued Rir. Donné par M. Rolland.*)

tantine est arrivé à Biskra, et certainement il entre dans le projet de le continuer vers Tuggurth.

Il faut se hâter de l'y pousser et de faire des embranchements qui rejoignent, Ouargla et le M'zab, le Djérid et Gabès. C'est le vrai moyen de colonisation et tout le long de ces parcours on verra les populations s'établir et produire.

5° Pour élucider la question de la direction à donner aux chemins de fer de l'Algérie, il faut avant tout se rendre compte de la constitution de ces régions, en étudier la géographie.

Cet immense pays est tout entier divisé en deux bassins : celui de l'oued *Guir* ou oued Saoura, dont les sources sont l'oued el Hallouf et l'oued Zousfana, et celui de l'*Igharghar*. A l'ouest, le bassin de l'oued Saoura coule du nord au sud, en arrosant Figuig et la multitude d'oasis qui relèvent des confédérations du Gourara, du Touat, du Tidikelt, d'Insalah et d'Agabli, etc. Plus à l'ouest et à portée, sont les riches pays de Tafilalet, de l'oued Draa, du Sous et du Noun. On ne peut douter de la prospérité d'un chemin de fer qui desservirait ces vastes et fertiles contrées. Arrivé à Igli, confluent de l'oued Hallouf et de la Zousfana, cette voie ferrée devrait se séparer en deux branches, l'une exploitant le sud marocain, l'autre se dirigeant sur Tombouctou par In Zize, Timissao, Es Souk, l'ancienne capitale des Touaregs Aouelimidden. Certes, toutes deux auraient leur raison d'être et leur utilité. Mais dans l'état actuel de l'empire du Maroc, il n'est pas possible de construire avant longtemps une ligne sur son territoire. Le pouvoir des sultans de la Dynastie est tout entier fondé sur le maintien des sujets de leur empire dans l'ignorance de tout ce qui fait la vie des autres populations, et il est certain que, si les perfectionnements de la civilisation s'introduisaient dans l'empire de l'Ouest, la Dynastie n'aurait pas une longue durée.

Le chemin de fer que nous avons établi d'Arzew à Mecheria, et que nous entendons pousser jusqu'à la frontière, ne peut donc pas être continué au delà, et les représentants des intérêts de la province d'Oran s'illusionnent quand ils lui prédisent un avenir commercial. Cette ligne de pénétration, la plus longue de l'Algérie, est sans avenir, car son avenir est lié à celui du Maroc et, pour la pousser plus loin, il faudrait conquérir le

Maroc ou le transformer. Jusque-là, ce ne sera qu'*un simple chemin de fer militaire*, d'une utilité incontestable pour défendre et protéger la frontière, pour faciliter les mouvements de troupe, de matériel et pour drainer les produits de la province d'Oran vers la côte. Mais il est peu utile pour l'importation ou l'exportation des produits intérieurs. Les contrées qui se trouvent au delà de son point terminus sont inabordables ; un pays musulman, quel qu'il soit, ne s'ouvre que par la crainte ou la force. Mais ici, l'emploi de la force créerait des difficultés internationales. Quand même l'Espagne, jadis maîtresse d'Oran et de Tlemcen, n'interviendrait pas, ce serait la conquête du Maroc qu'il faudrait entreprendre, et nous savons ce que la conquête de l'Algérie nous a coûté de sang, d'argent et d'efforts. Il reste cependant une ressource à la province d'Oran, c'est de créer au point terminus un marché qui, par des bénéfices certains, déciderait les populations du Sud oranais à y apporter leurs produits. Quant à lier la province d'Oran par une autre voie au centre du Soudan, ce n'est pas possible, comme on le verra par ce qui suit.

Entre les deux bassins de l'oued Saoura coulant du nord au sud et de l'Igharghar, coulant du sud au nord, se trouve une ligne naturelle de séparation plus ou moins définie. Cette ligne est constituée par le Djebel Amour, le Ras Chaab, la portion ouest de la Chebka du Mzab, le Tadmayt, le Mouydir et le Djebel Hoggar, à l'extrémité ouest duquel se trouve Taourirt. Naturellement, tous les pays situés sur cette ligne de crêtes sont les plus incultes et les moins habités, puisqu'il n'y a de culture que là où il y a de l'eau, et l'eau ne peut exister que dans le fond des bassins. Cependant dans les parties élevées, comme le Djebel Amour, le Mouydir, le Hoggar, on trouve des eaux vives et des têtes de vallées qui permettent une certaine culture ; mais à la sortie des reliefs montagneux les eaux de surface disparaissent par évaporation ou infiltration et dans les hauts plateaux pierreux (Hammadas) l'eau est introuvable, c'est le désert dans toute son horreur et ses difficultés. Or, il est impossible de passer du Tell oranais dans le bassin de l'Igharghar, quel que soit le tracé que l'on suive, sans franchir ce dos d'âne, désert immense que le chemin de fer ne transformera pas. Sans doute une ligne ferrée pourrait, en traversant la crête de la chaîne qui borne le sud oranais, pénétrer dans l'un des bassins des Oued Namous, Benout, Seggueur, Zergoun, qui d'après Gérard Rohlfs contribuent par leurs infiltrations à la richesse du Touat ; mais pour sortir de ces bassins on viendrait toujours butter contre le relief montagneux qui descend vers le sud perpendiculairement à la grande chaîne de l'Atlas.

L'Igharghar a ses sources dans les massifs du Hoggar, pays des Touaregs. Cette rivière coule du sud au nord directement jusqu'à la sortie du Djebel Hoggar, traverse le reg de l'oued Gharis, tourne à l'est jusqu'à Temassinine, où elle reçoit les Ighargharen et l'oued Isaouen qui sortent du massif du Tassili, pays des Touaregs Azguers, puis descend en ligne droite jusqu'à Tuggurth, tourne à l'est à angle droit, forme les Chotts que le regretté colonel Roudaire avait voulu transformer en mer intérieure, et s'arrête près de la côte de la grande Syrte à Gabès. C'est un très vaste bassin, surtout par le nombre et l'étendue de ses affluents [1]. A l'inspection

---

1. L'oued Taghmachnakt et les étangs (Aguellachen) indiquent que les eaux de l'Igharghar, retenues par le barrage que forme l'étranglement d'Amguid, apparaissent à la surface du sol. Les oued Gharis, Mya, Mzab, Nça, Zeguerir, Atar, Retem, Itel, Djedi, qui a sa source au Djebel Amour ; puis l'oued el Arab et et l'oued Baiach, qui a sa source à Kasserine dans le Tell tunisien, arrose Gafsa et tombe dans les Chotts. La ceinture de

de la carte, on voit que le bassin de l'Igharghar s'étend au sud de la Tunisie et des trois provinces de l'Algérie, et qu'il touche au Maroc à la pointe du Tadmayt où se trouve Insalah. Si donc la province d'Oran veut pénétrer dans ce bassin, il lui faut, comme cela a été déjà dit, ou franchir la chaîne stérile qui l'en sépare, ou bien conduire un chemin de fer à la tête de l'oued

VUE DE OURLANA. (*Dessin de M. L. Piesse.*)

Djedi pour rejoindre l'Igharghar, et alors le chemin de fer ressort à la province d'Alger.

La province d'Alger est située plus avantageusement; le chemin de fer qu'elle voudrait conduire dans le bassin de l'Igharghar pourrait emprunter la vallée du Chélif, qui de Boghar remonte jusqu'au Djebel Amour et tra-

---

l'Igharghar est formée par le Djebel Bou Hedma, le Guemouda et les monts du Djebel Nouba dans le Tell tunisien, les monts de l'Aurès, le Djebel Sahari, le bou Kahil, le Djebel Amour. A ce dernier se soudent, à l'angle droit se dirigeant vers le sud, le Ras Chaab qui se continue par la corne de la Chebka du Mzab, le Tadmayt, le plateau de Tinghert, le Mouydir et le Djebel Hoggar. Enfin il se ferme par le Tassili, les monts qui joignent le Tassili au Fezzan, les monts des Oughammas.

verse un pays relativement fertile dans les régions de Chabounia, Taguin et Aïn Beida ; arrivé à Laghouat il continuerait sur le Mzab et rejoindrait l'Igharghar à Ouargla. Le Mzab, par sa population, son commerce et le crédit de ses habitants, a une certaine importance que nous devons essayer de développer en vue de l'avenir.

Les oasis des B¹ Mzab, qui ont environ deux cent mille palmiers de bonne qualité, sont dues à une circonstance particulière dont on retrouve d'assez nombreux exemples en Algérie. Les rivières[1] qui l'arrosent ont leur source dans le Ras Chaab, et viennent se heurter contre la Chebka dont elles ont forcé le passage ; la Chebka, complétée par des travaux considérables, forme barrage, retient les eaux et permet ainsi la formation des oasis. Leur culture n'est pas susceptible d'extension ; car le Mzab utilise toute l'eau des rivières et sa fertilité dépend de leurs crues, qui n'ont lieu que tous les trois ou quatre ans. Quand la crue se fait attendre plus longtemps, les palmiers ne sont sauvés que grâce aux travaux étonnants de cette laborieuse population. Il n'y a donc pas intérêt à conduire un chemin de fer dans ces contrées, à travers les quarante-cinq lieues désertes qui les séparent de Laghouat. Il suffira de les relier plus tard à Ouargla.

Quels sont, dans le bassin de l'Igharghar qui reste seul à notre disposition, les points principaux de production ? Nous avons d'abord sur les affluents, au nord l'oasis de Gafsa sur l'oued Baiach. Ses productions sont restreintes. Sur l'oued Djedi, Tadjerouna, Aïn Madhi, Tadjemouth, Laghouath, Ksar el haïran, Messad sur

---

1. Oued Metlili, oued Mzab sur lequel sont les villes de Ghardaïa, Bou Noura, Melika, B¹ Isguen et El Attef ; l'oued Nça qui arrose Berryan, l'oued Zéguerir qui arrose Guerara.

l'oued Tademitz dont les productions assez restreintes aussi relèvent du chemin de fer de la vallée du Chélif. La valeur de cette ligne sera beaucoup plus militaire que commerciale et agricole. Il faut citer ensuite les oasis importantes des Zibans, peu distantes du chemin

VUE DE LICHANA. (*Dessin de M. L. Piesse.*)

de fer qui va atteindre Biskra et le Mzab dont nous avons déjà parlé.

Nous trouvons sur l'Igharghar même les oasis de Gabès, d'El Hammam, les nombreux villages du Nefzaoua, riches en eaux et en palmiers, susceptibles tous d'une extension considérable; les oasis du Djérid, les plus riches de tout le pays saharien ; le Souf, l'oued Rir' où la colonisation européenne a déjà des établissements importants, enfin Ngouça et Ouargla.

Le cours de l'Igharghar est donc le vrai tracé du chemin de fer dont le but est de porter les capitaux et l'industrie européenne dans le pays des palmiers. Avec un outillage de forages artésiens, on trouvera de l'eau partout en abondance et on transformera le Sahara en forêt de palmiers ; car la nappe artésienne existe tout le long du cours de l'Igharghar. On constate que la profondeur de ces puits va toujours en diminuant, ceux de Gabès ont quatre-vingt-dix mètres, ceux de Tuggurth soixante-cinq, ceux de Ouargla quarante, le dernier à Temassinine a seulement douze mètres de profondeur. Déjà une Société a proposé au Gouvernement tunisien de construire la première partie du chemin de fer de Gabès à Tuggurth. Malheureusement, Gabès n'est pas un port. M. de Lesseps avait eu une perception exacte des conditions d'avenir de ces pays, lorsqu'il prêta l'appui de son nom aux projets du commandant Roudaire. Depuis, l'idée première a été transformée, sauf pour la création du port de Gabès. Si ce port se construit, le chemin de fer de l'Igharghar aura un grand avenir, si toutefois nous conservons ces régions, et nous constatons à regret que nous n'avons encore rien fait pour les mettre à l'abri de tentatives qui trouveraient certainement un appui parmi les populations italiennes des villes de la côte.

Dans ces conditions, il est préférable de relier notre chemin de fer de pénétration à la côte algérienne, d'autant plus qu'il est en grande partie exécuté ; il est arrivé à Biskra. Il faut sans hésitation le pousser jusqu'à Tuggurth. Il n'y a pas là de difficultés puisque le pays à traverser est sans relief.

Au point de vue de la défense, les chemins de fer doivent faciliter la concentration, en permettant de porter rapidement toutes les troupes sur un point de débarquement ou d'insurrection. Le premier jalon posé a été le chemin de fer parallèle à la côte. Évidemment celui-là n'est pas un chemin de fer commercial. Il n'est venu à l'idée de personne que les produits de Tunis, par exemple, viendraient s'embarquer à Alger à Oran, ou réciproquement. C'est un chemin de fer stratégique qui relie les provinces entre elles et les fait concourir toutes à la défense. Mais tous les produits qui s'importent ou s'exportent étant obligés d'arriver aux ports d'embarquement et ayant intérêt à se servir du port le plus voisin, il est évident que tous les ports de la côte doivent être reliés à ce chemin de fer central par des embranchements perpendiculaires dont le tracé est forcé[1]. Le territoire actuel de l'Algérie serait entièrement desservi par ce réseau.

Si nous jetons les yeux au delà de cet horizon, nous apercevons le Soudan avec ses fleuves immenses près desquels les nôtres sont de pauvres ruisseaux ; le Soudan avec ses nombreuses populations que certains portent à cent millions d'âmes, avec ses productions variées, son ivoire, ses éléphants, sa fertilité colossale. Nous devons désirer d'en avoir notre part, ne pas l'abandonner aux Anglais, aux Allemands, et le chemin, c'est l'Igharghar. Grâce à ce fleuve, il y a de l'eau partout.

---

1. Une partie de ces chemins de fer est déjà établie. Ils suivent ou suivront naturellement les principales vallées de pénétration, la Mina, le Chélif, le Bou Sellam qui conduit à Sétif, le Rummel et la Seybouse. En Tunisie, l'oued Mellegue dont les sources rejoignent au Djebel Nouba, l'oued Marguelil, l'oued Fekka qui conduisent à Kairouan et à Sousse, et l'oued Baiach qui conduit à Gafsa, à Gabès et au Djérid.

CHAPITRE IX

Routes de pénétration dans le Soudan. — Routes occidentales : 1° du Maroc à Saint-Louis (Sénégal), à Tombouctou. Itinéraire de cette route (Docteur Lentz, 1880.) Tombouctou. — Son importance commerciale. 2° routes de l'Algérie à Tombouctou.

Dans les chapitres précédents, nous nous sommes attachés à démontrer la nécessité de porter nos efforts de colonisation dans cette vaste contrée qui borde le Sahara au nord. Nous croyons être parvenus à prouver la fertilité de cette zone, l'abondance de ses eaux et la richesse de ses produits. Nous croyons qu'elle nous indemnisera largement des efforts et des dépenses que nous y ferons et qu'elle assurera la pacification de l'Algérie. Mais, à notre humble avis, elle a encore une autre valeur que sa richesse propre : c'est le premier pas de notre route vers le Soudan, c'est un échelon, une base qui nous permettra d'avancer vers le centre africain, vers cet immense pays de l'équateur qui semble être bien placé pour détourner tous les peuples européens de leurs querelles toujours renouvelées sans profit et être leur champ de bataille de l'avenir. Il offre à leur ambition des immensités à conquérir, à civiliser et qui, une fois lancées dans la voie du progrès, affranchies des liens de la barbarie et de l'esclavage, assureront leur richesse et leur puissance.

C'est la mission providentielle des nations civilisées de conquérir et de pénétrer toutes les parties du globe. C'est un des moyens dont Dieu se sert pour étendre à toutes ses créatures les bienfaits de ses lois.

La civilisation, en se développant, amène l'ordre, le bien-être et la densité des populations; par suite, elle

VUE D'OUDGA, MAROC.

amène également l'émulation, la concurrence, le maximum de production. Alors les contrées qui jouissent de ses bienfaits sont trop étroites et leurs populations exigent impérieusement pour se maintenir dans leur état des débouchés nouveaux. Il leur faut pénétrer les régions inconnues, en tirer des ressources nouvelles, et y exporter les produits qu'elles ne peuvent plus placer sur les marchés existants.

Il faut, en effet, reconnaître aujourd'hui, que toutes les nations civilisées sont des rivales, en fait de production, que, par conséquent, leur commerce ne peut plus recevoir les produits des autres et celle qui ne se préparerait pas pour l'avenir des débouchés nouveaux verrait forcément sa puissance et ses ressources s'éteindre, or, il n'y a que deux pays neufs : l'Océanie et l'Afrique centrale. Autrefois, l'homme vivait des produits de son champ, de sa province ; au plus, de ceux de l'État qui l'avait vu naître, maintenant ceux du monde entier concourent à la vie de chacun.

La vapeur, les chemins de fer, mille inventions facilitent les voyages, rapprochent les distances ; aussi les explorateurs de toutes les nations européennes ont pénétré de tous côtés dans cette mystérieuse Afrique et l'ont parcourue à peu près dans tous les sens. Ils nous ont révélé ce vaste continent sous un aspect nouveau. Jusqu'alors les traditions nous en représentaient l'intérieur comme une immense mer de sable absolument infertile et inhabitable, rebelle à toute culture et à tout commerce, autre que la traite des noirs. Tout cela est reconnu maintenant faux et mensonger : nous savons l'Afrique centrale riche en eaux, en population, en produits de tous genres. Aussi les nations du vieux monde se hâtent-elles de s'emparer de tous les points de la côte, partout flotte un pavillon européen.

Elles pénètrent de plus en plus à l'intérieur, leur influence prend tous les jours de l'extension. Au sud comme au nord, à l'est comme à l'ouest, les étrangers s'avancent de plus en plus. Les missionnaires, les explorateurs, les commerçants, des sociétés disposant de capitaux considérables, soutenues par des souverains, font des efforts, créent des comptoirs, l'heure approche où ce monde se transformera. Nous ne pouvons rester indifférents et refuser d'en prendre notre part.

Les récits des voyageurs nous permettent de nous rendre compte de la valeur de chaque contrée et des routes qui y conduisent. Nous pouvons, de prime abord, classer ces dernières en deux catégories différentes :

I° LES ROUTES FLUVIALES. — A première vue, elles paraissent préférables, parce que la navigation est le moyen le moins coûteux et le plus simple de transporter les produits. Les principales sont : le Nil, le Congo, l'Ogowé, le Niger, le Sénégal. Pour différentes raisons, aucune n'est encore un chemin facile et régulier de pénétration et de commerce pour les nations civilisées. Nous les étudierons et feront connaître les raisons qui, pour chacune d'elles, annihilent au moins momentanément les avantages qu'elles semblent présenter.

II° LES ROUTES DE TERRE. — Elles sont nombreuses aussi et nous pouvons les classer ainsi.

1° *Les routes occidentales*, qui partent du Maroc, conduisent au Sénégal et au bassin supérieur du Niger.

2° *Les routes centrales* qui partent de l'Algérie et conduisent au Soudan vers Tombouctou et vers les royaumes de Bornou et de Haoussa.

3° *Les routes orientales* qui partent de Tripoli et de la côte de Lybie et conduisent au lac Tchad et au Wadaï.

4° Celles qui, de Zanzibar, se dirigent vers les grands lacs de l'intérieur (lacs Victoria-Nyanza, Tanganika, etc.).

Toutes les autres se rattachent à ces quatre groupes ou aux routes fluviales dont nous parlerons plus tard.

Routes occidentales. — Ces routes conduisent du Maroc au Sénégal et à Tombouctou.

La première, de l'oued Draa à Saint-Louis, a été suivie en 1860 par Bou-el-Moghdad. Elle a deux cent cinquante lieues qu'il a faites en cinquante petites journées.

Cette contrée avait déjà été traversée en 1850 par Léopold Planet, mulâtre du Sénégal. Leurs récits sont sobres de détails sur la fertilité et la richesse du pays, mais, en revanche, ils ne laissent aucun doute sur la nature sauvage et inhospitalière des tribus qui le parcourent. Ce sont des tribus berbères ou arabes très fanatiques, appartenant pour la plupart à la secte des Qadrya et qui n'ont d'autre occupation que le vol et le pillage. Cette côte, cependant, a autrefois vu des établissements européens, entre autres celui de la baie d'Arguin où subsistent encore des traces de fortification et où il reste même encore un vieux canon de fer. Elevé par les Portugais, ce fort est successivement devenu possession des Hollandais, qui y ont eu des relations commerciales assez importantes avec les indigènes, puis des Anglais et des Français. Il a été reconnu possession française à la paix de Nimègue et cette propriété, confirmée à la France, lui donne la souveraineté sur tout le golfe du Lévrier dont les eaux sont, par suite, des eaux françaises. Quoique depuis le fort ait été abandonné, nous n'en avons pas moins conservé tous nos droits.

Le bord de la mer est couvert de dunes mouvantes. Bou-el-Moghdad et Planet n'ont signalé, sur la côte, aucun estuaire, aucune rivière qu'ils aient eu à traverser. Cette route, qui aboutit au Maroc, est pour nous

sans valeur, elle n'en aurait que si nous avions des comptoirs à la côte. L'île d'Arguin est dans une situation très favorable. La route, qui part de ce point et conduit à Tombouctou, est jalonnée d'oasis, de puits d'eau nombreux et est de plusieurs centaines de kilomètres, plus courte que celle qui joint Tombouctou à Tendouf, ville bien éloignée encore des points commerçants du Maroc.

Nous croyons que M. Soller, le voyageur bien connu, essaie en ce moment d'y créer un comptoir et un établissement destiné, en outre, à exploiter la richesse des pêches des îles Canaries et du golfe.

Dernièrement, les Espagnols ont essayé de créer un établissement à l'oued-el-Oro, non loin de là. Ils ne paraissent pas y avoir eu un grand succès ; cependant la possession d'une certaine étendue de territoire a été reconnue à l'Espagne comme légitime.

La deuxième route occidentale est celle qui va de l'oued Draa à Tombouctou.

Le docteur Lentz a fait cette route avec succès, en suivant son itinéraire nous pouvons nous rendre compte des distances et des difficultés :

Il est parti de Tendouf, le 10 mai 1880. Cette ville a un commerce d'une certaine importance ; ses habitants vont d'un côté jusqu'au Maroc et en Algérie pour y acheter surtout des grains et des dattes, du tabac, de la poudre, des cotonnades, du goudron ; de l'autre, ils transportent ces objets à Araouan et à Tombouctou pour en rapporter des produits du Soudan, des plumes d'autruche, de l'or, de l'ivoire et surtout des esclaves. C'est de là que part la grande caravane annuelle de Tombouctou comprenant plusieurs milliers de chameaux. Les habitants appartiennent à la tribu des Tazerkant et par conséquent, sont d'origine kabyle. Ils sont d'une grande tolérance religieuse. Altitude 395ᵐ, ville ouverte de cent cinquante maisons entourées de plantations de palmiers. Le cheikh est de l'ordre des Qadrya. Les habitants doivent être ralliés aux Senoussya ou le seront bientôt. — 10 mai, au soir, le docteur Lentz arrivait à Djouf-el-bir, traversant un terrain où les vivres, les fourrages sont en abondance, les populations nombreuses, marche de neuf heures. — 11. Pays sablonneux... et pierreux de Kerb en Neggar, marche de neuf heures. — 12. Oued-el-hat. Marche de huit heures. Dunes, fourrages peu abondants. C'est le point de bifurcation des routes de caravanes de Tendouf et du Tafilalet. Pays dangereux. — 13. Puits de Anina. Autour du puits, il y a quelques palmiers. — 14. Dunes et sables de Iguidi, marche douze heures et demie, altitude 340ᵐ. Traversée de plaines rocheuses et stériles. — 15. Puits de Bir el Abbès, marche six heures. Eau et végétation abondantes; gibier, antilopes, gazelles; cailloux roulés de porphyre et de granit. — 16. Marche de douze heures. Plaines de graviers et de blocs de granit. — 17. Marche de dix heures. Terrain pierreux très accidenté, mamelons isolés de granit. Température + 40° à l'ombre, à midi. — 18. Marche de dix heures. Montagnes de quartz et de grès orangés, plaines de cailloux roulés. Acacias, fourrage abondant. — 19. Puits Mtéma bou Chebia, marche huit heures. Ruines de maisons. Température + 33° le soir. — 20. Marche de dix heures près des puits de Eglef et de Amoul Grajim. Acacias, fourrage abondant. — 21. Bir Tarmanent, eau abondante. Marche douze heures. Pays stérile et pierreux. — 22. Séjour. — 23. Aïn Béni Mahmed, marche neuf heures. Pays pierreux, fourrage abondant, acacias. — 24. Marche sept heures. Dunes, plaines de sable. —

25. Oued el Hâcher, marche treize heures. Montagnes de sable. — 26. Marche douze heures. — 27. Plaine de Mouksi, marche treize heures. Dunes, fourrage abondant. Température + 42° à l'ombre à midi. — 28. Oued Telig, marche treize heures. Puits nombreux contenant toujours de l'eau. Terrain pierreux, roches. Puits de Taoudeni, pays riche en fourrages. Mines de sel, commerce important avec le Soudan occidental. Les Touaregs y viennent charger de nombreuses caravanes. Ruines anciennes; on y trouve des ornements, des instruments en pierres. C'est un des points les plus importants du Sahara. — 29. Marche deux heures. — 30. Marche sept heures. Température + 47° à l'ombre à deux heures. — 31. Marche douze heures. — 1ᵉʳ juin. Areg el Chaban, grande plaine sans végétation. L'oued el Djouf, quoique desséché, est abondant en fourrages, marche de douze heures. — 2. Dunes, marche de onze heures. — 3. Bir Ounan, marche de treize heures. Le docteur Lentz fait ici la remarque intéressante et conforme à la théorie que nous soutenons que partout où les dunes existent, il y a eau et végétation. — 4. Marche treize heures. — 5. Marche treize heures. Fourrages, dunes, blocs de pierres. — 6. El Djemia, marche quinze heures. Fourrages rares, plaine d'alfa. — 7. Oued el Hadjar, marche quatorze heures. Température + 42°, plaine d'alfa. — 8. Marche douze heures. Alfa, dunes. — 9. Araouan, marche cinq heures. Dunes, puits nombreux et riches en eau. Ville ouverte, cent cinquante maisons dispersées dans les dunes, aucun pâturage, pas de végétation à grande distance, ouragans fréquents, pays très malsain et climat très dur. Tous les moyens d'alimentation sont tirés de Tombouctou, c'est le passage forcé des caravanes entre Tombouctou et l'oued Noun, Tendouf, oued Draâ, Tafilalet, Ghadamès

et des caravanes de sel de Taoudeni. Les caravanes doivent payer au cheikh des Berabich pour chaque chameau chargé d'étoffes, sept mitkal d'or et cinq pour ceux chargés d'autres articles (sucre, thé, bougies, etc.). En échange, les Berabich les défendent contre les Touaregs jusqu'à Tombouctou. Les caravanes chargées de sel et venant de Taoudeni ne paient pas de droits. La tribu des Berabich habite les environs d'Arouan, ils sont généralement prévenants et ne montrent pas le moindre sentiment d'hostilité. Cependant ce sont des Berabich qui ont assassiné le major anglais Laing. Le docteur Lentz a aussi trouvé à Araouan un des assassins de Mlle Tinné. — Du 10 au 26 séjour. — 26. Marche de treize heures. Commencement des forêts d'acacias mimosas d'El Azaouad, plaine de sable couverte d'alfa. — 27. Chamra, marche de treize heures. — 28. Hasseini, marche de quinze heures. Alfa et mimosas. — 29. Bou Kassar, marche de treize heures. Végétation plus abondante, on commence à sortir du désert. — 30. Kadji, marche de seize heures. Quantité de puits, entre autres le puits Tanouhant, dunes, végétation abondante. — 31. Tombouctou, marche de dix-sept heures. Mimosas, zone stérile. Tombouctou est à environ quinze kilomètres de la rive gauche du Niger, altitude 245^m. Climat malsain pour les Européens, fièvres, aucune verdure, pluies abondantes. La ville forme un triangle dont le sommet est tourné vers le nord. Population instruite, relativement civilisée, composée des éléments les plus divers : Arabes, Marocains, Nègres du Soudan, Touaregs, gens de Bornou et de Sokoto, Arabes du Sahara occidental, de l'Algérie, de Tunisie, de Tripoli, etc. Neuf cent cinquante maisons, vingt mille habitants et quelques centaines de paillotes de nègres. Elle est divisée en sept quartiers et a sept mosquées. Tombouctou est un grand marché, un point de réunion où les négociants échangent les produits du nord contre ceux du sud. Elle n'appartient à aucune puissance. Les Touaregs et les Foulanes se disputent constamment le droit d'y prélever des impôts, sans prétendre au gouvernement de la ville.

Ce n'est pas un lieu de production et de fabrication,

mais un entrepôt. On y trouve des objets fabriqués en cuir de mouton et de chèvre très bien tanné, qui proviennent des villes du royaume de Massima. Des chapeaux de paille, des poteries Touaregs, des pantoufles de cuir et des fusils marocains.

La ville faisait autrefois un grand commerce de l'or qui lui vient de Bambouck et du Bouré. Mais il a beaucoup diminué.

Un article important est formé par les grandes chemises bleues garnies de broderies de soie très originales, les épaisses couvertures teintes en bleu pâle, les pantalons d'étoffes bleues à lisières brodées. Tous ces articles viennent en grande partie de Sansandig et des autres villes du Niger. La fabrique anglaise tend à remplacer ces produits. Ces chemises sont très répandues dans tout le Soudan occidental et même dans le sud de l'Atlas. Le commerce du sel est très important à Tombouctou, ainsi que celui de la noix de Kola. Elle vient des côtes de Sierra-Leone et du nord de l'empire des Achantis. Elle remplace pour les indigènes le thé et le café.

On ne cultive à Tombouctou et dans ses environs aucun produit de jardinage ou des champs. Tout vient du dehors. Parmi les produits alimentaires sont : les grains, le froment, le sorgho, le riz et le maïs cultivés au Soudan, le beurre végétal, les épices, le poivre, le piment, les oignons. On y trouve aussi du poisson du Niger, des pigeons, des poules et de la viande de mouton et de chèvre.

Parmi les marchandises importées d'Europe, les plus importantes sont les draps et les cotonnades bleues, le thé vert, le sucre, les bougies, les dattes, le tabac, ainsi que les verroteries et les pierres précieuses.

A Tombouctou, la sécurité manque presque toujours à cause des luttes incessantes entre Touaregs et Foulanes. De plus, l'intolérance religieuse des Foulanes est redoutable au plus haut point pour les étrangers et surtout pour les Chrétiens.

Les environs de Tombouctou surtout vers l'est sont très peuplés. Les Berabich y ont une grande partie de leurs troupeaux, de leurs douars et les Touaregs s'étendent non loin vers l'est et le nord-est.

Ainsi donc le docteur Lentz a mis, à partir de Teudouf, quarante jours pour arriver à Araouan et à partir de l'oued Draa, quarante-cinq. Il a rencontré de l'eau tous les trois ou quatre jours au plus, du fourrage et des végétaux partout, excepté dans la traversée des Hammadas et à Araouan, dont le séjour est des plus pénible pour les Européens. La grande difficulté ne vient pas du terrain, mais du manque de bonne foi des indigènes et de leurs habitudes invétérées de vol et d'assassinat. A partir d'Araouan, il n'y a plus à parcourir que deux cents kilomètres pour arriver à Tombouctou.

BORDJ DE CHALLALA, SUD ORANAIS.

Notre compatriote, René Caillé, avait, avant le docteur Lentz, suivi aussi une grande partie de cet itinéraire. Parti de Tombouctou, il était passé par Araouan et par les puits de Telig, de là il s'était dirigé sur le Tafilalet où il était heureusement arrivé.

Ces routes ne présentent pas de bien grandes difficultés, mais elles partent du Maroc, sont hors de notre action et la partie nord, jusqu'à Taoudeni et Araouan, ne peut être utilisée par nous.

Les populations qu'elles traversent, sont absolument en dehors de notre influence et il est certain que de longtemps nous ne pourrons nous en servir. Nous pouvons admettre avec certitude que le Maroc ne manquerait pas, par des émissaires, d'exciter ces populations à attaquer tous ceux qui essayeraient d'en tirer parti.

Mais ces routes aboutissent à un point essentiel, Tombouctou, vers lequel le Sénégal marche aussi de son côté[1], et où l'Algérie doit lui tendre la main. C'est là, que l'union de ces deux contrées doit se faire et nous ne devons pas reculer devant des difficultés dont il est possible de triompher.

Il serait juste au point de vue géographique de prendre le point de départ dans le sud de la province d'Oran à travers le Touat, mais le Touat est encore aujourd'hui un pays hostile et qui ne nous livrerait pas passage. Nous établirons donc nos routes à partir d'Ouargla, c'est-à-dire du sud de la province d'Alger.

Mais avant de les décrire, il est nécessaire de nous arrêter un instant pour jeter un coup d'œil sur la situation de notre voisin de l'ouest, et en conclure notre ligne de conduite avec lui.

Le Maroc présente peu d'unité, le gouvernement est faible, arriéré et n'exerce pas sur le pays une action régulière et égale, sa puissance en s'éloignant du centre s'affaiblit et même s'éteint. Les portions éloignées sont plutôt liées au centre par le fait de l'origine du Sultan, que soumises à son gouvernement ; c'est un lien religieux plutôt que politique, et ce lien bien souvent a failli se rompre. Si l'action directrice du gouvernement est faible, le sentiment religieux est grand. C'est le

---

1. Et où même dans ces derniers temps il est parvenu à conduire une canonière montée par M. le lieutenant de vaisseau Caron.

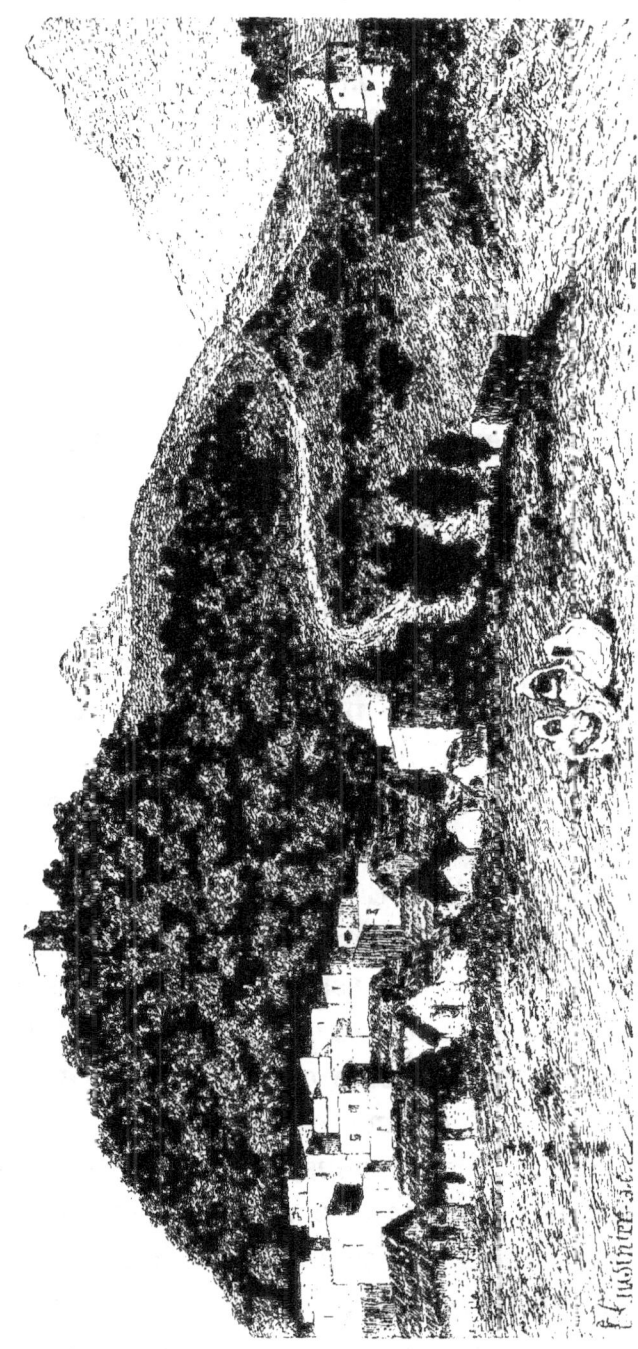

MOSQUÉE D'OUAZZAN, ORDRE DE MOULEY TAÏEB, MAROC.

Maroc, qui pour une grande partie du monde musulman,
a le monopole de donner la note doctrinale. C'est lui

qui est le principal berceau des ordres religieux. *Comme nous l'avons vu dans les premiers chapitres, les doctrines de ces nombreux ordres sont pour la dynastie une obligation de luttes perpétuelles et toujours un danger.* Aussi l'idée bien naturelle d'en fonder un pour sa défense, a-t-elle amené la création de l'ordre de Mouley Taïeb. — Le premier Cheikh de l'ordre fut Mohammed ben Abdallah, descendant lui aussi, en ligne directe de Idris, qui a donné son nom à la dynastie des Idrissites. C'est lui qui bâtit la zaouia devenue célèbre de Ouazzan qu'il appela Dar el Daman, maison de la sûreté.

Le troisième Cheikh de l'ordre fut Mouley Taïeb, qui par sa sainteté et ses miracles joua un rôle si considérable que l'ordre porte son nom. C'était, lui aussi, un chérif de la famille impériale. L'ordre a été en fait une véritable église nationale ayant toujours pour directeur un chérif de la même famille, par conséquent un proche parent du Sultan. La doctrine de l'ordre paraît à première vue ne pas se séparer des doctrines des Qadrya et des Chadelya dont elle dérive, mais quand on va au fond des choses, on s'aperçoit que les Taïbya sont bien une association, religieuse dans ses pratiques extérieures, mais essentiellement politique dans son essence même comme dans son but secret. Le Deker est moins une oraison continue, qu'une série de demandes et de réponses, pouvant se transformer en signes de ralliement, en mots de passe, comme cela a lieu dans toutes les sociétés politiques secrètes. Les chefs de l'ordre et ceux de la dynastie, sont unis par l'intérêt et par les liens les plus proches du sang. Aussi l'ordre soutient la dynastie, mais avec la prétention d'influer sur sa direction et sa conduite. En principe, il soutient mais n'obéit pas, en fait, il a aidé puissamment la dynastie et de son côté la dynastie fait tous ses efforts, pour populariser la sainteté de l'ordre et sa puissance spirituelle (commandant Rinn).

L'ordre de Mouley Taieb ne nous a jamais été hostile. A l'époque d'Abd-el-Qader ben Mahi-Eddin, autour duquel se rangeaient les Qadrya dont il était moqadem, les Taibya ne lui ont pas prêté leur concours.

Il a aujourd'hui pour Cheikh, le Chérif Si Abd-el-Selam ben el-hadj-el-Arbi. C'est un homme jeune encore, marié à une Anglaise, et qui professe en apparence de l'admiration pour notre civilisation, et une sympathie particulière pour la France. Il a sollicité le titre de citoyen français, un de ses fils fait ses études au collège d'Alger, et enfin, il a obtenu dernièrement le titre de protégé français. C'est une attitude dont il est difficile de prévoir toutes les conséquences. Les autres ordres ne manqueront pas d'en tirer parti pour le discréditer, l'accuser de vouloir amener l'étranger, et lui enlever une partie de ses khouans.

On peut supposer que cette attitude est en partie la conséquence de ce fait que les adeptes de l'ordre sont nombreux en Algérie, où ils comptent vingt zaouias, trois cent un moqadems, quinze mille huit cent khouans officiellement déclarés.

La fortune de l'ordre dépend naturellement des dons de ses adeptes; or, au Maroc, la population est généralement pauvre, malgré la fertilité de certaines parties du pays, et les ziaras (dons) des affiliés algériens ont pour le Cheikh une importance considérable. — Si le gouvernement de l'Algérie défendait ou gênait les perceptions, il enlèverait au Chérif d'Ouazzan une part considérable de ses revenus. Cette situation est susceptible d'avoir amené le désir de bonnes relations avec nous. Mais, malgré la puissance certaine de l'argent en tous lieux, il y a, à notre avis, des raisons plus hautes. D'abord, l'attrait de la civilisation, la vue de nos puissants moyens d'action, de nos télégraphes, de nos chemins de fer, de notre matériel naval, de notre puissance industrielle ; ce sont là, pour des esprits occupés de hautes idées de gouvernement, des faits qui ne peuvent que forcer l'attention.

En face des convoitises des gouvernements européens, des difficultés créées par toutes ces sectes toujours prêtes à la révolte, l'ordre, plus libre de son attitude devant la population que la dynastie, a cherché des relations avec la France et l'Espagne. Mais nous devons éviter tout engagement avec lui, car en dehors de sa sincérité fort douteuse, notre immixtion dans les affaires du Maroc serait une cause de dissentiments avec plusieurs nations européennes. Nous devons rejeter loin de nous l'idée émise par certaines brochures, de nous emparer, sous le prétexte de quelques difficultés de détail, de la portion du Maroc qui nous touche dans le sud. Ce serait sans aucun doute, ouvrir la succession. Si nous nous emparions sans son consentement d'une partie de territoire (lors même que la possession de ce territoire, n'eut en fait, jamais appartenu au Maroc) les autres prétendants ne manqueraient pas de faire valoir leurs prétendus droits, et de réclamer des compensations. Mieux vaut aider franchement l'empire du Maroc à subsister, le garder pour voisin, et lui donner la certitude que nous ne voulons pas nous agrandir à ses dépens. Le fanatisme musulman, ses susceptibilités sans motifs, ont sur la dynastie, un poids trop considérable, pour qu'elle n'évite pas d'avoir l'air de lutter contre le mouvement et ne fasse pas quelquefois des actes absolument contraires à ses aspirations, à sa volonté. Longtemps encore, il passera dans ce peuple des courants de lutte et de

Mosquée de Sidi-Tsami (Maroc.)

guerre, qui exigent de notre part les plus grandes précautions. L'acquisition d'In-Salah, du Touat, etc., nous créerait certainement plus de difficultés qu'ils ne valent, comme l'a très bien prouvé M. le lieutenant Lechâtelier dans la *Revue scientifique*.

Nous n'avons d'ailleurs à craindre du Maroc que des hostilités partielles, telles que celles des O^d Sidi Cheikh, des Badjouda d'In-Salah, mais non une lutte d'ensemble. Les Taibya, comme ils l'ont fait autrefois feront toujours, à moins d'événements extraordinaires dans une mesure utile, contrepoids à tous les autres ordres, qui sont leurs rivaux ou leurs ennemis politiques.

Il est du reste sensible depuis quelques années que tout le long de la frontière les intérêts musulmans du Maroc se mêlent davantage aux nôtres, et amèneront peu à peu le besoin de relations plus étendues. Notre seul désidératum doit être de poursuivre ce mélange d'intérêts et d'accentuer l'apaisement.

Aussi longtemps donc que durera la dynastie et la puissance des Taibya nous aurons intérêt à ne pas leur créer des difficultés et à respecter la situation actuelle — Nous ne devons pas ajouter foi non plus aux bruits qui nous représentent l'ordre et la dynastie en état de brouille. Ce sont là choses passagères, fréquentes dans un pareil milieu et dépendant des personnalités qui disparaissent ; leurs intérêts sont trop identiques et ils sont entourés de trop d'ennemis pour ne pas être toujours prêts, même en jouant des rôles en apparence opposés, à la réconciliation et à l'action commune.

Notre but doit être évidemment l'introduction des télégraphes, des chemins de fer, du commerce, de l'industrie en ce pays, les populations ont tout à gagner à ce nouvel ordre de choses ; mais elles sont loin d'en avoir le sentiment et le désir. Elles y sont absolument réfractaires. Quant à ceux qui les gouvernent ils sont encore loin de croire qu'ils trouveraient dans cette voie la sécurité. Il faut savoir être patients et attendre tout du temps.

Dans ce moment, il semble se préparer au Maroc des évènements graves dont on doit soigneusement surveiller le développement et contre lesquels on doit sur la frontière être prêt à prendre les précautions nécessaires. L'attitude personnelle du Chérif d'Ouazzan lui a fait perdre beaucoup de son prestige, son mariage a soulevé contre lui bien des répulsions et sa nullité diminue l'importance de l'ordre. D'un autre côté son manque de tenue et son ambition apparente ont blessé l'empereur du Maroc... L'empereur par suite semble s'être rapproché des Derqaoua et peut-être devons nous nous attendre à les voir pendant quelque temps donner la direction et la note politique. Mais cela ne durera pas longtemps, car ce sont aujourd'hui plus que jamais des fous en politique et promptement il lui faudra contre eux trouver des appuis[1]. Il reviendra alors à la tradition de sa race.

Revenons maintenant aux routes de cette contrée. La première emprunte, pour arriver à Tombouctou, une partie de celles décrites par le docteur Lentz et par René Caillé et aussi par les indications du docteur Barth et celles de Henry Duveyrier. C'est la partie qui s'étend de Mebrouck à quelques jours de Taoudeni ou Telig par Mamoun, Bou-Djebeha à Araouan. D'Ouargla ou du Mzab, la route est jalonnée par Goléah où déjà nous avons étendu notre autorité et occupons un poste pendant une partie de l'année. De Metlili, dernière

---

1. Des nouvelles récentes confirment ces assertions, et l'empereur du Maroc est en ce moment en lutte avec les Derqaoua.

ville du Mzab à Farès Oum el Lil, près d'In-Salah, par Goléah, l'itinéraire est le suivant :

De Metlili à Sebsel, 14 kilomètres. Eau abondante, fourrage abondant, terrain pierreux mais facile. — Bir el Khenfous, 30 kilomètres. Eau abondante, fourrage abondant, terrain facile mais pierreux. — Sidi Ali ben Mahmed, 45 kilomètres. Eau abondante, fourrage abondant, terrain facile mais pierreux. — Hassi Berghaoui, 18 kilomètres. Eau très abondante, fourrage abondant, terrain facile mais pierreux. — Garet el Raoua, 30 kilomètres. Pas d'eau, fourrage abondant, terrain facile mais pierreux. — Zirara, 30 kilomètres. Eau très abondante, fourrage abondant, terrain facile mais pierreux. — Garet el Beidha, 30 kilomètres. Pas d'eau, fourrage abondant, terrain facile, dunes. — El-Goléah, 30 kilomètres. Eau très abondante, pas de fourrage ni de bois, dunes. — El Kocheibat, 24 kilomètres. Eau très abondante, fourrage abondant, dunes. — Guern el Chouf, 24 kilomètres. Pas d'eau, fourrage abondant, dunes. — El Meksa, 24 kilomètres. Eau et fourrage abondants, dunes. — Oued Chebbaba, 30 kilomètres. Eau et fourrage abondants, terrain pierreux. — Oued Seder, 30 kilomètres. Pas d'eau, fourrage abondant, terrain pierreux. — Geber el Chambi, 30 kilomètres. Pas d'eau, fourrage abondant, terrain pierreux. — Oued el Assel, 30 kilomètres. Eau quelquefois après les pluies, fourrage abondant, terrain pierreux. — Oued el Diss, 30 kilomètres. Eau quelquefois après les pluies, terrain pierreux. — Tiliamsin, 30 kilomètres. Eau abondante, fourrage abondant, terrain pierreux. — Adgelman, 30 kilomètres. Eau abondante, fourrage abondant, terrain pierreux. Hassi Mongar, 30 kilomètres. Eau abondante, fourrage abondant, terrain pierreux à 6 kilomètres d'In-Salah.

Total 539 kilomètres. Partout du fourrage, du bois et un seul passage de 120 kilomètres sans eau, de l'oued Chebaba à Tiliamsin.

D'après une autre indication donnée par M. Lechâtelier, lieutenant chef du poste d'Ouargla, dans sa description de l'oasis d'In-Salah, publiée par Fontana et Cie, Alger, il y aurait dans une petite rivière, nommée Oued En Nzou, au sud de l'oued Chebaba, une source alimentant un ruisselet au confluent de cette rivière et de l'oued Mya et alors l'itinéraire à partir de l'oued Chebaba deviendrait ;

Oued Chebaba, 30 kilomètres. Eau et fourrage abondants. — Oued Seder, 30 kilomètres. Sans eau, fourrage abondant. — Geber el Chambi, 30 kilomètres. Sans eau, fourrage abondant. — Oued En Nzou, 30 kilomètres. Eau et fourrage abondants. — Oued Tiliamsin, 10 kilomètres. Eau abondante, fourrage abondant. — Oued Ethel, 37 kilomètres. Eau et fourrage abondants. — Mguisem, 45 kilomètres. Eau et fourrage abondants. — Aïn Melah, 10 kilomètres. Eau et fourrage abondants. — Farès Oum el Lil, 75 kilomètres. Eau et fourrage abondants. Mais cela demande confirmation, et il ne serait peut-être pas prudent de se lancer sur cette route sans autres renseignements.

La distance est un peu plus longue, mais on débouche plus loin d'In-Salah, à 100 bilomètres, ce qui est plus avantageux. Les puits sont plus nombreux sur la route.

D'après ces calculs nous sommes ici à 600 kilomètres de Metlili. Cet itinéraire ne présente pas de difficultés. Les dangers matériels résultant du manque d'eau, de la sécheresse, du manque de fourrages, n'existent pas surtout si l'on songe aux perfectionnements apportés dans l'outillage de nos colonnes depuis l'époque de nos premiers voyages dans le Sahara et étant donné que nous ne marchons que pendant l'hiver ; mais il est bien certain que nous ne pourrions jamais utiliser ces routes sans une expédition militaire qui nous les ouvre, il vaut donc mieux renoncer, au moins momentanément, aux avantages qu'elles présentent au point de vue de la direction et des facilités et chercher une solution plus facile en ce moment.

En effet cet itinéraire conduit à In-Salah et il se présente là une difficulté assez grave. In-Salah a été décrite dans de grands détails et par conséquent est connue. C'est une agglomération de villages où quelques marchands d'esclaves ont acquis grande fortune et influence. En avant de tout groupe de population ils occupent le dernier point habité de ces régions et par conséquent sont en possession de tout le commerce qui s'y fait. La hideuse traite reparaît ici et sous le patronage des Touaregs, les commerçants de Rdamès, de Tripoli, et d'In-Salah s'enrichissent par la vente de leurs semblables, volés dans le Soudan.

Il est vrai, le nègre, une fois entre les mains des musulmans n'est pas maltraité et fait pour ainsi dire partie de la famille où il est traité plus en serviteur qu'en esclave. La traite, vue à travers les conditions de vie assez douce qu'ont ces nègres, ne paraît pas ce qu'elle est, la chose la plus hideuse qui existe. Mais il faut la considérer à son point de départ, c'est-à-dire examiner les moyens par lesquels les traitants s'emparent des nègres ? comment s'accomplit la traversée de ces solitudes qui les séparent des marchés où ils les vendent ? A quelles tortures sont soumis ces malheureux ? A ces questions on est obligé de répondre que les nations civilisées doivent mettre un terme à ces horreurs. Il est bien certain que cela n'est pas possible, sans une lutte grave avec les musulmans, qui sur toute la surface de l'Afrique, pratiquent cet ignoble métier, mais cette lutte est forcée, inévitable.

C'est là une question majeure pour toutes les nations, qui marchent à la conquête de ce vaste continent, car toutes se heurtent à l'hostilité du musulman et à la traite. Devant la grandeur de la tâche et les immenses résultats à en retirer, que ne laissent-elles de côté leurs haines séculaires pour entreprendre de civiliser ces millions de créatures, pour fertiliser ces vastes contrées. Que chacune, partant d'une des extrémités de ce vaste continent marche vers le centre où toutes se donneront la main quand la tâche sera achevée. Il y aura aussi beaucoup d'hommes à sacrifier, beaucoup d'argent à dépenser, mais le but atteint aura produit de bien grands résultats.

Les chefs d'In-Salah, masqués sous les dehors du fanatisme religieux le plus exalté, en réalité poussés par la crainte de voir notre influence faire cesser leur ignoble commerce, se posent en ennemis acharnés. On retrouve la main d'Abd-el-Qader ben Badjouda, leur chef dans tous les meurtres et tous les assassinats dont nos voyageurs ont été victimes, aussi bien dans l'affreux massacre de la mission Flatters que dans celui de M. Palat, et des Pères blancs. Il a été l'agent le plus actif de la ligue qui unit les Senoussya, les Touaregs et les gens d'In-Salah pour nous fermer le passage et mettre à mort tous ceux qui tomberont entre leurs mains, de même Abd-el-Qader ben Badjouda étend son action malfaisante jusqu'au Sénégal où on trouve son nom mêlé à toutes les prédications de révolte et de guerre.

Nous ne pouvons pas admettre que de petites tribus à peine en état de mettre trois cents ou quatre cents fusils en ligne limitent notre possession au sud et disent : les Français n'iront pas plus loin ! On a proposé différents moyens pour avoir raison de cette hostilité, entre autres de jeter sur cette oasis une razzia faite par des moyens indigènes.

Ce serait un acte inutile d'abord, même mauvais en ce qu'il perpétuerait les habitudes enracinées de massacre et de pillage qui ont ruiné le pays. Point de razzias, point de massacres, point de batailles. Les Français dans ce pays ne doivent faire usage de leurs armes que lorsqu'ils y sont contraints pour se défendre.

Il faut cependant absolument pénétrer dans ces régions et obliger tout le monde à mettre bas les armes et rendre tout brigandage impossible. Ce sera une police difficile à faire, mais nous y aurons des auxiliaires et les serviteurs ne nous manqueront pas.

Il faut dominer In-Salah. Depuis les assassinats dont il s'est rendu coupable, Abd-el-Qader ben Badjouda a voulu se couvrir derrière le sultan du Maroc et prétendre faire partie de l'empire de l'Ouest. Le sultan marocain n'a jamais été le chef de ce pays pas plus que du petit royaume de Sidi-Hecham. Il y a certainement, comme descendant du Prophète, une action religieuse, mais l'influence du souverain est nulle au point de vue de l'autorité et de l'administration. Du reste, qu'importe le point même d'In-Salah, il y a là vingt villages et la maison isolée d'Abd-el-Qader ben Badjouda n'est pas une forteresse dans laquelle il restera à notre approche pour nous en faire faire le siège. Il nous suffit de nous diriger vers un point quelconque du bas-fond où est In-Salah, soit Farès-Oum-Lil ou Hassi Mongar.

Une fois là toutes les difficultés disparaîtront et notre présence amènera la solution sans que nous prenions possession complète du pays. Il nous suffira qu'il quitte le pays et soit remplacé par un chef ami. Il n'y a à changer que quelques personnalités compromises et à constamment exiger l'ordre, la paix et le respect du bien d'autrui. Notre ennemi, l'allemand Gérard Rolfs dit en parlant du Touat : « *C'est à la France qu'il incombe d'entrer en relations avec ces populations dont le pays est une étape nécessaire entre l'Algérie et le Soudan. Pour parvenir, on devra profiter du besoin de céréales, qui se fait toujours sentir dans les oasis, et chercher, par l'attrait du commerce et de l'industrie, plutôt que par les armes, à s'attacher ces populations si jalouses de leur indépendance.*

Ce point d'In-Salah est essentiel et tant que nous n'y aurons pas fait sentir notre influence, il faut renoncer à nous servir des routes dont il est en réalité le point de départ. De là plusieurs directions conduisent dans le Soudan.

Les deux premières traversent le bas-fond (Reg) d'In-Salah par Agabli, puis la Hammada nommée Tanesrouft et aboutissent à Mebrouck, point connu de la route suivie par le docteur Lentz et René Caillé.

L'an dernier (1886) une tribu de Berabich[1]. remontant vers le nord est venue s'installer sur le territoire des Taïtok fraction des Ahaggar au Baten Ahenet. Les renseignements qui sont parvenus de différents côtés ne sont pas absolument d'accord sur l'importance de cette fraction, les uns disent qu'elle monte jusqu'à mille tentes, possédant de nombreux troupeaux; d'autres disent sept cents, mais tous, en somme, donnent un chiffre considérable de chameaux, de chevaux et aussi d'hommes armés.

Les causes de cette migration sont restées inconnues.

---

1. Les Berabich sont des tribus berbères peu connues, et dont l'existence a été signalée par les voyageurs René Caillé, Barth et Lentz. Ce dernier attribue à une de leurs fractions l'assassinat du major Laing.

Nous savons seulement que sa venue a été l'objet de négociations avec les Touaregs Ahaggar, qui naturellement se sont partagés sur la question de l'autoriser à s'installer dans le pays. Le chef des Ahaggar, Ahitaghel a fait décider la question en leur faveur et a fait conclure avec eux une alliance défensive dans le cas de lutte avec les Français. Ils sont convenus d'apporter aux Ahaggar le concours de mille fusils et de quatre-vingts cavaliers.

Camp de Méchéria, Sud Oranais.

Malgré cet appoint sérieux pour une lutte dont les Ahaggar ont toujours peur par suite de leur conduite envers le colonel Flatters, la venue de ces étrangers est l'objet de nombreuses récriminations de la part d'un grand nombre de Touaregs, qui disent leur pays beaucoup trop pauvre, pour en partager les ressources avec qui que ce soit et par les gens d'In-Salah, qui trouvent aussi, qu'ils ont déjà à compter avec un bien grand nombre de nomades, dont les exigences croissent naturellement avec la puissance. Déjà les Ouled Ba

Hammou (nomades d'In-Salah) étaient en nombre bien inférieur vis-à-vis des Ahaggar, et naturellement ils sont peu désireux de voir des étrangers s'installer, à leur porte, dans ce pays où tout étranger est forcément un ennemi.

Pour nous ce renfort de quelques combattants est de peu d'importance ; notre discipline et notre armement n'ont pas à compter le nombre de ceux qui voudront nous faire face, plus il y en aura, s'il y a combat, plus la déroute aura de retententissement et notre intérêt supérieur, bien compris, doit nous porter à désirer le peuplement du Sahara.

Mais la venue de ces étrangers a, sous un autre point de vue, une bien autre importance.

D'après ce que nous savons sur ces tribus des Bérabich, elles occupent le pays, au nord de Tombouctou, entre cette ville et Araouan. Ils se livrent au commerce des esclaves, et à celui du sel qu'ils extraient des mines de Taoudeni, et qu'ils transportent sur les marchés du Soudan. Leurs terrains de parcours sont situés dans l'Azaouad, et les Ksours de dépôt qui relèvent de leurs tribus sont : El Mebrouck, El Maamoun, Araouan, Bou Djebeha, Taoudeni, etc...

Nous n'avons que des indications sans précision, sur la route suivie par cette migration importante. Les seuls renseignements parvenus, disent que de El Azouâd, elle a suivi la route qui, par Mebrouck, conduit à Salé. Salé est un village de la fraction des Ouled-Sidi-el-Habib du Touat, à trois ou quatre jours d'In-Salah.

Trois points seulement sont indiqués : Azaouad, Mebrouck et Salé. Azaouad est une vaste contrée dont Araouan, Bou Djebeha, Mamoun, Mebrouck sont des étapes. Ce dernier point à une importance capitale reconnue ; c'est là que se bifurquent les routes qui conduisent d'un côté à l'Océan par Taoudeni, Teghaza, Tendouf, Tezounin et Aguetan, en traversant les dunes d'Iguidi, et de l'autre au Touat à travers le Tanesrouft.

Ces dernières sont, à notre connaissance, au nombre de trois, qui sont :

1° *Mebrouck* à *Takabert*, Gour, Moubarikat, Djedeyded au bord sud du Tanesrouft, Hassi ouled Mouloud.

2° *Mebrouck*, H^i *Emboureg*, Ain Ghanem au bord sud du Tanesrouft, H^i Azenazzan, Hassi Ouallen, H^i Immeraguen.

3° *Mebrouck*, Taounant, Maïla, In Taboraq, In Denan, au bord sud du Tanesrouft, In-Zizé, Tirhehomin, etc… Par laquelle de ces routes sont-ils passés? Probablement, par une de ces trois dernières, mais toutes trois traversent le Tanesrouft, qui a la réputation d'être un hammada redoutable, un désert sans ressources dans lequel les gens du pays ne s'aventurent pas sans terreur et qui est réputé comme servant de tombeau aux imprudents qui s'y risquent. S'il a été traversé, par une migration aussi nombreuse, comprenant assurément des femmes, des enfants, des troupeaux en grand nombre, *sa légende de désert inhospitalier est fausse et il présente des ressources en eaux et en paturages…* Ou bien cette migration a suivi une autre route, en contournant le Tanesrouft à l'est, elle est venue passer par Timissao In-Zizé.

Quoiqu'il en soit, ce fait prouve clairement qu'il y a entre le Niger et nos possessions sahariennes des routes plus riches en eaux, en pâturages et d'un parcours plus facile que nous ne le supposons, et il y a un intérêt évident à arriver à les connaître au moins d'une façon générale. Il y a aussi à en conclure, que nous ne devons pas, d'emblée rejeter l'espoir d'avoir des relations avec ces pays lointains. Puisque le parcours en est possible à des tribus entières, il est forcément facile pour les caravanes de voyageurs et de commerçants.

Ces trois premières routes sont moins longues que celles suivies par René Caillé et il a mis quarante jours avec les séjours, soit trente-six journées de marche, pour aller de Mebrouck à Tafilet, il a trouvé dix fois des puits sur la route, soit en moyenne tous les quatre jours. Nous avons, quelques lignes plus haut, émis une hypothèse au sujet d'une quatrième route, qui mérite une attention particulière, et sur laquelle nous demandons la permission de nous arrêter.

Si on jette les yeux sur le croquis (personne ne peut prétendre à faire une carte de ces régions,) on voit que l'oued Saoura, suite de l'oued Guir, qui sort des sommets de l'Atlas marocain, se jette dans le bas-fonds qui commence à In-Salah au sud du Tadmayt. D'autres rivières, l'oued Massin, qui sort du Tadmayt, l'oued Akaraba, l'oued El Arak, l'oued Tirhejert, qui sort du sud du Mouydir et qui traverse le Baten Ahenet, l'oued Ahenet et l'oued Tahrirt coulent dans ce bas-fond. Ce bassin paraît fermé au sud par la chaîne du Tanesrouft qui se lie à celle du Tassili du sud, par conséquent, les eaux qui s'y déversent y sont retenues par cette ceinture de hauteurs, et sont absorbées par les dunes d'Iguidi. Nous savons que les dunes sont des réservoirs qui préservent les eaux de l'évaporation et les conservent ; nous en concluons que partout où l'on creusera le long des dunes on trouvera de l'eau : artésienne, si le réservoir des dunes est à une élévation supérieure au bas-fond, en contre-bas, s'il est inférieur. Cette théorie semble confirmée par ce qu'on dit d'In-Zizé. Il y aurait là des eaux abondantes, même des prairies marécageuses ou des lacs. En tous cas, l'eau n'est pas rare entre Agabli et In-Zizé et bien certainement, si on avance la sonde à la main, partout, sur ce parcours, on la trouvera à peu de profondeur.

On peut, sans risquer de se tromper, affirmer que si l'on met l'ordre et la tranquillité dans cette région à la place de l'anarchie, des guerres incessantes et des assassinats, qui y règnent en maîtres, on verra promptement les populations s'étendre et ce vaste pays se couvrir de palmiers... M. Henri Duveyrier a, il est vrai, sur l'affirmation des Touaregs, admis que ces eaux s'écoulaient vers l'oued Draa. Cela ne paraît guère possible puisque cette rivière a sa source séparée de celle de l'oued Guir par une chaîne transversale ; après s'être séparées à une si grande distance, ces rivières ne peuvent se rejoindre à travers les dunes. En tout cas, les eaux ne peuvent toutes s'y rendre et, alors même que cela serait, elles sont obligées de traverser le bas-fond d'In-Salah et par conséquent assurent au pays une certaine fertilité et de l'eau en quantité suffisante.

C'est aussi ce que nous a démontré le voyage des Berabich. Ils se sont installés sur le Baten-Ahenet et y ont trouvé des moyens d'existence, c'est-à-dire de l'eau des ruisseaux et des paturages. C'est du reste un fait tout naturel puisque le Baten-Ahenet est un relief important et est habité par les tribus de la confédération des Taitok qui est nombreuse.

Considérant le rôle joué par l'Igharghar dans les chotts du sud de l'Algérie et convaincus que rien n'est isolé dans la nature, nous croyons fermement que l'oued Saoura produit en face de l'Igharghar et en sens contraire les mêmes effets et nous disons : l'eau ne manque pas sur la route du Soudan. Il est vrai, les eaux de surfaces sont rares elles disparaissent promptement par l'évaporation, mais, sous le sol, partout nous en trouverons, il suffit de creuser, le maréchal Bugeaud nous l'avait dit le premier.

Nous ne sommes pas seuls à émettre l'idée que l'eau est abondante entr In-Salah et In-Zizé, car nous trouvons dans Gérard Rollfs : (en parlant du Touat) « *le pays est arrosé en partie par l'oued Saoura, en partie par les rivières, qui viennent du Tell français : car, si l'oued Namous, l'oued El-Kebir, l'oued Zergoun, ne parviennent pas directement jusqu'au Touat, ils continuent néanmoins leur cours souterrainement à travers les sables jusqu'à ce pays, où ils se rapprochent alors si près de la surface que les habitants puisent de l'eau au moyen des Foggara ou tranchées peu profondes et l'utilisent pour la culture. Cette opinion est d'ailleurs appuyée par cette considération que tous les Foggaras sont dans la direction de l'oued Saoura, c'est-à-dire du nord-est au sud-ouest, que l'eau y augmente après les fortes pluies tombées dans le Tell et que dans cette partie du désert il ne pleut jamais assez pour amasser une semblable quantité d'eau sous les sables.* »

D'In-Zizé, la route se divise, la première traverse le Tanesrouft dans sa partie la moins large et rejoint les routes précédentes. Le Tanesrouft du reste et le Tassili du sud ont un relief à peu près nul, et ne peuvent prétendre à être une ligne de séparation des eaux, c'est le Haggar lui-même qui l'est. Lorsque nous aurons fait l'effort indispensable pour lever les difficultés d'In-Salah, ce sera certainement une des plus favorables pour nous et assurément il ne faudra pas, d'Agabli à Mebrouck plus de 30 jours de marche. Gérard Rollfs n'en a même indiqué que 15 : mais probablement il n'a indiqué que des journées de méhari et les caravanes mettent assurément le double.

En ce moment même on fait au Sénégal de grands

efforts pour amener à Tombouctou une canonnière française[1]. Il résultera assurément de cette mission un arrangement quelconque, qui grandira, dans ces régions, l'influence française. Combien il est à désirer que du nord aussi des efforts constants nous mettent en mesure de seconder ceux qui viennent du Sénégal, que l'union s'établisse là. Les deux bouts de la route étant nôtres,

AÏN SEFRA, DERNIÈRE STATION DU CHEMIN DE FER. (*Dessin de M. O'Callaghan.*)

il n'est pas possible de penser que nous n'aurons pas le courage de nous tendre la main ; mais il faut le point de départ, il faut pouvoir organiser nos caravanes, et pour cela nous ne saurions trop le répéter, il faut dominer à In-Salah. L'autre route, qui part d'In Zizé,

1. Ces efforts ont réussi et la canonnière y est heureusement arrivée.

contourne la pointe du Tanesrouft et passe entre lui et la pointe du Tassili du sud, à un point célèbre, nommé Timissao. Henry Duveyrier a indiqué sur sa carte, qu'on trouve à Timissao, sur les rochers, des inscriptions du temps de la conquête musulmane. A cet endroit aussi on voit les ruines d'un vieux château construit par les sultans du Maroc et qui servait d'habitation à une garnison chargée de protéger les voyageurs et de faire la police du Sahara. Timissao a donc été un point de passage très fréquenté et habité.

Ici il faut indiquer une opinion, qui a été émise dans ces derniers temps et qui peut aussi être soutenue. Timissao est évidemment situé dans un défilé qui sépare le Tanesrouft et le Tassili, on en a induit que les eaux versées, par toutes les rivières que nous avons nommées dans le bas-fond d'In-Salah, ont autrefois rompu le cercle qui les entourait et se sont créées un passage à Timissao. Il s'en suivrait évidemment que l'oued Saoura serait un affluent du Niger et que la route continuerait à être, le long de son cours, abondante en eaux jusqu'à son confluent avec le grand fleuve du Soudan. Que cette hypothèse soit vraie ou non, les eaux du sud du Haggar et du Tassili n'en vont pas moins au Niger et l'oued Tafassasset en est certainement tributaire.

De plus, que les eaux de l'oued Saoura aillent ou non au Niger, le col de Timissao est certainement franchi par l'oued In Amedjel ou Ahenet et par l'oued Tarhirt, qui sortent du Haggar. Après leur passage dans ce défilé où se dirigent-elles? Dans les dunes ou vers le Niger? C'est un point qui n'est pas acquis, mais la carte de Barth nous indique des vallées fertiles en végétation et nourrissant de nombreux troupeaux qui partent de Timissao et se dirigent vers le Niger, entr'autres celle d'Erhasar.

Vue du port d'Oran.

De Timissao la route continue sur Es Souk, ancienne capitale des·Aouelimidden, aujourd'hui en ruines, et passe à Gounhan, à Tademekka, ville également en ruines et arrive à joindre le Niger à Gogo. Cette route est un peu plus longue que la précédente, mais elle parcourt un pays plus facile, croyons-nous, et aboutit à un autre point du Niger.

Gogo est l'ancienne capitale du royaume Sonrhaï, elle est aujourd'hui déchue, mais possède encore une riche plantation de palmiers, de tamariniers et de sycomores d'où s'élève la massive tour en ruines, dernier vestige de la grande mosquée où fut enterré Mohammed el Hadj Askia.

POSITION IMPORTANTE D'AMEUR

CHAPITRE X

Route transversale d'In-Salah à Idelès, ville principale du Djebel Hoggar.

D'In-Salah part encore une autre route qui traverse le Mouydir et le Haggar, et qui, par Idelès, rejoint la grande voie d'Amadghor. C'est une route transversale, qui traverse un pays montagneux et difficile et par conséquent ne sera jamais suivie que par les Haggars pour leurs intérêts particuliers. Nous nous bornerons donc à en donner l'itinéraire pour prouver qu'elle est abondamment pourvue d'eau.

1er *jour*. *D'In-Salah à Hassi-el-Gouira (oued Intazoult).* 50 kilomètres environ. — Route à travers la Ghaba (plantations) d'In-Salah, plaine de terrain légèrement sablonneux, coupé par quelques dépressions, recouvert en toute saison de pâturages abondants pour les chameaux. Une seule dépression importante à traverser ; elle a deux kilomètres de largeur à peu près ; ses pentes sont douces, à l'ouest de la route, des deux côtés du ravin appelé Saab-el-Meloui, se trouve une chaîne de dunes basses. Avant d'arriver au Saab, on a laissé à l'ouest à peu de distance des petites collines appelées Cerigat el Mouta, en mémoire d'un parent d'El-Hadj Abd-el-Kader ben Badjouda, tué là autrefois.

Hassi-el-Gouira est situé près de la berge sud de l'oued Intazoult, dépression importante de plusieurs kilomètres de largeur, mais dont les pentes sont douces. Profondeur du puits 2^m 50 environ ; son eau un peu saumâtre est extrêmement abondante. A 3 kilomètres environ plus à l'ouest et sur la même rive, se trouve un autre puits, Boukhboukh, presque aussi abondant, dont la direction est indiquée par un groupe de gours (mamelons rocheux) appelés Rous-el-Reb, en targui Timas Uaïdi ; en ce dernier point l'oued est très rétréci.

2ᵉ jour. D'Hassi-el-Gouira à Chaab (oued Tiguentourin). 25 kilomètres environ. — Route très bonne en terrain ferme jusqu'au Chaab lui-même dont les berges ont une hauteur de 30 mètres à peu près. Il a environ 3 kilomètres et le chemin y est assez bon. Rien à signaler sur la route. Les caravanes campent dans l'oued au lieu d'aller plus loin, parce qu'il contient beaucoup de pâturages, pas d'eau.

Itinéraire Abd-el-Kader ben abd er-Rahmane

3ᵉ jour. De Chaab à Zigher. 25 kilomètres environ. — Route dans un terrain argileux rougeâtre, à peu près complètement dépourvu de végétation et plat. Les caravanes emportent de Tiguentourin de quoi nourrir leurs chameaux à l'étape. Un seul petit ravin peu important. (Inesmit) à traverser. Rien à signaler. Terrain de campement absolument dénudé, pas d'eau.

Itinéraire Ali ben Zeggaï.

3ᵉ jour. De Chaab à Tin Sliman. 40 kilomètres environ. — Route en terrain découvert comme ci-contre. La piste passe à l'ouest de la précédente et atteint l'Oued el Botha au puits de Tin Sliman, donnant en grande abondance une eau assez bonne. D'après Ali ben Zeggaï, Tin Sliman est à la jonction de l'O^d el Botha et de l'O^d Arak. Abd-el-Kader ben abd er-Rahman affirme au contraire que l'O^d Arak et l'O^d Imedden ne font qu'un, mais il ne connait pas l'initéraire par Tin

Sliman : la chose n'ayant aucune importance puisqu'il n'y a pas d'eau, on peut admettre l'indication d'Ali ben Zeggaï. Étape trop longue pour une colonne.

4° jour. De Zigher à Hᶦ el Kheneg (Anded ed

4° jour. De Tin Sliman dans l'oued Arak.

Vue d'El-Goleah. (*Dessin de M. le capitaine Bissuel.*)

Dehir en targui). 22 kilomètres environ. — Route en terrain plat et découvert ; pas de ravin à traverser, pâturages tout le long du chemin. Les quatre ou cinq puits d'El Kheneg sont très abondants, mais l'eau est saumâtre ; un mètre de profondeur environ, ils sont

25 kilomètres environ. — Route dans le lit de l'Oᵈ Arak constamment encaissé entre deux berges assez hautes dont l'orientale domine toujours l'occidentale. Les caravanes sont obligées de camper dans le lit de la rivière qui peut avoir quatre à cinq cents mètres de lar-

situés dans une gorge de deux cent mètres de longueur à peu près et de trente mètres de hauteur au confluent de l'O^d el Botha et de l'O^d Aguememmar. Les caravanes campent en aval des puits pour être en terrain plus découvert.

5e jour. *D'H^i el Kheneg à l'O^d Imedden*. 35 kilomètres environ. — La piste remonte un instant l'O^d el Botha, puis entre dans le lit de l'O Aguememmar qu'elle ne quitte pas jusqu'à l'étape. Au confluent de l'O^d Imedden où s'arrêtent les caravanes, se trouve un r'dir presque toujours à sec, même en hiver. L'O^d Aguememmar peut avoir 2 kilomètres de largeur en ce point. Terrain un peu sablonneux, beaucoup de pâturages. Avant d'arriver à l'O^d Imedden, on dépasse une chaîne de petites hauteurs portant le même nom qui s'étendent des deux côtés de l'O^d Aguememmar. D'a-

geur. Paturages abondants, pas d'eau, route assez bonne.

5e jour. *De l'O^d Arak à l'O^d Imbelren (l'O^d Arak supérieur)*. 30 kilomètres environ. — La piste suit d'un bout à l'autre le lit de l'O^d Arak dont la berge orientale domine sensiblement l'occidentale : les deux berges sont hautes, mais accessibles de distance en distance. Les caravanes font étape dans la rivière ou sur la berge occidentale, auprès de deux puits abondants (Imbelren) situés au débouché de hautes montagnes qui sont l'entrée du plateau du Mouydir ou plutôt du système montagneux qui porte ce nom. — Beaucoup de pâturages, le lit de la rivière n'est

Vue de Brizina. (Dessin de M. O'Callaghan).

près Abd el Kader ben abd er Rhaman, l'O⁵ Imedden est la continuation de l'O⁵ Arak.

6ᵉ *jour. De l'O⁵ Imedden à H^i Aguememmar.* 22 kilomètres environ. — La piste s'écarte de l'oued pour gravir le plateau qu'elle suit pendant la moitié de l'étape, puis rentre dans le lit et ne le quitte plus jusqu'aux puits situés à 1 kilomètre environ de distance l'un de l'autre. L'eau est bonne, mais pas très abondante ; on ne peut pas abreuver plus de trois cent chameaux par jour dans les années de sécheresse.

Le second puits, situé à un coude de la rivière, est à l'entrée d'une gorge dont le passage, à la fois sablonneux et rocheux, est assez difficile. Quelques bouquets d'acacias entre les puits ; à partir de là, la route pénètre dans le Mouydir.

7ᵉ *jour. D'H^i Aguemmar à l'O^d Gourdi.* 25 kilomètres environ. — La

pas très favorable à la marche.

6ᵉ *jour. De l'O^d Imbelren dans une haute plaine.* 20 kilomètres environ. — La piste quitte l'oued qui s'enfonce plus à l'est dans la montagne et suit le pied occidental de celle-ci à travers une haute plaine en terrain *reg* coupé de nombreux petits ravins sans importance. Les caravanes font l'étape dans un endroit bien pourvu de pâturages, pas d'eau.

7ᵉ *jour. De la plaine à un r'dir de l'O^d Arak.* 28 kilomètres environ.

piste grimpe sur le plateau et le traverse pendant 15 kilomètres environ ; elle rencontre alors une petite chebka dans laquelle les chameaux doivent se diviser par groupes pour passer ; elle tombe ensuite sur l'O^d Aguemmemar qu'elle suit jusqu'à la tête à travers de nombreux acacias et quelques touffes de drin ; entre la tête de l'O^d Aguemmemar et l'O^d Gourdi affluent de l'O^d Tighetimin est un plateau très étroit. Les caravanes campent en arrivant à l'O^d Gourdi qui est assez large (500 mètres peut-être) et contient d'abondants pâturages.
— Pas d'eau.

8e jour. De l'O^d Gourdi à l'O^d Intitelt. 30 kilomètres environ. — Route de montagne accidentée, mais assez bonne encore. A quatre kilomètres environ de l'O^d Gourdi, la piste rencontre l'O^d Tighetimin dont le premier est tributaire, et le remonte pendant deux kilomètres

— Même nature de route que la veille : la piste se rapproche continuellement de l'O^d Arak et finit par y déboucher auprès d'un r'dir, situé à la sortie d'une gorge formée par le Djebel Tibératin, qui porte aussi le nom de Tikout Arak. La descente sur l'O^d Arak n'est pas mauvaise. Le r'dir est assez souvent à sec; il ne faut pas compter sur lui comme point d'eau. Pâturages abondants dans l'oued.

8e jour. De l'O^d Arak auprès de Gouïret ed Diab. 25 kilomètres environ. — La piste suit continuellement les rives de l'O^d Arak à travers un terrain *reg* favorable à la marche. Les caravanes campent à hauteur, et à cinq kilomètres environ d'un groupe de gour ap-

11

environ, jusqu'à une source très abondante, mais de qualité médiocre. Elle tourne ensuite brusquement, pour gravir un col de deux kilomètres environ de longueur, entre deux montagnes escarpées, surtout à l'est. Après l'avoir franchi, elle coupe trois ravins appelés *oudian Kiouadkiouat*, dans le second desquels, un peu en amont, on trouve un palmier, et une petite source que les piétons peuvent seuls atteindre, quatre où cinq kilomètres plus loin est l'O^d Intitelt, dont la largeur est de près d'un kilomètre. Paturages abondants, peu d'eau.

9e jour. De l'O^d Intitelt à l'O^d Tadjemout. 28 kilomètres environ. — Piste de montagne. Le sentier s'engage presque de suite dans un ravin de quatre kilomètres à peu près de longueur, parsemé de rochers noirâtres, il traverse ensuite trois petits ravins, très rapprochés l'un de l'autre, appelés Gouiret ed Diab en arabe et Tin Segueffar en targui, qui ont une trentaine de mètres de hauteur et dont le pied est obstrué par des dunes. Pâturages abondants ; pas d'eau.

9e jour. D'auprès de Gouiret ed Diab à Khanget Arak. 25 kilomètres environ. — La piste remonte quelque temps l'O^d Arak, puis s'en sépare pour suivre le plateau sur la rive droite et rejoint l'itinéraire précédent à Khanget Arak (voir dixième jour ci-contre). La descente sur l'O^d Arak

Saab el Hamir en arabe, et Indensaten Uaïden en targui, puis longe jusqu'à l'O^d Tadjemout, le pied occidental de hautes montagnes formant muraille. Le terrain devient dur et rocailleux. L'O^d Tadjemout qui sort à cet endroit d'une gorge étroite, contient une source très abondante, au moyen de laquelle les Isakkamaren cultivaient autrefois des jardins ; il en est resté une cinquantaine de palmiers abandonnés, en plusieurs bosquets. Beaucoup de pâturages à l'étape, tamaris dans la rivière.

est bonne et pas très raide. Les caravanes campent à la sortie de la gorge auprès du rocher appelé Tahouent qui marque, dit-on, la moitié de la distance entre In-Salah et Idelès. Un puits dont l'eau est bonne. Beaucoup de pâturages dans le lit de l'oued.

10e *jour. De l'oued Tadjemout à Khanget Arak.* 28 kilomètres environ. — Route accidentée et fatigante. La piste suit d'abord le Saab el Tuedj bed, puis traverse la série des Oudian Tinasgarin avant d'arriver à l'oued Arak qui est très large à la sortie du Kheneg. Le Djebel Arak qui le borde est très élevé et presque à pic. Les caravanes campent auprès d'un rocher isolé dans l'oued qui marque, dit-on, la moitié de la distance d'In-Salah, à Idelès. Les Touaregs l'appellent Tahouent, les Arabes Hadjer el Habâre ; l'eau du puits est abondante et et bonne. Le lit de l'oued est parsemé de tarfa, de betoum et d'éthel énormes, il contient beaucoup de pâturages.

11e *jour. De Khanget Arak à Melg el Oudian.* 25

kilomètres environ. — La piste ne sort pas d'une gorge étroite, encaissée entre deux hautes montagnes ; elle s'écarte de temps en temps du lit de la rivière pour suivre les berges basses et couper au plus court ; l'oued coule en permanence pendant presque toute l'étape. Les Isakkamaren avaient là autrefois des labours qu'ils ont abandonnés depuis longtemps. Route assez bonne, beaucoup de pâturages et d'arbres comme à l'étape précédente.

12ᵉ jour. De Melg el Oudian à Rous Tafezrit. 20 kilomètres environ. — Melg el Oudian est le point de jonction de l'oued Arak qui remonte au sud-est et de l'oued Amsir qui va plus directement au sud. La piste s'engage dans la gorge de l'oued Amsir qui n'a guère qu'une trentaine de mètres dans sa plus grande largeur entre deux berges le plus souvent inaccessibles, surtout à l'est. Au bout d'une quinzaine de kilomètres, la piste arrive sur un plateau légèrement sablonneux très bon pour la marche, sauf à l'approche des Gour Tafezrit, groupe de témoins géologiques de 30 mètres de hauteur environ d'où sortent les différentes têtes de l'oued Tafezrit, affluent de l'oued Idersen. Les caravanes campent à côté des gour ; peu de pâturages, pas d'eau. Il y en a dans l'oued Tafezrit, beaucoup plus bas, mais le lit de l'oued est très mauvais.

13ᵉ jour. De Rous Tafezrit à l'oued Maniet. 35 kilomètres environ.—Abd-el-Qader ben Abd-er-Rahman assure que la route est bonne pendant toute l'étape, sauf deux petites chebka (ravins) à l'oued Afisfes et en arrivant à l'oued Maniet. Il est cependant très probable que la descente de Rous Tafezrit sur l'oued Afisfes doit-être rude, puisque c'est le versant méridional du Mouydir qui commecce et qu'il est plus court que le septentrional. Les berges de l'oued Afisfes sont mauvaises surtout pour remonter celle du sud, les chameaux doivent se

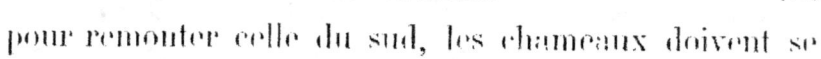

PORTE DE GHARDAIA
(Dessin de M. O'Callaghan, d'après un tableau de M. Binet.)

subdiviser par petits groupes. A 4 kilomètres plus loin,

la piste passe au pied de la Gara Gadil, d'où part une dépression qu'elle suit jusqu'à l'oued Maniet, elle est peu encaissée, chebka à traverser des deux côtés de l'oued Maniet. Puits abondants de trois mètres environ de profondeur, beaucoup de pâturages.

14° jour. De l'oued Maniet à l'oued Taguezal. 30 kilomètres environ, — La piste descend d'abord l'oued Maniet, puis monte sur le plateau par une pente assez forte. Au bout de 10 kilomètres, elle traverse l'oued Tirhejert très large, qui marque la fin du Mouydir et en rassemble les eaux. Le terrain est bon à la marche, sauf quelques sables à l'approche de l'oued Taguezal, qui a deux cents mètres à peu près de large et renferme beaucoup de pâturages. Les caravanes campent à l'est d'un groupe de deux gour sans noms. — Pas d'eau.

15° jour. De l'O^d Taguezal à l'O^d Tasnao. 22 kilomètres environ. — Route en plaine et terrain reg sans particularités à signaler. Le puits de Tasnao a un faible débit et est même quelquefois tari dans les années de sécheresse, il peut abreuver une centaine de chameaux par jour. Tout près du puits, un peu à l'est sur une petite élévation, se trouve une enceinte basse en pierres sèches, appelée Cheikh Salah du nom d'un marabout qui l'a fait construire en l'honneur de

15° jour. De l'O^d Tasnao à l'O^d Souf Mellen. 24 kilomètres environ. — La piste suit continuellement le lit de l'O^d Tasnao dont les berges sont basses et arrive à travers un terrain très bon pour la marche à l'O^d Souf Mellen affluent de l'O^d Tirhejert où campent les caravanes. Pâturages abondants, pas d'eau.

Mouley Hassen, chérif du Touat, mort en cet endroit, pâturages abondants. Le Dj^el. Tasnao est peu élevé.

16° *jour. De Tasnao à l'O^d Anded Nehal.* 40 kilomètres environ. — Route en plaine, terrain un peu sablonneux. La piste se dirige directement sur l'O^d Souf Mellen, situé à moitié route, en laissant à l'est la chaîne de gour Tinakourat, puis quittant le versant de l'O^d Tirhejert, descend insensiblement sur les Oudian Anded Nehal, suite de six ou sept petits ravins inclinés vers l'est et qui doivent par conséquent aller à l'Igharghar. Les caravanes campent entre les deux prairies de ces ravins. Pâturages tout le long de la route, mais surtout à l'étape. Pas d'eau. Étape probablement trop longue pour une colonne.

16° *jour. De l'O^d Souf Mellen à l'O^d Anded Nehal.* 25 kilomètres environ. — Route en terrain peu accidenté. La piste oblique vers le sud-est pour rejoindre aux Oudian Anded Nehal la précédente dont elle s'était écartée au départ du Tasnao. Rien à signaler.

17° *jour. Les Oudian Anded Neuhal à l'oued Takla Haouad.* 28 kilomètres environ. — Les deux pistes se rejoignent aux oudian Anded Neuhal et n'en forment plus qu'une jusqu'à Idelès. Il y a une dizaine de kilomètres environ du premier au dernier des oudian ; terrain coupé, mais facile à la marche. Dans le dernier débouche un ravin qui suit la piste jusqu'à sa tête pour en prendre presque de suite un autre qui lui est opposé, et conduit à l'oued Tahla Haouad, il suffit de gratter un peu le sol pour avoir de l'eau en telle quantité qu'on veut; elle est un peu saumâtre. Nombreux pâturages; acacias et jujubiers dans le lit de la rivière.

18º *jour. De l'oued Tahla Haouad à l'oued Taharrak ou Tifidest.* 28 kilomètres environ. — Route un peu cailouteuse sur un plateau d'aspect blanchâtre; à moitié route à peu près, le chemin traverse une petite chebka formant ligne de partage entre les deux oued. La piste arrive à l'oued Taharrak en laissant à l'est l'éperon du djebel Taourirt el Foukania qui est précédé d'un groupe de gour appelés Takouit Lekebel. Les caravanes campent en arrivant dans l'oued. A un ou deux kilomètres en amont, dans la gorge, on trouve un puits abondant d'eau assez bonne, appelé Iniker ou Hadou. Beaucoup de paturages dans le lit de l'oued en aval du puits.

19º *jour De l'oued Taharrak ou Tifidest à l'oued Inemgued.* 33 kilomètres environ. — Route un peu accidentée, le terrain, assez bon pendant la première moitié de l'étape, devient dur à la marche pendant la seconde, à partir de deux gour d'une trentaine de mètres de haut, séparés par un oued. Entre celui-ci et Inemgued, il y en a encore deux autres à franchir. Il y a beaucoup d'eau courante dans l'oued Inemgued à l'endroit où campent les caravanes. Les Hoggar y ont des labours importants, et parmi eux Ahitaghel et Engadi; quelques haratins et esclaves y campent d'une façon presque permanente pour surveiller les cultures. Beaucoup de paturages.

ÉQUIPEMENT DE MARCHE DES TOUAREGS (*Missions Catholiques*).

20° jour. *De l'oued Inemgued aux gour Insita*.
25 kilomètres environ. — L'étape se fait presque tout entière dans le lit de l'oued Inemgued près d'un ravin peu encaissé, son tributaire. Néanmoins la piste est assez bonne à la marche; à partir de l'oued Inemgued, elle change totalement de direction; jusque-là elle se développait du nord-ouest au sud-ouest; maintenant elle va franchement à l'est. Les gour Insita, groupe de quatre ou cinq témoins géologiques, où se fait l'étape, ont une quarantaine de mètres de hauteur. Les derniers contreforts de la Coudiat du Hoggar se rapprochent rapidement de la route, et la Coudiat elle-même apparaît à l'horizon au sud comme une muraille dentelée à plus d'un jour de marche. Pas d'eau.

21° jour. *Des gour Insita à Idelès*. 40 kilomètres environ. — La piste traverse plusieurs ravins tributaires de l'oued Inemgued; l'un d'eux contient des r'dir qui sont, paraît-il, toujours pleins, puis elle passe entre deux gour qui marquent le point culminant entre le versant de l'Igharghar et celui de l'oued Tirhejert, descend sur l'oued Tafeggakh, affluent de l'Igharghar et arrive aux labours et aux jardins d'Idelès qui s'étendent principalement sur la berge gauche du fleuve, traverse celui-ci dont l'eau est captée en seguia de dérivation et arrive sur la rive droite à un plateau abaissé sur lequel sont construits presque tous les gourbis qui composent Idelès. Les caravanes qui veulent arriver à Idelès le matin font étape le vingt et unième jour aux gour qui dominent l'oued Taffeggakh et arrivent alors le vingt-deuxième jour de bonne heure.

Idelès n'a point d'importance comme centre de population, de commerce ou d'industrie. Suivant un de ceux qui l'ont vu le dernier (1883), on y trouve au plus une vingtaine de gourbis qui sont bien plutôt de mauvaises huttes basses, en terre, habitées par quelques familles de haratins ou d'esclaves des Isakkamaren, Iboguelan, Kel-Ouï, Kel-Ghela principalement. Elles sont situées près de la berge orientale de l'Igharghar et disséminées sans aucun ordre sur un plateau qui descend en pente douce jusqu'à la rivière. Celle-ci coule constamment sur une largeur variant suivant les saisons de cent cinquante mètres à un kilomètre, mais son lit a environ trois ou quatre kilomètres d'une berge à l'autre.

Les renseignements ne concordent pas sur la hauteur de l'eau; d'après l'un, on peut passer partout, d'après l'autre au contraire, à cause des innombrables seguia de dérivations et de dépression du lit de la rivière, il n'y a qu'un gué situé à une centaine de mètres en amont du principal groupe de gourbis. Les jardins sont peu importants et comptent une centaine de palmiers, provenant de noyaux, qui ne rapportent à peu près rien et quelques figuiers; les labours au contraire sont considérables en orge et différentes graines servant à la nourriture des Touaregs ou de leurs esclaves. Pendant les mois de mars et d'avril, il vient tous les ans une centaine de tentes Touaregs pour la moisson, puis tout le monde s'en va de tous côtés, il ne reste en permanence que les haratins (laboureurs) qui peuvent former un total d'environ cent personnes. Néanmoins ce groupe de population sédentaire paraît être en voie d'accroissement.

Du côté du sud, la montagne ne commence guère qu'à une dixaine de kilomètres; au nord, au contraire, l'horizon est presque inabordable sur cinq ou six kilomètres au moins. La piste d'Idelès par la vallée d'Igharghar passe dans un col et ne rejoint l'oued qu'à une douzaine de kilomètres d'Idelès.

Il existe à cinq ou six jours de marche à l'ouest sud-ouest d'Idelès, au pied de la Coudiat du Hoggar, d'autres centres de population.

Un fait récent a permis de contrôler une partie des renseignements qui précèdent.

Dans les premiers jours d'août dernier un poste situé à El-Goléah fut prévenu qu'un parti de Touaregs Hoggar s'avançait vers le nord. Les Touaregs parurent en effet dans la direction du nord-est d'El-Goléah et leurs opérations commencèrent à Daïet ed Drina où ils firent une razzia sur les chameaux que les Chambas Mouadhi laissaient paître en liberté aux abords de l'oasis. Les Touaregs enhardis par le succès se divisèrent alors en deux groupes, ce qui rendit plus facile l'attaque des Mouadhi qui les poursuivaient. Un premier engagement eut lieu au Hassi Inifel ; les Mouadhi parvinrent à mettre en fuite un des groupes de Touaregs après leur avoir tué un homme et fait deux prisonniers. Le second parti des Touaregs n'avait que seize cavaliers, il se trouvait aux environs de l'oued el Djedari, mais cherchant un puits il dut s'approcher de l'oued Inifel, et tomba entre les mains des Mouadhi qui entraînèrent vers El-Goléah tous les prisonniers et les vingt-six méharis pris au rezzou. Chemin faisant, ils en fusillèrent quelques-uns pour leur enlever tout espoir de revanche. Sept prisonniers ont été incarcérés à Ghardaïa ; quelques uns appartiennent à la tribu noble des Taïtoks. Les restes de cette bande de pillards a été bientôt détruite par les Châmbâs dissidents du Gourara et d'Insalah.

On a obtenu des prisonniers amenés à Ghardaïa des renseignements précis sur la marche du rezzou ; l'itinéraire suivant qu'ils ont fourni confirme pleinement certaines données des itinéraires qui ont été reproduits plus haut.

GROUPE TOUAREG (Dessin de M. O'Callaghan).

Itinéraire suivi par le Rezzou.

Recruté chez les Kel Ahenet dans l'oued Ouahien, près Tihen Akli ; au sud-ouest de la source Haouad. Départ d'Ouaillen Halte méridienne près des hauteurs de Sil Edrar. Couchée à trois heures au nord de ce point. — Pas d'eau.

2ᵉ *journée* (23 juillet). — Halte méridienne à l'oued Maniet, affluent de l'oued Tirerjert (ou Tir chart) puits, arbres d'essences variées, asel, Talha (acacia arabica). Couchée au pied des gour de Tiselilin (pas d'eau). Quand il a plu, les crevasses rocheuses des gour sont d'excellents réservoirs, qui gardent longtemps l'eau. Bois et végétation : talha, essel, had, merkh, guettaf, sfar.

3ᵉ *journée* (24 juillet). — Halte méridienne près des hauteurs d'Amsir. Couchée à Aouhar, dans un lit d'oued. L'eau est fournie par un puits profond de deux ou trois mètres, qui peut abreuver un assez grand nombre de chameaux à la condition d'être curé. Bois et végétation, talha, afersig, guettaf, etc...

4ᵉ *journée* (25 juillet). — Halte méridienne à In-Guerzamen, dans le Mouydir. Terrain accidenté. Couchée à Irrerrar-Mellem. Au bas des berges rocheuses de l'oued se trouvent de profondes et vastes crevasses qui font office de citernes et qui, après les grandes pluies conservent l'eau potable pendant plus d'un an. Arbres et végétation, talha, asabaïa, drinn abondant.

5ᵉ *journée* (26 juillet). — Halte méridienne à la tête de l'oued Tin Serfadh. Couchée dans le milieu de cet oued. L'eau ne coule pas, mais elle affleure presque. Il suffit de creuser un trou de quelques décimètres pour le voir se remplir immédiatement d'eau. Ces sortes d'aiguades portent le nom d'Ibenkar. Bois et végétation (talha, sedra, arba).

6° *journée* (27 juillet). — Séjour jusqu'à quatre heures de l'après-midi à l'ibenkar de Tin Serfadh. Couchée à In Sermar, lit d'oued. On trouve généralement l'eau en creusant peu profondément dans le sable. Bois et végétation abondante (essel, afersig, drinn, had, djell).

7° *journée* (28 juillet). — Halte méridienne dans l'oued Idergann. Près de là se trouve une source

PORTRAIT DE KENAN-AG-TISSI, CHEF DES TAÏTOK
(*Dessin de M. O'Calloghan, d'après une photographie de M. le C^{ne} Bissuel.*)

abondante, l'Aïn Baglin, qui sort des gour El Roulat, un palmier a poussé près de la source. Bois abondant dans l'oued Idergann (probablement Idgeran). En continuant à suivre cet oued, on passe près d'une autre source, l'Aïn el Ardjaïa, moins abondante que l'Aïn Baglin et indiquée par une trentaine de signaux en pierres sèches élevés sur la berge. Couchée à Abodra, oued affluent de l'Idergann. Pas d'eau. Bois et végétation (talha, tamat, djell etc)...

8° *journée* (29 juillet). — Halte méridienne dans l'oued Tamertast. Il y a dans le roc des berges, des crevasses conservant l'eau longtemps après les pluies. Couchée dans l'oued Sidi Moussa. A trois ou quatre kilomètres au-dessous, on trouve une forte source dite El Beheg. Bois et végétation. L'oued Sidi Moussa est une région très fréquentée par les tentes des Ouled Ba Hammou et des Châmbâa, dissidents.

9° *journée* (30 juillet). — Le rezzou abreuve ses chameaux et fait sa provision d'eau vers huit heures du matin, à Tioudjiguin (ou Khanget el Adid) source peu abondante, venant des hauteurs qui dominent le plateau du Mouydir au nord. Halte méridienne dans le Reg. Couchée dans le bas de l'oued Rasmelli (Irès Mallen ou Farès oum el Lil... etc.). Pas d'eau. Bois abondant. (Hâd drinn, afersig).

10° *journée* (31 juillet). — Halte méridienne à l'Agba (la montée) Irès Mallen (trois puits peu profonds, eau suffisante pour cinquante ou soixante chameaux). Bois et végétation (etel, afersig, dhomran, drinn, guettaf, askaf etc.) Couchée dans le haut de l'oued Irès Mallen. Pas d'eau.

11° *journée* (1ᵉʳ août). Halte méridienne près de Koudiat et Malha (talha, tamat, végétation variée). Couchée dans l'oued Asekaïki. Pas d'eau. Etel, drinn, etc.

12° *journée* (2 août). — Halte et couchée au Bir In Soki (un puits et plusieurs Tilmas). Retem et Ethel.

13° *journée* (3 août). — Halte méridienne dans l'oued Aridh. Pas d'eau, jujubiers sauvages, éthel, retem. Couchée près de l'Erg de Megraoun. Pas d'eau, retem, drinn, etc.

14° *journée* (4 août). — Halte méridienne à Aïssa ou Mbella, point nord extrême de l'Erg de Megraoun. Pas d'eau. Bois et végétation, talha, alenda, hâd, djell.

Couchée dans une des daïas de Bakha. Pas d'eau. Retem, neci, etc.

15ᵉ journée (5 août). — Arrivée avant midi au Hassi-Inifel. Puits peu profond et très abondant. Etel, retem, drinn, etc. Couchée au même point.

FEMME ARABE ET SON ENFANT
(*Dessin de M. Rieder, d'après une photographie.*)

16ᵉ journée (16 août) Halte méridienne en deçà de Draa el Abed. Halte au coucher du soleil à l'Enteg el Malha, marche de nuit, à partir de neuf heures du soir, dans la direction d'El Feidh (dans l'est d'El Goléah, au sud et à l'est des gour Ouargla et de la gara Tagouinint).

17° *journée* (7 août). — Arrivée, au matin, à Daït ed Drina et Arig Ranem (carte Pauzot) où la razzia a été opérée.

Comme on le voit les nouveaux renseignements donnés par les Touaregs coïncident sur bien des points avec ceux déjà connus et si quelques-uns des endroits qu'ils indiquent ne peuvent encore être placés sur nos croquis, cela tient surtout à ce qu'ils donnent les noms de lieux en langue berbère et que nous les connaissions précédemment sous leurs noms arabes.

Mais de Goléah il existe une autre route qui permet de ne pas fouler le territoire d'In-Salah, ce qui peut être une cause de conflits. Il faudrait alors emprunter la première route indiquée jusqu'à El Meksa ou H Saret qui est à sa hauteur et de là, en trois ou quatre marches atteindre H^i Insoki qui se trouve sur l'itinéraire Flatters que nous donnerons plus loin.

Ces routes ne présentent pas des difficultés insurmontables, mais elles suivent longtemps et de très près, sinon la frontière marocaine, au moins un pays hostile. De plus le point de départ Metlili et Goléah sont plus loin d'une ligne de chemin de fer que ne le sera bientôt Ouargla de la ligne de Constantine-Biskra.

En tous cas il est bien certain et il est nécessaire qu'il soit établi bien clairement dans l'esprit de tous, que parsonne aujourd'hui ne peut parcourir ces routes paisiblement, que le fanatisme musulman en fait une barrière impénétrable pour tout homme isolé. Il est certain aussi qu'il y faut l'emploi de la force.

Cette certitude, bien démontrée depuis la mort du colonel Flatters, a poussé la France à se désintéresser de cette question parce que l'on suppose que la valeur du résultat à atteindre n'est pas en rapport avec l'effort à faire; autrement dit la France n'a pas compris :

1° Ce que l'on pouvait tirer du Soudan au point de vue des productions.

2° Elle s'est exagéré les dépenses en hommes et en argent nécessaires pour arriver au Soudan. La discussion de ces questions nous entraînerait trop loin, nous en rejetons l'exposé à un des chapitres suivants.

CHAPITRE XI.

Routes centrales 1re route par Amadghor, (Mission Flatters, docteur Barth). Ordre des Tedjinya. 2e route par Rhatt. Massifs du Tassili et du Hoggar. Premières relations avec les Touaregs Asdjers. Voyage de Si-Ismaïl bou Derba, de Henri Duveyrier. Formation du parti français. Situation actuelle.

Ces routes ne conduisent plus à Tombouctou, mais dans le royaume de Haoussa, au centre du Soudan.

Elles partent d'Ouargla, traversent le Sahara, l'une passant par la Sebhha d'Amadghor entre le Djebel Haggar et le Djebel Tassili des Asdgers, l'autre passant par R'hat. La première, celle de la Sebka d'Amadghor a au début deux itinéraires différents jusqu'à Amguid, point connu de nos lecteurs.

ROUTE A L'EST SUIVIE PAR FLATTERS DANS SA 1re EXPÉDITION, AINSI QUE PAR ISMAÏL BOU DERBA EN 1858.

Distances   Ouargla.
- 25 k. Rouissat, près Ouargla, eau abondante.
- 15 k. El Nedgira, eau abondante.
- 27 k. Djeribia, puits.
- 32 k. Slassel Danoun, pas d'eau.
- 20 k. Fedj Damran, —
- 30 k. Teniet el Fedj, —
- 15 k. Aïn Taïba, eau abondante.
- 32 k. Fedj Beida, pas d'eau.
- 32 k. Ghassi Ghezal, —
- 30 k. — — pas d'eau.
- 32 k. El Adâm. —
- 32 k. — —
- 35 k. El Biodh, eau abondante.
- 30 k. Safia, pas d'eau.
- 30 k. Tanesrouft, pas d'eau.
- 30 k. Temassinin, puits artésiens, palmiers, jardins.

ROUTE A L'OUEST SUIVIE PAR FLATTERS DANS SA 2e EXPÉDITION

Distances   Ouargla.
- 25 k. Hassi (puits). Bou Knissa, eau.
- 78 k. Hi Djemel. —
- 206 k. Hi Inifel. Eau abondante. L'indication de distance ne signifie pas qu'il n'y a pas d'eau pendant 206 k., mais que Flatters n'a pas trouvé de puits ou n'en a pas creusés. Il est passé par une année de sécheresse excessive et du reste il est certain que dans ces régions les indigènes comblent les puits afin de rendre leur pays inabordable. Quelque travail suffirait pour en établir d'intermédiaires.
- 190 k. Hi Insokki, eau abondante.
- 45 k. Oued Djokran, eau.
- 40 k. Hi Aoulouggui, eau.
- 20 k. Hi Messeguem, eau abondante.

De Temassinin à Amguid, la route n'a pas été parcourue par des Européens. Mais la carte de Duveyrier ne porte pas plus de 200 k. et indique plusieurs stations. Du reste, comme la route suit constamment le lit même de l'Igharghar, on est certain d'y trouver de l'eau en creusant à moins de 12 mètres de profondeur, puisque le puits artésien de Temassinin, n'a que 12 mètres.
200 k. Amguid, eau vive.

83 k. Oued el Hadjadj, eau.
20 k. Oglat el Hamian, eau.
20 k. Tilmas el Mra, eau.
90 k. O^d Adjerman Aroui, eau.
52 k. Amguid, eau vive abondante.

Vue d'Ouargla. (*Dessin de M. O'Callaghan.*)

D'Amguid on peut suivre deux directions. 1° à l'ouest, en remontant l'oued Gharis, on arrive aux sources de l'O^d Tirhejert qui conduit à Timissao. C'est une indication déjà donnée dans un chapitre précédent. 2° d'Amguid : 24 kilomètres, Aguellacheus, étangs. — 30 kilomètres, Agzel, eau vive, arbres, figuiers. — 64 kilomètres, Tiksin (Tilmas), eau. — 8 kilomètres, Inselman Tiksin, eau abondante.

Inselman Tiksin est à trois journées de marche d'Amadghor. M. Henri Duveyrier, qui est le seul européen ayant pénétré dans ces contrées, ayant pris sur place des renseignements de la bouche même des habitants du pays nous a dit :

« *L'importance majeure d'Amadghor date de l'époque où les quatre fractions de Touaregs, Asdjers, Hoggar, Kel Oui et Aouelimidden, ne formaient qu'une seule nation unie sous les ordres d'un seul chef.*

« *Alors Amadghor était un marché annuel immense, où toutes les caravanes du nord et du sud se réunissaient pour échanger leurs produits. Les caravanes s'y chargeaient de sel pour retourner dans le Soudan où il est très rare.*

« *Le sultan (Amghar,) des Touaregs percevait les droits de passage sur tous les marchands, mais assurait à tous la sécurité. Depuis cette époque où le commerce florissait et où les caravanes étaient nombreuses, des révolutions successives ont fractionné la grande confédération Touareg en plusieurs tribus ennemies et la guerre et l'anarchie ont remplacé l'ordre qui régnait jadis. L'absence d'autorité a amené le brigandage et le commerce a cessé par l'impossibilité de traverser le pays sans être pillé et assassiné.* »

Ce n'est pas le désert qui a empêché Flatters d'arriver au Soudan. Il était près du but à Amadghor puisqu'il avait franchi le point de séparation des eaux et qu'il était dans le bassin du Niger. Quelles que fussent les difficultés du sol elles étaient vaincues. Ce qui l'a arrêté ce sont les intérêts des marchands d'esclaves, qui ont poussé, excité les sauvages brigands des Touaregs à s'unir contre lui, et encore ces bandits n'en seraient pas venus à bout et eussent été incapables de vaincre sa petite troupe (cent hommes environ), s'il ne se fut laissé entraîner dans un guet-apens et ne se fut séparé d'elle.

Laisser ce crime énorme impuni, c'est favoriser la traite, l'ignoble et infâme traite et c'est une honte pour la France. Se laisser effrayer par les sables, par la sécheresse, par le désert, mais ce sont les bâtons flottants de la fable! En tous cas on peut avancer par étapes successives et, sans grandes dépenses, faire tous les ans un pas en avant. On verra bientôt alors que tout cet épouvantail n'était qu'un mirage trompeur.

Ba-Mendil, fort français près Ouargla. (*Dessin de M. O'Callaghan.*)

Du reste, lors même que l'on se déciderait à rester sur place, on sera obligé par les événements d'avancer quand même. Déjà l'obligation s'en fait sentir: des dépêches récentes nous informent que la guerre a recommencé entre Touaregs et Chambâs.

Amadghor, si nous rendons la sécurité à ces pays, redeviendra un marché considérable, un lieu d'échanges.

Les interrogatoires des gens qui accompagnaient Flatters nous ont appris une chose que, du reste, l'antique importance d'Amadghor rendait certaine, c'est que quoique la Sebkha elle-même ne contienne pas d'eau, il y a aux environs des sources, puisqu'ils ont rencontré des ruines importantes, au milieu desquelles est une colonne assez élevée (peut être une ruine romaine.)

Le point d'Amadghor est à peine à six ou sept jours de marche d'Assiou, indiqué par le général Daumas, dans son itinéraire, comme point de jonction des caravanes qui viennent du Touat, d'un côté, et de Rhadamès, de l'autre. Assiou est un point célèbre, déjà cité par Ibn Batouta dans ses récits de voyages. Il y a plusieurs puits appartenant, les uns aux Asdjers, les autres aux Kel ouï. Entre Amadghor et Assiou on trouve encore de l'eau : à Temassint, puits abondants, à Messeguef, et enfin à Bir Gerama où Flatters a été tué.

partir de ce point nous avons l'itinéraire du docteur Barth :

Assiou.

1. Vallée de Fenorang. — Eau, végétation abondante.
2. Étape à travers un désert de peu de ressources.
2. Étape, orage et pluies.
3. Grande vallée de Djenninaou, végétation, arbres, eaux pluviales abondantes. — Sur un rocher de la rive, dessins antiques représentant des bœufs et une girafe.
4. Vallées transversales de l'Erhasar, végétation abondante, village de Ta Rhadjit.
5-6-7. Vallée d'Imessen. — Il ne mentionne plus l'eau ni la végétation ; il y en a partout.
8. Vallée de Tedek, village.
9. Vallée de Seloufiet, village important. Barth considère cette vallée comme faisant partie du Soudan. Par conséquent Flatters, lors de sa mort, était à

quinze jours au plus du Soudan et avait franchi toute les difficultés du terrain. En effet, depuis Assiou, Barth n'indique plus aux gîtes d'étapes qu'il a trouvé de l'eau, il dit seulement que les orages sont journaliers et qu'il trouve de l'eau de pluie dans les ravins. Il indique aussi

Femme arabe d'Ouargla. (*Dessin de M. Boutet de Montvel.*)

une succession de vallées transversales coupées par la route. Ces vallées obligent à admettre deux hypothèses : ou bien elles courent parallèlement et se déversent chacune isolément dans les dunes, ou bien ce sont des affluents d'une rivière coulant dans un sens perpendiculaire, qui elle-même alors est un affluent du

Niger. Cette seconde hyphothèse nous ramène à croire que le col de Timissao donne passage à cette rivière qui, de là, se rend au Niger et récolte en route tous les affluents que Barth a indiqués. La sécurité de ces routes est loin d'être suffisante aujourd'hui, pour s'y aventurer sans une caravane nombreuse et bien armée. Il n'est même pas possible qu'il en soit autrement avant longtemps. Il faut évidemment pour cela, que le peuple Touareg change ses conditions d'existence et garantisse lui-même la sécurité des caravanes comme cela avait lieu autrefois. C'est une question à part que l'on peut essayer d'éclaircir en se rendant compte des moyens d'action dont on peut disposer contre eux. Ici nous n'entendons nous occuper que des difficultés inhérentes aux distances et à la géographie du pays.

En résumé, d'Ouargla par la Sebkha d'Amadghor, il faut pour arriver au Soudan soixante jours de marche environ, à raison de trente kilomètres au maximum par jour, et il y vingt-quatre stations d'eau sur la route, c'est-à-dire presque partout. Deux distances considérables seulement sans eau : deux cent six kilomètres et cent quatre vingt-dix kilomètres. Mais, comme nous l'avons dit plus haut, le lit de l'oued Mya dans lequel Flatters a voyagé donnera certainement beaucoup d'autres points d'eau si on les recherche. De plus le colonel n'a pas suivi la route la plus courte et il a voyagé par une année des plus sèches. Au milieu de la distance, un point remarquable Amguid, d'une richesse d'eau exceptionnelle et tout particulièrement placé au point de vue des relations pour être un jalon principal et un centre important.

Occuper Amguid ne serait à proprement parler pas une conquête, car il n'est pas absolument sur le territoire des Touaregs. Il est dans un territoire neutre entre

Chambas et Touaregs et peut aussi bien être revendiqué par les uns que par les autres. Il est situé sur l'oued Tedjert, affluent de l'Igharghar, qui descend du Hoggar, à un point extrêmement remarquable. Là, près d'Amguid, riche en eaux vives, se réunissent à l'Igharghar toutes les eaux du sud et de l'est du Mouydir qui y sont apportées par l'oued Gharis et l'oued Taghezal. Celles de l'Iraouen, celles du Tahohait par l'oued Iskaouen dont la source est un lac important où l'on voit encore des crocodiles et des poissons. La vallée de l'Igharghar au-dessous d'Amguid s'élargit et s'étend jusqu'à Temassinin où il existe un puits artésien de douze mètres de profondeur seulement. Puits abondant qui arrrose des palmiers et des jardins. Au sud d'Amguid, et dans la vallée de l'Igharghar, Flatters a signalé l'abondance des eaux des Aguellachen, espèce d'étangs qui indiquent que l'eau affleure la surface du sol.

Nous pouvons donc affirmer que des Aguellachen à Temassinin on trouvera partout de l'eau entre la surface du sol et douze mètres de profondeur et que par conséquent tout ce pays est arrosable et cultivable et qu'il est possible en leur assurant protection de voir des populations Chambas, Ifoghas ou autres s'y établir et bientôt aussi des négociants Beni Mzab.

Amguid, si favorable au point de vue d'une installation et des cultures, est aussi favorablement placé au point de vue des routes du pays :

1° La route d'In-Salah à Rhatt et Rhadamés passe à Amguid ou près d'Amguid par le fameux col de Kheneg el Adid. C'est une des grandes voies commerciales du Sahara ;

2° D'Amguid, en remontant l'oued Gharis et en descendant l'oued Tirhejert, dont les sources sont en face l'une de l'autre, on va à Timissao et on rejoint par conséquent les routes du Maroc à Tombouctou et celles de Tombouctou au Sud-marocain tout entier ;

3° En suivant l'Igharghar on arrive à Idélès ;

4° En tournant à l'est le Hoggar on passe par Asben et Agadès, c'est la route du royaume de Haoussa par Sinder, la ville la plus commerçante du Niger et du Benoué, le point le plus important du Soudan ;

5° D'Amguid à Rhatt, capitale du Tassili et des Touaregs Asdjer, et au Fezzan ;

6° Par Temassinin à Ghadamès, au Fezzan et à Tripoli.

On le voit, dans tout le Sahara algérien, il n'est pas de point d'une pareille importance, on dirait qu'il a été placé là pour nous tenter.

Amguid est à environ sept cents kilomètres de Goléah, c'est-à-dire à vingt-cinq étapes ; la route ne présente pas de difficultés, elle est jalonnée de distance en distance par des puits suffisamment abondants pour faciliter le voyage.

H^i El Meksa ; H^i Ras el Erg ; H^i Inifel ; H^i Mezzer, Insokki ; Tilmas Cedrat ; H^i Messeguem ; Tilmas Haméian et la Sobba de l'oued Iraouen.

D'Ouargla on peut aussi y arriver par Aïn Taïba, El Biodh, Temassinin, etc.

Si la France occupait ce point important quels seraient les résultats. D'abord elle couvrirait la tribu des Chambas et ferait cesser les hostilités qui viennent de recommencer entre eux et les Touaregs : son occupation amènerait forcément des relations avec ces tribus Touaregs et l'apaisement de toutes les querelles sahariennes, — et si autour de Amguid ces Sahariens voyaient des cultures, des plantations, un matériel de sondage faire jaillir l'eau et apporter dans le pays la fertilité, nous aurions certes un succès considérable et

VUE PRISE DANS L'OASIS DE GABBÈS. (*Illustration. — Photographie de M. Baraquet.*)

nous verrions les populations se rapprocher. Peut-être ce premier effort suffirait-il pour nous ouvrir la route entière jusqu'à Sinder...

Il est sage, il est logique de marcher en avant et de sortir de l'espèce de stupeur causée par le malheur de Flatters. Il ne s'agit ici ni de batailles, ni de représailles, il s'agit d'avancer vers le Soudan, afin d'ouvrir la route vers ce riche et fertile pays au commerce algérien, de compléter la colonie et de lui assurer pour l'avenir d'immenses débouchés.

D'Ouargla part une autre route qui traverse le Tassili et par Rhatt redescend sur Assiou. La ville de Rhatt donne à cette route une importance particulière parce qu'il s'y tenait tous les ans un marché considérable et qu'autrefois les Touaregs Asdjers étaient les convoyeurs des Algériens.

Cette route a été suivie en 1858 par Ismaïl Bou Derba, interprète militaire, qui sous la protection des chefs Asdjers a pu séjourner quelque temps à R'hât. Le lieutenant-colonel Flatters l'a suivie aussi dans sa première expédition jusqu'au lac Menghough.

Nous en avons donné déjà dans ce chapitre le tracé jusqu'à Temassinin. A partir de ce point la route passe par :

21 k. Oued Djoua, végétation abondante. Pas d'eau.
25 k. Dans les dunes — —
28 k. Khanfoussa — —
20 k. Aïn Tebalbalet — Puits excellents.
27 k. Dans les dunes — Eau.
35 k. Aïn el Hadjadj — —
24 k. O^d Samen — —
24 k. O^d Tegat — —
20 k. Tehentlemoun — Pas d'eau.
25 k. Lac Menghough. — Eau, poissons.

12 k. Oued Teterhassin — Eau.
20 k. Tchoubar — Source.
15 k. Ikessaren — Eau.
10 k. R'hât, petite ville. Plusieurs milliers de palmiers, maisons en pierres, huttes.

De Rhatt à Assiou, nous avons l'itinéraire du docteur Barth :

1ᵉʳ jour, à Barakat, oasis. Eaux abondantes, palmiers, à quelques kilomètres seulement. — 2ᵉ jour, Issaien, à quelques kilomètres. Eau, végétation. — 3ᵉ jour, vallée Erhasar N'Akarou, lacs. — 4ᵉ jour, en route, végétation abondante. — 5ᵉ jour, traversé des plateaux à 5000 pieds d'élévation. Crêtes du Tassili. — 6ᵉ jour, vallée d'Egéri. Lac, oasis de Djanet, palmiers, habitations. — 7ᵉ jour, vallée d'Edjender. — 8ᵉ et 9ᵉ jours, campé en route, désert pierreux (hammada). — 10ᵉ jour, puits de Faleslès, eau abondande. — 11ᵉ jour, en route, arbres, bois. — 12ᵉ jour, vallée fertile, arbres. 13ᵉ jour. vallée de Ngakeli. Très fertile, ville de Tadent. — 14ᵉ jour, vallée d'Arokam. Fertile, puits. — 15ᵉ jour, à la sortie du défilé. — 16ᵉ jour, vallée d'Elaouen. Inscriptions et dessins. Puits d'Issala. — 17ᵉ jour, orage, pluie. — 18ᵉ jour, montagnes. — 19ᵉ jour, Assiou.

Nous avons déjà donné le reste de l'itinéraire. Nous trouvons en tout environ deux mois de marche avec de l'eau et de la végétation partout, à part quelques journées. La partie la plus difficile est au départ d'Ouargla dans les dunes, où on a la certitude que chaque puits creusé, donnera toujours de l'eau et, par conséquent, on peut rendre cette partie d'un parcours plus facile. Même d'après ce que nous avons dit du cours de l'Igharghar, du puits artésien de Temassinin et de ceux d'Ouargla, il est permis d'espérer que la

AIN MADHI, ZAOUIA DES TEDJINI. (*Dessin de M. Callaghan.*)

nappe artésienne y existe, et on doit désirer qu'on se décide à y faire au plus vite des sondages, au lieu de s'acharner à percer comme des écumoirs les bassins d'Ouargla et de Tuggurht

Ce n'est donc pas le terrain et ses difficultés qui arrêtent, ce sont des obstacles d'un autre ordre, et il faut en faire l'historique pour s'en rendre compte.

Lorsqu'on jette les yeux sur une carte du nord de l'Afrique, on voit un partage qui a lieu de surprendre. L'Algérie est indiquée comme n'ayant point d'extension dans le sud.

La régence de Tripoli et le Maroc, se rejoignent au dessous de Goléah, et lui ferment le passage. Les Touaregs ou Imocharhs y figurent un vaste empire, remplissant tout le Sahara central. Pourquoi cette limite?

Les Touaregs ne sont pas un empire ou un gouvernement, ce sont des tribus à peine liées entre elles par des arrangements passagers, comme l'étaient les Ouled Nayls, les Chambas et autres. Par notre indifférence et notre abstention irraisonnée, Rhat est devenue, sous nos yeux, pays turc, et In-Salah, va devenir marocain. Entre les deux, In-Salah et Rhat, il existe deux puissants reliefs montagneux, épine dorsale du Sahara, et ligne de faîte, séparative, des bassins de la Méditerranée, du Niger et de l'Atlantique. Ce sont les montagnes du Tassili et du Hoggar.

Elles sont habitées chacune par l'une des quatre branches, importantes de la tribu des Touaregs qui est maîtresse de tout le Sahara, de l'Égypte à l'Atlantique, jusqu'au Soudan qu'elle a pénétré sur ses limites, nord et est.

Toutes les routes du Sahara sont tributaires de ces tribus, et nul ne peut le parcourir sans leur concours et leur protection. Cette protection, il nous était facile de l'obtenir, par l'influence de l'ordre des Tedjini dont nous n'avons pas encore parlé, et dont il faut dire quelques mots, pour faire comprendre le rôle particulier des Asdjers.

Il fut fondé en 1778, par Si-Ahmed-el-Tedjini, dans le sud de la province d'Oran à Bou-Semghoun. Il acquit promptement une importance extrême et devint une véritable puissance. Aussi il fut continuellement en lutte contre les Turcs et eut à soutenir une guerre célèbre contre l'émir Abd-el-Qader-ben-Mahi-Ed-din. Mais ce n'est pas au point de vue de sa puissance guerrière, bien réduite dans le sud de l'Algérie et de la Tunisie, que nous voulons étudier cet ordre, et nous nous bornerons à prendre dans le livre de M. le commandant Rinn quelques passages particulièrement intéressants pour ce que nous voulons établir.

« Cet ordre a une physionomie toute particulière, qui doit fixer notre attention. D'abord il avait son siège au milieu de nos possessions, et, de plus, c'est le seul qui, par ses statuts mêmes, *ne pouvait avoir d'attaches avec les autres ordres religieux de l'Orient et du Maroc*. Le point principal du règlement particulier que leur imposait le Cheikh, sous peine d'expulsion et de malédiction, fut de ne jamais s'affilier à un autre ordre religieux. De sorte que, où l'ordre des Tedjinya existe et prospère, nous n'avons pas à craindre la pénétration des autres ordres religieux ennemis. L'ordre, par le fait, subit les mêmes oscillations que nous ; où s'impose le Senoussya, le Tedjinya disparaît et cède le terrain, et réciproquement. Pour être dans le vrai, nous sommes obligés de reconnaître que, dans ces derniers temps, il a perdu beaucoup de terrain. Les Tedjinya ont toujours refusé à leurs khouans de se mêler à des actes hostiles contre nous. La première preuve en a été fournie pendant nos guerres contre Abd-el-Qader-ben-Mahi-Ed-din. L'Émir invita le chef des Tedjinya, à se joindre à lui et à lui apporter son concours contre nous. Le chef lui répondit : « Je désire rester dans le calme de la vie religieuse, et ne m'occuper que des choses du ciel. Je n'ai d'ailleurs ni la force, ni l'influence qu'on me suppose, et s'il est dans les desseins de Dieu, qui a amené les Français en pays musulman, de les chasser et de leur faire repasser la mer, il n'est pas besoin de mon bras pour l'accomplissement de cette sainte œuvre. Le calme de la vie religieuse dans lequel je me suis retiré m'a fait contracter l'obligation et le devoir de diriger dans le respect de Dieu ceux qui me sont attachés, et de les maintenir en dehors des conflits temporels, dont on ne saurait prévoir la fin. » Et cette réponse, qui établit absolument que l'ordre ne se battra pas contre les Français, a eu la consécration d'une défense héroïque d'Aïn-Madhi, où l'ordre, réduit à ses seules forces, a résisté huit mois à toute la puissance d'Abd-el-Qader, et a fait sombrer sa fortune, en prouvant que tous les musulmans ne se ralliaient pas à son étendard, ne le reconnaissaient pas pour chef, et en faisant naître aussi contre lui l'accusation méritée d'orgueil et de déloyauté. Peut-être les chefs des Tedjinya avaient-ils eu la juste perception de nos moyens et de notre puissance, ou bien, fatigués de leurs luttes constantes contre les Turcs, éprouvaient-ils pour nous une certaine reconnaissance de les en avoir débarrassés ? Toujours est-il qu'ils étaient au fond sympathiques à notre établissement. Ils blâmaient hautement les résistances qui nous étaient opposées sur certains points du pays, et ils disaient aux musulmans que notre autorité, qui respectait leurs croyances et s'appuyait sur la justice et l'équité, devait être acceptée jusqu'à ce

Vue de Temacin, Zaouia des Tedjinya. (*Missions Catholiques.*)

que les temps fixés par Dieu pour notre départ fussent arrivés.

Dans toutes les occasions, nous les avons vus fidèles à cette doctrine.

En 1844, lorsque le duc d'Aumale marchait sur Biskra, ils répondent aux nomades qui veulent combattre et leur demandent conseil: « C'est Dieu qui a donné aux Français, l'Algérie et tous les pays qui en dépendent. C'est lui qui protège leur domination. Restez donc en paix, et ne faites pas parler la poudre. Dieu vous a délivrés de vos oppresseurs, qui ne connaissaient d'autre règle que la violence. Laissez faire aux autres ce qu'ils veulent, car ils paraissent, quoique infidèles, avoir pris le chemin de la justice et de la sagesse, par lequel fructifiera le bien de tous. Le droit suit le droit, tout ce qui vient de Dieu doit-être respecté. »

En 1854, le colonel Desvaux, dans sa marche sur Tuggurth et sur le Souf, trouva chez le Cheikh des Tedjinya, Si Mohammed el Aïd, et dans sa Zaouia de Temacin, l'appui le plus loyal et le plus constant.

Henry Duveyrier nous a raconté dans son livre, que le chef de l'ordre, au moment où il partait pour son grand voyage chez les Touaregs, l'avait publiquement couvert de sa protection en lui donnant son chapelet et le recevant par le fait khouan de l'ordre, et en appelant sur son voyage toutes les bénédictions du ciel. Il ne paraît pas qu'il soit possible au chef d'un ordre musulman de donner une plus grande preuve de tolérance et d'intérêt.

Le chef de l'ordre a donné aussi au colonel Flatters une preuve manifeste de sa bonne volonté, en le faisant accompagner par un moqadem de son ordre, le cheikh Abd-el-Qader ben Merad. Ce malheureux fut massacré traîtreusement le 10 mars par un homme des Haggars, nommé Tissi Ouled Chickat, alors qu'il était envoyé en parlementaire par M. de Dianous. Il mourut en invoquant en vain le nom du saint patron de l'ordre Tedjini.

En Tunisie, les khouans des Tedjinya nous ont accueillis avec sympathie et nous ont servis de leur mieux.

Enfin, l'ordre s'est toujours prêté avec empressement à accréditer nos officiers auprès de leurs serviteurs les plus éloignés. Ainsi M. le lieutenant-colonel Borgnis-Desbordes, envoyé en mission dans le Haut-Sénégal, emportait des lettres de recommandation des chefs Tedjinyas, qu'il serait trop long de copier et qui du reste sont connues.

Il n'est pas nécessaire de pousser plus loin la démonstration. Les statuts de l'ordre sont une protection contre l'envahissement des ordres étrangers ; ses chefs ont toujours montré de l'empressement à nous servir. Ils ont contre les Turcs des sentiments d'hostilité très prononcés.

Cet ordre, qui déjà réunit pour nous tant de conditions utiles, a une situation tout aussi favorable au point de vue qui nous intéresse plus spécialement, l'extension de notre influence au sud de notre frontière actuelle.

Nous lisons dans l'ouvrage du commandant Rinn : « L'activité des Tedjinya s'est surtout portée vers l'extrême sud, et ils avaient réussi à se créer des relations continues avec l'Afrique centrale. Pour atteindre ce but, ils ne se bornèrent pas à l'envoi de simples missionnaires ; ils se livrèrent à un immense commerce fait par des caravanes, que conduisaient et escortaient des moqadems et des khouans des Zaouias d'Aïn-Madhi de Bou Semghoun, Fez et Tlemcen. Les caravanes se grossissaient en route des adeptes appartenant aux tribus traversées, et elles allaient ainsi en toute sécurité jusqu'à Chinguetti dans l'Adrar occidental, jusqu'à Timboctou, Ségou et le Fouta Sénégalais. Chemin faisant, ils menaient de pair avec un égal succès le commerce et le prosélytisme religieux. De grandes richesses affluaient à Aïn Madhi et à Temacin, et à cette époque (1835 à 1843) les gouverneurs du Sénégal constataient dans leurs rapports officiels, les progrès de l'Islamisme dans l'Afrique Centrale. »

C'est un aperçu nouveau, qui mérite l'attention. L'aide que l'ordre nous a prêté dans toutes nos entreprises vers l'intérieur, n'était pas seulement une preuve de bonne volonté à notre égard, c'était aussi une manifestation de ses intérêts. Il cherchait à rétablir les communications interrompues depuis un certain temps, et à rouvrir la route d'Amadghor, les liens avec les Asdjers et une source importante de richesses pour lui. Les révolutions et les guerres des Touaregs entre eux, la conquête de l'Algérie, l'interdiction qu'elle a apportée à l'introduction des nègres, la propagande des Senoussya, leur établissement sur la route, ont amené un bouleversement du pays tout entier, contraire aux intérêts des Tedjinya et aux nôtres.

La liaison entre les chefs de l'ordre et les pays soudaniens s'établissait sans doute par les Ifoghas et les Asdjers Oraghen, ainsi que par toutes les fractions de tribus arabes mêlées aux Touaregs, et qui encore aujourd'hui accomplissent, en caravane, des voyages constants entre In-Salah et Timboctou. La Zaouia Tedjinya de Temacinine appartenant à cheikh Othman, moqadem de l'ordre, était le centre de son influence dans le Sahara. Nous avons eu de ce côté, assez de preuves manifestes du désir de rétablir les anciennes communications. Quels efforts, quelle activité n'a-t-il pas dépensés, ce vieux moqadem Tedjinya, au service de cette idée! Nous l'avons vu à Laghouath, à Oran, à Alger, même à Paris. Peut-on croire que tout cela était au service d'un rêve de l'imagination, et non au service d'une chose possible, connue et définie, celle de la puissance de son ordre, de sa liaison avec les provinces soudaniennes, et du commerce, que par son intermédiaire les khouans algériens pouvaient espérer avec ces provinces. Il connaissait son pays mieux que personne, et il poursuivait une idée qu'il savait réalisable. En un mot il savait ce qu'il faisait et n'était pas venu à Rhadamès, à Alger, ni à Paris, dans le simple désir de faire connaissance avec nous et de nous être agréable.

Avec quelques secours, quelque argent, un appui clairement donné, l'ordre des Tedjinya, auquel notre manque de direction a nui, aurait augmenté sa Zaouia de Temacinine, en aurait bâti à R'hât, et serait prépondérant sur toute la route du Soudan. Il y prêcherait l'ordre et la paix, la civilisation, le respect de notre autorité, et nous préparerait, sans que nous ayons de grands efforts à faire, l'extension commerciale qui est dans nos intérêts, et que nous devons désirer. Il nous lierait enfin au Sénégal, où nous savons qu'il a déjà une puissance considérable qui, malheureusement, nous est devenue hostile.

Au lieu de cela, avec notre habituelle indifférence pour nos intérêts, nous avons laissé faire nos ennemis, et les Senoussya avec leurs théories panislamiques sont à R'hât, les Ifoghas et les Oraghen qui étaient nos amis ont perdu la direction du pays, et le commerce du Soudan, au lieu de venir à nous, va à Djerboub, à Ben-Ghazzi et à In-Salah. Les Senoussya nous entourent, nous enserrent, et disent bien haut que bientôt, avec leurs nègres, ils viendront du Soudan nous jeter à la mer. Il y a loin, bien loin, de l'acte à la parole, mais déjà nos voyageurs sont assassinés et notre influence en échec.

Nous aurions pu éviter tout cela ; quelques faibles efforts pécuniaires, un léger mouvement en avant, auraient suffi pour faire pencher la balance de notre côté ; nous avons hésité : aujourd'hui il faut la force, non pas pour tuer des gens, piller, dévaster, non ; dans le Sahara, comme nous l'avons dit souvent, il ne faut ni répandre le sang, ni détruire, le Sahara n'est que trop dépeuplé, mais pour reprendre influence et prestige.

Il faut nous montrer pour que l'on croie à notre force et à notre puissance. Quand les Haggars reconnaîtront l'impossibilité de résister et l'obligation de se soumettre, les Oraghen reprendront la tête et la direction de leurs tribus. Alors R'hât retombera entre leurs mains, les zaouias Senoussya seront détruites et abandonnées, les moqadems Senoussya retourneront chez eux. — L'ordre des Tedjinya relèvera sa Zaouia de Temacinine et installera à R'hât et au Hoggar ses moqadems, et alors nous verrons dans ces pays lointains notre influence prédominer, la culture grandir avec la paix et, sans aucun doute aussi, les caravanes et le commerce retrouver leurs anciennes routes.

Voilà pourquoi nous voulons montrer dans ces pays une troupe française, et si je n'ai pas suffisamment démontré l'utilité de cette expédition, ce n'est pas que la cause soit mauvaise, mais que l'habileté du défenseur n'est pas à hauteur du sujet.

Aujourd'hui nous aurons plus de difficultés parce que l'ordre s'est coupé en plusieurs tronçons : ceux de l'Algérie, Temacine et Aïn Madhi, nous sont favorables, celui de Fez a montré encore dans ces derniers temps, à M. H. Duveyrier, beaucoup de bonne volonté, mais la fraction sénégalienne nous est hostile. Le fondateur El

Hadj Omar s'est servi du drapeau des Tedjini pour se tailler un empire, et ses descendants l'imitent. Il s'est mêlé là des intérêts particuliers qui ont profondément changé les doctrines de l'ordre, dès que ses adeptes ont compris que la France défendrait les nègres fétichistes contre le fanatisme arabe et ses procédés de conversion à l'islamisme. Le général Daumas, dans son beau livre intitulé : *Le Grand désert* ou *itinéraire d'une caravane au pays des nègres,* nous a parlé le premier des Touaregs. — Nous avons commencé à être en contact avec eux en 1854, lors de la prise de Tuggurth et de notre entrée à Ouargla. Aussi, dès le mois de janvier 1856, nous voyons le gouverneur général de l'Algérie, maréchal Randon, se préoccuper des relations à établir avec eux. C'est le commandant supérieur de Lagouath, *Margueritte*, qui entama et mena à bonne fin ces négociations, dont on peut suivre tous les détails dans sa biographie intitulée : *Algérie et Sahara, Le Général Margueritte*. Elles avaient démontré chez les chefs Asdjers du Tassili un grand désir de nouer avec nous des relations commerciales et, à plusieurs reprises, ils avaient offert leur protection à ceux de nos nationaux que nous enverrions visiter leur pays. Si bien que le maréchal, en 1858, se décida à y envoyer Si Ismaïl Bou-Derba, interprète militaire de l'armée d'Afrique. Conduit par Cheikh Othman, chef de la grande fraction religieuse des Ifoghas et fondateur de la Zaouia de Timacinine, moqadem de l'ordre des Tedjinya, protégé efficacement par Si El Hadj Akhenoucken, chef de la tribu noble des Oraghen et de la confédération des Touaregs Asdjers, Si Ismaïl Bou-Derba parvint à R'hât.

D'après le récit de son voyage, deux courants y régnaient. L'un, composé des habitants de la ville et recevant l'impulsion des Senoussya, nous est hostile. L'autre, ayant à sa tête les chefs de la tribu noble des Oraghen, originaire des Aouelimidden, est favorable à l'établissement de relations avec nous. Selon M. Henry Duveyrier, ces derniers étaient autrefois en possession du droit de percevoir tribut sur tout le transit saharien et souffraient du manque de commerce. Ce second parti avait à sa tête El Hadj Akhenoucken, homme sage, énergique, guerrier redouté, puissant dans la guerre, habile au conseil et dont les avis sont toujours écoutés. Il est de beaucoup le plus puissant, et, malgré toutes les excitations et les lettres des Senoussya demandant la mort du français, il maintint Bou-Derba à R'hât, le préserva de tout accident et le ramena sain et sauf à Ouargla. En somme, l'explorateur constate que R'hât nous est hostile, mais qu'elle est libre, maîtresse d'elle-même. Centre des Touaregs Asdjers, elle est en bonne intelligence avec eux et eux seuls ont de l'influence sur les décisions des habitants.

L'esprit des Senoussya y a pénétré, il y arrive fréquemment des envoyés et des lettres du Cheikh Senoussi, mais, quoique cette influence religieuse aille grandissant, l'autorité appartient aux chefs des Asdjers nomades; ceux-là sont partisans d'alliance et de bonnes relations avec l'Algérie, et cela pour une raison toute d'intérêt, parce que, nous l'avons dit plus haut, jadis toutes les caravanes algériennes allaient au Soudan sous leur sauvegarde et leur payaient un tribut qui était leur richesse.

Pour bien comprendre l'importance de ces faits, il est nécessaire de jeter un coup d'œil sur l'organisation de ces pays. Les tribus nomades sont l'élément nombreux dominant du Sahara, mais au milieu ou à côté de chacune d'elles se trouve une ville, un ksour qui, en

VUE DE R'HAT. TOUAREGS-ASKIERS. (*Missions Catholiques.*)

réalité, est un magasin. En d'autres termes, chaque tribu, dans les risques journaliers de son existence errante, ne pouvant transporter avec elle tous ses biens, construit une citadelle dans un endroit riche en eau et y installe une portion de la population, qui devient ainsi sédentaire, agricole et commerçante, tandis que l'autre est nomade. Le nomade dépose une portion de ses biens entre les mains des Ksouriens, qui les gardent moyennant certaines rétributions et en sont responsables. Tels El-Aghouath, Ksar-el-Hairan, Tadjmouth, Aïn-Madhi pour les Larba et les Harazlias, Tuggurth pour les Saït-Atba, les villes du Souf pour les Troud, le Djerid tunisien pour les Hamâmas, le Nefzaoua pour les Gorieb et les Mrazig, Ouargla, Metlili, Ghardaïa pour les Chambas, etc. Les Touaregs asdjers n'ont point échappé à la loi commune, mais, comme ils sont étendus sur un immense espace, ils ont plusieurs villes, Rhadamès à l'est, R'hât, Djanet au centre et d'autres.

Les renseignements suivants sont extraits du livre de M. Henry Duveyrier, *Les Touaregs du Nord* :

« R'hât a été fondée, probablement sur l'emplacement d'un oppidum romain, par les Ihadjenen, berbères nobles, frères consanguins des Touaregs, avec l'aide d'autres fractions des Touaregs de condition inférieure aux Ihadjenen. La cité, qui forme, en principe, un petit État indépendant au milieu de la confédération Touareg, se gouverne à l'aide d'une Djemaa (conseil, municipalité) dont le chef, appelé Imghar, était héréditaire. Par suite d'une loi de succession antique qui attribue l'hérédité au chef de la mère (on retrouve cette coutume chez certains peuples nègres des grands lacs), c'est la sœur, et non l'épouse, qui donne le droit à la succession. A la mort du dernier Imghar des Ihadjenen, ce pouvoir, considéré comme royal, est tombé entre les mains d'un nommé El Hadj Ahmed Ould Sadiq, fils d'une sœur mariée à un riche négociant du Touat, par conséquent d'un étranger qui, lui-même dépourvu des qualités nécessaires au gouvernement, l'a laissé prendre à son frère El Hadj Amin. »

C'est la première cause de mésintelligence entre R'hât et les Touaregs. Le chef de R'hât n'est plus un des leurs, un noble touareg, c'est un étranger, un marchand, qui y attire ses parents étrangers, afin d'augmenter les forces de son parti et d'y dominer l'élément primitif, les Ihadjenen. Il ne peut convenir aux chefs des Touaregs nomades de voir les destinées d'une ville pour laquelle ils ont souvent versé leur sang, et qui leur doit sa prospérité, qui en somme est à eux, passer entre les mains d'étrangers.

La dispute s'est encore accentuée par ce fait que l'étranger, sentant sa faiblesse en face des Touaregs, a laissé voir son désir d'obtenir l'investiture de la Porte Ottomane et d'amener les Turcs à R'hat, pour n'avoir plus à compter avec les Touaregs. Cette éventualité possible de l'occupation de R'hat par les Turcs est envisagée par les nomades comme un des plus grands malheurs qui puissent arriver. Telle était la situation lorsque, en 1861, Henry Duveyrier fut amené à R'hat par El Hadj Akhenoucken et Cheikh Othman. Il y resta quinze jours et put, sous leur protection, circuler, lever des plans, des croquis, faire des voyages aux alentours, mais l'intérieur de la ville ne lui fut pas ouvert. El Hadj Akhenouken lui-même lui dit qu'il ne répondrait pas de sa vie s'il y entrait, les Senoussya et les Ouled-Sidi-Cheikh, leurs coreligionnaires, ayant l'intention de le faire assassiner, mais qu'en dehors, sa protection le couvrait complètement.

Ainsi, deux partis rivaux, l'un français, l'autre turc

ou senoussya, tous deux nés spontanément, sans que les gouvernements turc ou français aient pris aucune part à leur formation, se disputaient l'influence. Le parti turc l'emportait dans la ville, au dehors le parti français paraissait tout puissant.

Le 29 décembre 1862, le maréchal Pellissier, duc de Malakof, envoie à Rhadamès une mission composée de MM. Mircher, chef d'escadron d'état-major, chef de la mission, de Polignac, capitaine des affaires arabes, Vatonne, ingénieur des mines, Hofmann, médecin militaire, Si Ismaïl Bou-Derba, interprète militaire[1].

Cette mission est chargée d'arrêter, avec les chefs de la nation Touareg, une convention commerciale destinée à nous ouvrir les routes du Soudan.

Nous lisons dans le rapport officiel, adressé à son excellence le Maréchal Gouverneur-général :

« *J'eusse désiré que Cheik Othman acceptât pour lieu de l'entrevue el Oued, ou tout autre point du territoire algérien, mais il craignit que les autres chefs Touaregs, qu'il était nécessaire d'y appeler, ne s'effarouchassent à l'idée de franchir les limites de leurs déserts natifs, et nous fîmes choix de Rhadamès, le centre commercial le plus rapproché de l'Algérie parmi ceux que fréquentent les Touaregs. Cheikh Othman, dont le voyage en France n'a fait que confirmer les convictions, a rempli avec un soin scrupuleux les promesses qu'il avait faites de rallier les autres chefs à ses opinions. Votre Excellence m'avait remis, en double expédition, le texte approuvé par Elle des bases essentielles de la convention commerciale à présenter en son nom à l'acceptation des mandataires Touaregs. Après leur en avoir fait connaître le sens et la portée, nous leur avons demandé de*

---

1. Celui qui a fait en 1858 le voyage de R'hât avec le cheikh Othman.

les consacrer solennellement, en y apposant leur signature au bas de la vôtre, et ils nous ont donné avec empressement ce gage de leur sincérité. Cette convention assure à nos négociants français une entière sécurité dans toute l'étendue de la vaste région où dominent les Touaregs Asdjers. De là, pour arriver au Soudan, il reste encore à traverser le pays d'Asben, mais les Touaregs se sont formellement engagés à mettre à profit leurs bonnes relations avec les chefs de ce pays pour en faciliter le parcours à nos caravanes. Quant à l'admission de nos caravanes sur les marchés du Soudan, elle ne doit laisser aucun doute. »

En effet, les articles de la convention sont simples, clairs et catégoriques ; la liberté commerciale, moyennant les redevances de droit coutumier, nous paraît acquise.

Rhadamès, dès cette époque, était placée sous le gouvernement turc, puisqu'elle lui payait tribut et que le gouvernement était représenté par un mudir. Mais l'accès nous en est ouvert, l'accueil est bienveillant, nos envoyés sont reçus avec honneur, et toutes facilités leur sont données pour l'accomplissement de leur mission, que tout le monde reconnaît des plus utiles au développement du commerce, dont la ville profite plus que n'importe quelle autre.

Les Touaregs Asdjers, représentés par Cheikh Othman, revenu depuis peu d'un voyage à Paris et Amer Ben el Adji, frère d'Akhenouken, agissent avec pleine connaissance de cause, et avec la volonté bien arrêtée de nous ouvrir les chemins. Ils dominent du reste à Rhadamès, et, malgré le pavillon turc qui y flotte, c'est bien une ville touareg, qui suit absolument la fortune de ces tribus sans lesquelles tout le commerce avec l'intérieur, dont elle vit, deviendrait impossible. On pouvait donc conclure que la convention liait Rhadamès et que le libre parcours du Sahara allait nous être ouvert. Il reste à comprendre quels événements ont empêché les Adsjers de la mettre en pratique.

Nous sommes arrivés en 1863, l'Algérie entière jouit de la paix la plus profonde, la mission vient de rentrer à Alger, tout semble présager une ère de prospérité et de progrès. Mais nos armées sont engagées au Mexique, c'est sur ce pays que se concentre toute l'attention de la France et de l'Europe, on ne pense plus à l'Algérie. En 1864, la révolte des Ouled-Sidi-Cheikh apporte un élément grave de désordre.

Les Ouled-Sidi-Cheikh descendent d'Abou-Baker, et, dès le commencement de l'Islamisme, ils se montrent difficiles et ingouvernables. Chassés de la Mecque, dès le premier siècle de l'Islam, à la suite de discussions de famille et de querelles religieuses, ils s'arrêtent pendant quelque temps en Égypte, puis à Tunis. Il y a à peine cinq cents ans que le chef de la famille, obligé de quitter Tunis, vint s'installer dans le désert à El-Abiodh. Il acquit une grande réputation de sainteté sous le nom de Sidi-Cheikh. Lorsque nous fondâmes un établissement à Géryville, le chef de cette zaouia célèbre des Ouled-Sidi-Cheikh était Si-Hamza. Sa clientèle s'étendait sur de nombreuses tribus de l'Algérie, jusque sur le littoral, et, dans le sud, sur celles d'Ouargla, de Mettlili, de Goléah, du Gourara, du Touat et sur les Ouled-Mokhtar d'In-Salah.

Cette puissance nous fit désirer de nous l'attacher, et la France l'éleva à la dignité de khalifat du sud de la province d'Oran. Il nous rendit des services, surtout en nous débarrassant du chérif d'Ouargla, que son fils Bou-Beker battit et fit prisonnier dans la Chekba du Mouydir. Ces services furent largement récompensés et

Si-Hamza devint un personnage extrêmement puissant.

A sa mort, survenue en 1864, ses fils, sous l'influence de causes multiples, lèvent l'étendard de la révolte, prêchent la guerre sainte, et, malgré de grands efforts de notre part, les tribus du sud des trois provinces suivent leur exemple, le Tell même est entamé sur une grande surface. La répression est lente, difficile ; plusieurs combats même sont, aux yeux des indigènes, des victoires. En un mot, cette guerre dure longtemps, et de nouvelles secousses, la guerre de 1870, la révolte des Ouled-Madhi en 1871, celle de Bou-Hamêma, viennent encore ébranler l'Algérie. Notre influence diminue dans le Sahara, au loin il n'est bruit que de notre faiblesse et des succès de la révolte. C'est là une chose naturelle, les Ouled-Sidi-Cheikh font les nouvelles, ils promènent, étalent avec complaisance tous les trophées obtenus par le vol, la surprise et l'assassinat plus souvent que par la force, et sont libres de répandre à leur gré les légendes les plus mensongères. Sûrs de notre force, nous négligeons de continuer nos relations avec le sud et nous laissons faire, par insouciance d'abord, par absence de programme arrêté ensuite.

Le contre-coup va forcément se faire sentir chez les Touaregs.

Le chef de R'hât, El-Hadj-el-Amin-el-Ançari, a introduit les Turcs dans la ville, les Senoussya s'y sont installés aussi, y ont bâti cinq mosquées et y ont un moqadem de l'ordre, Si-Ali-Tebena.

Cheikh Othman est mort, sa zaouia Tedjinya de Temaçinine est à peu près abandonnée. Les Ouled-Sidi-Cheikh révoltés sont alliés aux Senoussya, et à In-Salah ; un autre personnage, El-Hadj-Abd-el-Qader-ben-Badjouda, l'un des maîtres du commerce saharien, s'est fait lui-même l'introducteur des Senoussya dans la personne d'El Hadj-Ahmed-ben-Touati, moqadem de l'ordre, et notre ennemi acharné. Puis, à sa mort, lui-même est nommé moqadem en 1864.

Notre partisan El Hadj-Akhenoucken a donc eu le dessous à R'hât et, si son influence n'est pas détruite, cela ne tient qu'à sa valeur personnelle, au respect que, depuis nombre d'années, il a su inspirer aux Asdjers.

En 1880, le ministère des travaux publics envoie le lieutenant-colonel, Flatters avec mission d'explorer le pays entre Ouargla et le Djebel-Hoggar et de reconnaître spécialement la vallée de l'Igharghar, dans le but de nouer des relations commerciales avec le Soudan et de recueillir quelques données sur la possibilité de se relier à ce pays lointain par un chemin de fer.

La mission part de Temacine, accompagnée d'un moqadem des Tedjinya, Si-Abd-el-Qader-bou-Merad et, publiquement, le chef de l'ordre la bénit et lui adresse des vœux personnels de réussite. Elle s'organise à Ouargla avec l'aide des Ch'ambâs, et parvient au lac Mengough, à quelques journées de marche de R'hât. Dans le récit du voyage nous lisons :

« *Une guerre a eu lieu entre les Touaregs Asdjers et les Hoggars. Le gouvernement de Tripoli a joué le rôle de médiateur à la satisfaction de tous, et il lui en serait resté une grande influence surtout sur les Asdjers, qui fréquentent plus particulièrement R'hât. La Porte Ottomane, qui n'est sans doute pas seule en cause, a singulièrement étendu son action. La ville de R'hât est occupée militairement avec beaucoup de soin, à la demande même des habitants* ». Il continue : « Le Targui Aokha, avec lequel j'ai causé, montre une très grande réserve et dit : Les Ifoghas passent depuis long-

UN TARGUI. (*Missions Catholiques.*)

temps pour amis des Français, et on s'en est ému à Tripoli. »

Cependant, à la date du 1ᵉʳ avril, le lieutenant-colonel a envoyé à El Hadj-Akhenoucken, le Chambi Srir-ben Cheikh, le même qui le trahira à son second voyage. Le 11, il est de retour avec une trentaine de chefs touaregs.

Les conversations du chef de la mission avec eux lui montrèrent qu'ils comprenaient fort bien l'intérêt qu'aurait pour eux l'établissement de relations commerciales entre le Soudan et l'Algérie. Leurs dispositions paraissaient excellentes, mais aucun d'eux ne voulait conclure d'arrangements avant l'arrivée de El Hadj-Akhenoucken. Ce dernier, que malheureusement le lieutenant-colonel n'avait pu prévenir de son voyage, tant les choses s'étaient faites rapidement, était alors occupé dans le sud-ouest de R'hât où, disait-on, il attendait une lettre de Tripoli. Ce qui signifiait que la mission avait été signalée à Tripoli et que notre ami, vieilli ou isolé, hésitait.

La mission, à court de vivres et se croyant en danger, rentra à Ouargla pour se ravitailler, chercher une autre direction et l'appui des Hoggars. Ce fut un grand malheur; si elle eût attendu quelques jours de plus, El Hadj-Akhenoucken, resté dévoué aux idées françaises, était prêt à mettre son influence au service de la mission, comme le prouve la lettre ci-jointe[1] :

---

1. Il a été écrit depuis : « *L'hostilité des Touaregs ne permit pas d'arriver jusqu'à R'hât, dont on n'était qu'à 120 kilomètres. Il fallait passer outre et livrer bataille ou revenir sur ses pas.* » Rien dans l'attitude des Touaregs ne permet cette affirmation, et c'est la première fois qu'elle se produit. Les relations du moment ne mirent en avant que la rareté des vivres, la mauvaise composition de la mission, et ne mentionnaient en aucune façon cette attitude des Touaregs. On confond à plaisir les gens de R'hât avec les Touaregs. Certes, les gens de R'hât étaient hostiles, ils l'ont toujours été,

« Louange à Dieu unique,

« A Monsieur le colonel des Français, salut.

« Vous êtes venu de votre pays vous dirigeant de
« notre côté et vous êtes arrivé sur notre territoire. Nous
« avons reçu votre lettre, nous l'avons lue et nous avons
« compris ce qu'elle contenait. Nous vous avons envoyé
« une réponse par un mehari, qui a vu que vous étiez
« reparti par le même chemin que vous aviez suivi pour
« arriver, et cela très vite. Vous avez écouté les paroles
« de vos compagnons et vous êtes reparti avant d'avoir
« reçu de mes nouvelles. Si notre réponse vous avait
« trouvé, vous seriez venu par un chemin très tranquille
« jusqu'à ce que vous arriviez, comme sont arrivés vos
« frères autrefois. Si vous revenez et que vous arriviez,
« faites ce que vous a dit notre fils. De mon côté il ne
« vous arrivera rien, et n'ayez pas peur dans tout mon
« pays; vous serez en sûreté. » Quelques jours de patience
de plus, et peut-être Flatters réussissait sous le patronage de notre vieil ami Akhenoucken.

Quoi qu'il en soit, la mission était rentrée et avait
décidé d'écrire à Ahitaghen, le principal personnage
des Hoggars, pour lui demander s'il consentirait à la
protéger à travers son pays. Au moment de quitter
Ouargla, le lieutenant-colonel reçut une lettre de
M. Féraud, consul-général de France à Tripoli, l'informant que, d'après une lettre du gouverneur turc de
R'hât, le chef des Touaregs Hoggars Ahitaghen se
montrait fort mal disposé, qu'il s'était rendu auprès du
vieil Akhenoucken pour lui reprocher d'avoir engagé la

---

mais l'exemple de Bou Derba et de Duveyrier prouve surabondamment
que l'on pouvait, si El-Hadj-Akhenouken le voulait, passer malgré eux,
et il n'y avait pas, dans leur mauvais vouloir, une raison suffisante pour
revenir à Ouargla.

mission à revenir. De plus, les réponses reçues de lui étaient peu encourageantes. Cependant le lieutenant-colonel, comptant sur sa bonne fortune et les améliorations apportées dans l'organisation de sa caravane, se remit en route.

Tout le monde sait aujourd'hui la trahison dont la mission fut victime, et les horribles circonstances qui accompagnèrent cette catastrophe. Il n'y a pas de doute que la responsabilité incombe tout entière aux Senoussya, à Abd-el-Qader-ben-Badjouda d'In-Salah, et au parti Hoggar, ennemi des Oraghen, poussés, excités par les intérêts marchands de Tripoli. La preuve de ce fait s'établissait clairement, car, en même temps que la mission succombait, les Ifoghas des Asdjers subissaient une ghazzia de la part des Hoggars, pour les punir de leurs tendances à appeler les chrétiens. Ce fait est constaté par deux lettres du nommé Abd-el-Hakem des Ifoghas, dans lesquelles il dit :

« Les Hoggars ont envoyé deux ghezou, *un qui a suivi le colonel et l'autre qui nous a raziés, nous Ifoghas, et cela à cause de vous, parce que nous sommes allés à vous. L'ami ne devient pas ennemi.* » Promesse faite, parce qu'à cette époque ils croyaient que nous vengerions le meurtre de nos compatriotes.

Le chef des Hoggars a essayé de faire partager la responsabilité de ce massacre par El Hadj-Akhenoucken, mais une lettre écrite par lui à Bou-Aïcha, agha des Turcs à Rhadamès, et remise par mégarde à M. Féraud par le pacha de Tripoli, lève toutes les obscurités et tous les doutes. Dans cette lettre, deux passages sont des plus intéressants. Dans le premier, il demande la récompense de ce qu'il a fait :

« *Maintenant, dit-il, il faut absolument, cher ami, que la nouvelle de nos hauts faits parvienne à Constan-*

tinople. Informez là-bas de ce qui est arrivé, c'est-à-dire que les Touaregs ont fait contre les chrétiens une guerre sainte exemplaire. »

Dans le second, il craint les représailles et demande secours :

« *On dit que les chrétiens sont énergiques et batailleurs, donc maintenant, ô cher ami, faites parvenir mes paroles à Constantinople, et dites en haut lieu que je demande que les musulmans viennent à notre aide pour soutenir la guerre dans la voie que Dieu nous a tracée.* »

M. Féraud ne se trompe pas aux conséquences, il écrit :

« *Le désastre de la mission Flatters fait grand bruit dans le monde musulman. Les Touaregs ont assassiné Mlle Tinné, puis Dournaux-Duperré et Joubert, puis deux missionnaires d'Alger. Cette fois, c'est toute une mission d'officiers et de savants, venant pacifiquement, les mains pleines, comblant les chefs de présents et la population de bienfaits. Si nous ne faisons rien, qu'aucun des nôtres n'essaie plus à l'avenir de s'avancer vers le sud, le Targui, convaincu de notre faiblesse, tuera et tuera toujours tous les nôtres.* »

La prédiction s'accomplit tous les jours, et récemment l'imprudent Palat a ajouté son nom au martyrologe des voyageurs du Sahara.

Il a été assassiné, c'est facile à démontrer, par les Ouled-Sidi-Cheikh et les Badjouda, unis ensemble.

Chacun d'eux, Si Kaddour, Si Lala, Si Abd-el-Qader-ben-Badjouda, comme le montrèrent très clairement les réponses des hommes mêlés à cette affaire, se sont préparé des moyens de défense et des excuses, mais tous ont trempé dans le meurtre et l'ont fait assassiner par les guides, qu'eux-mêmes lui avaient donnés et qui n'étaient que des bandits choisis par eux. De plus, avant de le faire disparaître, Si-Kaddour a exercé sur lui la plus ignoble des pressions pour le dépouiller de tout ce qu'il possédait.

Il est temps de terminer ce long historique et de constater le résultat de tous ces faits. Il est clair et complet. Cinq années se sont écoulées, nous n'avons rien fait et notre impuissance est passée en fait. Les Asdjers, abandonnés par nous, seuls à lutter contre le souffle de haine religieuse qui règne en maître, depuis qu'il est bien entendu que nous sommes impuissants, ont dû céder à la pression des Senoussya. Ceux-ci ont travaillé à les réconcilier avec les Hoggars, afin que toutes les forces musulmanes soient unifiées et prêtes à accomplir les destins rêvés et caressés, que la prophétie du Mouley-es-Sa'a entretient dans les cœurs de tous les adeptes du Coran.

Comme le dit M. le commandant Rinn : « *Le sombre drame qui a détruit la mission Flatters a eu dans tout le monde musulman un retentissement considérable, et a porté un coup terrible au prestige du nom français dans toute l'Afrique septentrionale.* »

Nous n'avons donc plus d'amis ni de partisans apparents dans ce pays; mais, dans le Sahara, rien ne change; comme du temps d'Abraham, les amitiés et les haines ont une ténacité, une persistance qui ont quelque chose de l'éternité.

Nous savons aujourd'hui que la querelle s'est envenimée entre les Touaregs Asdjers et les gens de R'hât, et que les premiers se sont éloignés des seconds, et se sont rapprochés des Hoggars.

La succession du vieil Akhenoucken est restée assez longtemps vacante, son successeur légitime, Yahia-ben-Kelly, fils de sa sœur, étant chez les Aouelimidden, près de Timboctou. Arrivé chez les Asdjers, il fut reconnu partout le monde, et Hadj-Mohammed-ben-Akhenoucken, le personnage le plus important de la tribu, ne fit aucune difficulté de reconnaître ses droits, et se déclara son serviteur; néanmoins, R'hât échappa à l'autorité du nouvel Amghar, d'où un désir naturel de mettre un

Portrait de Si Qaddour, chef des O^d Sidi Cheikh. (*Illustration*.)

terme par la force à cet état de choses, d'autant plus que l'on représente Yahia-ben-Kelly comme un guerrier emporté, violent, et toujours prêt à trancher toutes les difficultés les armes à la main.

Pendant ces événements, les Senoussya, toujours en

hostilité contre les Turcs, et jaloux de conserver et d'augmenter leur influence chez ces populations, envoyèrent un agent nommé Si Bou-Baker dans le Fezzan. Cet individu s'annonça comme un chérif, suivant la coutume, et prêcha la haine des Turcs et la révolte contre eux. Il envoya à Rhadamès un de ses khouans, affilié à l'ordre de Mouley-Taïeb, prêcher en son nom les mêmes doctrines ; ce dernier fut de suite arrêté par les Turcs et probablement mis à mort. Prévenu à temps, Si Bou-Baker eut le temps de s'échapper et parvint à R'hât, où il tint les mêmes discours avec quelques succès.

Es-Safi, craignant pour son autorité, si les théories des Senoussya soulevaient la population contre les Turcs qu'il y avait amenés, fit saisir Si Bou-Baker, lui fit donner la bastonnade, le dépouilla de ce qu'il possédait et le menaça de mort s'il recommençait. Si Bou-Baker s'enfuit chez les Touaregs et arriva chez les parents d'Akhenoucken, qui prirent fait et cause pour lui, heureux d'un prétexte de bataille, aussi favorable que la défense d'un saint homme ayant reçu de Dieu la mission d'éclairer l'humanité et de la conduire dans les voies du Seigneur.

Ils écrivirent aux gens de R'hât que s'ils ne se hâtaient de restituer à Si Bou-Baker tout ce qui lui appartenait et de l'indemniser de leurs mauvais traitements, il y aurait guerre entre eux, et qu'ils emploieraient la force pour lui obtenir justice, et, aussitôt, ils joignirent les actes aux menaces et pillèrent toutes les caravanes qu'ils rencontrèrent sur les routes de R'hât, même celles qui portaient à la garnison la solde et les approvisionnements que leur adressait le Pacha de Tripoli. Ce dernier prit fait et cause, naturellement, et entama, avec les fractions des Touaregs qui avaient pris part à ces premiers actes, des négociations à la suite desquelles un des principaux personnages de ces fractions, suivi de quelques-uns de ses gens, consentit à se rendre à Mourzouk. Le Pacha, irrité de ce qu'ils n'avaient pas amené le chérif pour le livrer, et aussi de ce qu'ils n'avaient pas restitué le butin fait sur les caravanes, les fit mettre en prison.

Naturellement la colère des Touaregs augmenta; les Imanghazaten, qui jusque-là avaient été seuls mêlés à la lutte, appelèrent les autres fractions, et les chemins du Sahara furent tous coupés par les Asdjers.

Les Turcs voulurent envoyer des expéditions vers R'hât, mais ils ne purent parvenir à en organiser d'assez fortes pour franchir l'immense étendue qui sépare Mourzouk de R'hât, et il est évident que cette situation peut durer indéfiniment : les Touaregs, par leur mobilité, leur fractionnement, leur genre de vie, sont insaisissables, et quand à pénétrer dans leur pays pour leur imposer de force la soumission, c'est absolument au-dessus des moyens et de l'organisation des Turcs.

Il est bien difficile de savoir le détail de toutes les négociations qui eurent lieu depuis le commencement de cette querelle, soit entre les Turcs et les Touaregs, soit entre les Touaregs et les gens de R'hât, mais ce qui est à établir, c'est la cause première. Nous croyons qu'elle ne peut être douteuse; pour nous c'est évidemment un mouvement national des Touaregs, jaloux d'être maîtres chez eux et de conserver leur influence à R'hât, de ne pas souffrir que des étrangers viennent les y supplanter. Ils ont, de tout temps, lutté avec la dernière énergie pour maintenir leur nationalité et ne pas subir le joug de l'étranger. C'est là la cause réelle. L'affaire du chérif Senoussya Bou-Baker n'est que l'incident qui a mis le feu aux poudres et déterminé l'explosion, explosion qui eût eu lieu sous n'importe quel autre prétexte.

Ce qui le prouve surabondamment, c'est que toutes les négociations, conduites des deux côtés avec toute la perfidie et l'astuce légendaires chez ces peuples, n'aboutirent qu'à exaspérer les partis.

Il apparaît comme une chose fâcheuse que nous n'ayons pas saisi cette occasion pour renouer nos relations avec les Asdjers, pour les encourager à rester maîtres chez eux et leur bien faire comprendre que, n'ayant aucune envie de les soumettre à notre domination, vous voudriez les voir libres, que nous n'admettons pas les droits des Turcs, et que s'ils voulaient être amis avec nous, nous les aiderions en leur donnant de l'argent, en leur faisant cadeau de fusils et de munitions (fusils à portée restreinte, bien entendu, et à chargement lent).

Agir ainsi eût été de bonne politique, car nous avions intérêt à éloigner les Turcs de R'hât. L'arrivée de Yahia-ben-Kelly, en ralliant sous son autorité tous les Asdjers et en plaçant à leur tête un chef obéi, accentua l'ardeur des Touaregs.

Dans une assemblée générale il fut décidé qu'on pousserait la guerre avec vigueur et, peu de temps après, un fait grave est intervenu.

La ville de R'hât est tombée au pouvoir des Touaregs. Es-Safi le Touati a été tué et la garnison turque en partie massacrée. Comment ce fait a-t-il eu lieu ? Il est diversement raconté.

D'après certaines versions, Yahia-ben-Kelly aurait eu l'habileté d'attirer Es-Safi et le chef de la garnison turque dans un guet-apens.

D'après d'autres, il aurait profité d'un conflit qu'avait fait naître dans l'intérieur de la ville une partie de la population hostile aux Turcs et à Es-Safi. Ce dernier a été tué soit avant, soit après la prise de R'hât.

Depuis, des nouvelles postérieures ont appris que, dans l'attaque de la ville, l'Amghar des Touaregs Asdjers avait été blessé gravement et qu'il était mort de ses blessures. Cet événement grave amena les Asdjers à des démarches auprès d'Akitaghen, chef des Hoggars, pour le prier de les aider contre les Turcs, mais ce dernier s'y refusa.

Le bruit court que les Turcs préparent une expédition pour réoccuper R'hât. Ils ont ouvert des négociations avec les Asdjers pour reconnaître leurs intentions. Ces derniers ont été, à la mort de leur chef, dans un état de désordre qui a duré jusqu'à la nomination du successeur, autre neveu de Akhenoucken qui, dit-on, porte le nom de Ould-Bessa. Ce nouvel Amghar est, paraît-il, désireux de rétablir la paix et de rendre la liberté de parcours aux caravanes. Il aurait même fait parvenir aux négociants de Rhadamès l'avertissement que leurs caravanes pouvaient circuler sans danger. Enfin, après de longs pourparlers, les Turcs seraient rentrés à R'hât.

Quoi qu'il en soit, cet historique un peu long prouve clairement qu'il nous eût été facile d'entretenir avec les Touaregs Asdjers des relations, et que quelque argent, de faibles cadeaux, nous les auraient certainement attachés. Tout est à refaire, puisque nous avons été assez insouciants pour ne pas continuer les relations qui existaient.

Ces deux routes d'Amadghor et de R'hât sont reliées entre elles par de nombreuses routes transversales qui permettent facilement de passer de l'une à l'autre. Les deux principales sont celles de Temaçinine à Amguid et celle d'Amadghor à R'hât. Elles sont décrites toutes deux dans plusieurs ouvrages.

De ce récit, il résulte aussi que les Turcs, maîtres de Tripoli, du Fezzan, ont étendu leur domination sur R'hât, que nous les y avons laissés s'installer et que si nous poussions la négligence jusqu'à leur permettre de s'étendre jusqu'au Djebel-Hoggar, ce qui est évidemment le but de leur politique, toutes les routes du Soudan nous seraient fermées et que notre Algérie verrait le Maroc et la Turquie maîtres à tout jamais de l'empêcher de donner la main au Sénégal et de tirer parti des immenses ressources du Soudan. En admettant que la Turquie n'ait pas la notion exacte de l'importance de ces positions, l'Allemagne et l'Angleterre, qui font de si grands efforts en ce moment pour s'assurer la possession de ces vastes contrées, ne manqueront pas de la pousser en avant.

CHAPITRE XII

Routes de l'Est : 1° Grande route de Bilma. — 2° Route transversale de R'hât à Bilma.

Les routes de l'est, qui, de la régence de Tripoli et de la Cyrénaïque, pénètrent au Soudan, sont tributaires des chefs des Senoussya. Nous avons, dans un chapitre précédent, étudié cet ordre au double point de vue de son organisation et de ses tendances ; nous nous bornerons donc ici à esquisser le rôle qu'il joue dans le nord de l'Afrique et dans les autres parties de ce vaste continent où ses khouans ont pénétré.

« L'ordre possède, dit le docteur Lenz, aujourd'hui la plus grande influence dans tous les États mahométans du nord de l'Afrique. Sa sévère discipline, sa richesse et son manque de scrupules quant aux moyens d'atteindre le but fixé font de cet ordre des Es-Senoussi l'une des plus dangereuses parmi les confréries dans lesquelles la civilisation européenne voit ses plus violents adversaires au nord de l'Afrique. »

Si son rôle du côté de la France a été restreint par les difficultés visibles d'une lutte sans chances de succès, et si, éclairé par une ou deux expériences, il consent à laisser l'Algérie presque indemne, il n'est pas, pour cela, resté inactif.

Ses efforts se sont portés avec un plein succès sur le centre de l'Afrique, d'abord au Wadaï, que ses nègres affranchis ont converti et ont fanatisé. Du Wadaï il a poussé en avant, employant tour à tour la force, la persuasion, *religieux ou traitant*, et le Baghirmi, à son tour, a été fanatisé et soumis à sa direction.

De proche en proche, l'influence s'étend, et on peut dire que l'islamisme, comme au temps des prophètes et des khalifes, a relevé son étendard et marche à la conquête de ces vastes régions du centre de l'Afrique. De sinistres indices de sa puissance signalent, de tous les points de ce vaste continent, son influence et sa doctrine. Les stations avancées du Congo ont été assaillies. Stanley-Falls a été attaqué, détruit et pillé. L'évêque anglais Hannington et sa caravane ont été massacrés. Flatters a eu le même sort. Dans une étude récente de M. Lechâtellier, nous lisons : « *La vallée du Niger, où le croissant n'avait encore paru que dans le coude de Tombouctou, il y a moins d'un demi siècle, celle de la Benoué, où il était inconnu, subiront bientôt tout entières sa loi exclusive, si rien n'arrête sa marche triomphante.* »

Déjà les empires musulmans de Samory et d'Ahmadou s'étendent jusqu'à la zone montagneuse qui limite le bassin côtier du fleuve.

Tout le pays est devenu le foyer d'une propagande assez active pour qu'il ne se trouve plus de ville, du littoral entre le Sénégal et le golfe de Bénin, où ne s'élèvent quelques mosquées.

A l'autre bout de ce vaste continent, les missionnaires protestants et catholiques sont menacés de perdre une partie du terrain si péniblement conquis ; l'Ouganda et les contrées au nord et à l'ouest se sont fermées devant eux.

En somme, le mahométisme, si on ne le regarde qu'à travers les apparences de vitalité de l'empire turc, est bien faible, mais le sultan n'est plus l'imam, c'est le Senoussy qui l'est.

Certes, le temps des croisades est passé, et ce n'est pas au nom de la foi que le monde chrétien se jettera encore sur l'islamisme. Il n'y a guère aujourd'hui que

FAMILLE TOUAREG. (*Missions Catholiques.*)

les intérêts qui soient susceptibles de le soulever et de le porter à la lutte.

A part quelques rares exceptions, les explorateurs comme nos missionnaires n'ont pas à compter sur l'aide des gouvernements, et ils trouvent tous devant eux le même adversaire, et un adversaire qui n'est pas à dédaigner, nous le savons par expérience.

Il n'a pas à sa disposition les mêmes moyens que nous, ni notre outillage, mais il est infatigable, rien ne le rebute, et il a une aptitude merveilleuse quand il ne peut lutter en masse et en ligne, à se servir de tous les moyens, à transformer la lutte, à changer de terrain. Chez lui, il n'y a pas d'armée organisée, mais tout le monde se bat, et tous les moyens sont bons. Quand la résistance n'est pas avouée, elle existe encore sous une autre forme, elle est, si l'on peut s'exprimer ainsi, anonyme, mais toujours vivace. Les Anglais en ont, dernièrement, fait au Soudan une rude expérience. En fait, l'islamisme est invincible, plutôt que de céder il transformera le pays en désert. Nous devons craindre, si nous le considérons comme une quantité négligeable, qu'il ne vienne un moment où il reprenne l'offensive.

Mais de tous côtés, aussi, les puissances européennes l'attaquent, sans s'en rendre bien compte, mais, entraînées par la force des choses, elles agissent contre lui : l'Allemagne à Zanzibar et au Niger, l'Italie à Massouah, l'Angleterre en Égypte et au Niger, la France, au nord de l'Afrique, au Sénégal et au Congo avec la Belgique, les Espagnols au Maroc, et en avant de tous, les missionnaires français aux grands lacs. Il n'est pas douteux qu'il fera tête partout, qu'aucune de ces nations, quelque désir qu'elle en ait, ne pourra s'entendre avec lui et vivre en paix à ses côtés. Il n'est pas douteux que, après l'avoir anéanti, elles se donnent la main au milieu de ces immenses pays si riches en produits, si fertiles, où coulent les plus grands fleuves du monde, auprès desquels notre Rhône et notre Seine sont des ruisseaux. C'est là le vrai champ de bataille des nations civilisées, conquête désirable entre toutes, car, sans elle, l'islamisme fera disparaître des centaines de millions d'êtres humains en les martyrisant, et transformera ces pays en désert, comme tous ceux auxquels il a touché.

La France a beau hésiter, elle y jouera son rôle et, si elle voulait reculer, le musulman, elle peut en être sûre, la provoquera jusqu'à l'y forcer.

Les routes de l'est partent de la Tripolitaine et passent par le Fezzan. Elles sont bien connues et ont été parcourues par de nombreux voyageurs, H. Duveyrier, Barth, Nachtigal, etc. Ces routes ont été fréquentées même par les Romains, qui ont conduit, par Mourzouk, une expédition jusqu'au Soudan. Une route transversale suivie par Henry Duveyrier et Barth, conduit du Fezzan à R'hât. Nous ne nous en occuperons pas, parce qu'elle est très connue, et que nous avons déjà indiqué les routes de R hât au Soudan. Celle que nous indiquons ici a été suivie par le docteur Nachtigal, elle passe par les salines de Bilma qui, depuis l'abandon de la route d'Amadgor, fournissent le sel si nécessaire au Bornou, au Haoussa, etc.

De Tripoli à Mourzouk capitale du Fezzan, il y a deux routes :

1° Celle qui passe par Gharian et Misda, vingt et un jours de marche, absence de villages et d'eau.

2° Celle de l'est par Beni-Oulid, Bou-Nedihérin — Sokna, oasis du Fezzan. C'est la vraie route des caravanes et de la poste; l'eau y est abondante. — Les ravitaillements y sont plus faciles, la sécurité y est plus grande ; elle est préférable quoiqu'un peu plus longue, elle a trente étapes.

Le docteur Nachtigal, est parti de Tripoli le 18 février, arrivé à la tribu des Akaras; zone sablonneuse, pâturages, terrain fertile, eau abondante. — 19. District de Tobras, arrivé au sud des monts Tarkonna ; orge, froment, pacages. —20. Vallée de l'Oued-A'krabija, traverse plusieurs rivières à travers un pays cultivé, riche en céréales et en troupeaux. — 21. Vallée de l'Oued-Maader. — 22. Vallée de B^i Oulid ; à travers un plateau désert et pierreux présentant peu de ressources. — 23 et 24. Repos, température + 27° à midi, + 6° matin et soir.
— 25. Rive nord du Sofedjin, quelques oliviers et pruniers, terrain pierreux. — 26, 27, 28. En marche à travers le désert; apparition du dsartout, plante dont les racines sont comestibles, et qui existe aussi dans le sud de l'Algérie. — 1er mars. A Bou-Nedcheim, tribu des Ourfillas, 200 habitants. Cette petite oasis fait partie du Fezzan. — 3, 4, 5, 6, 7, 8. En marche. — 9. Sokna, 3,000 habitants ; traces de culture, orge, froment, etc., troupeaux. — 10 et 11. Séjour. — 12. Arrivée près du Bir Godefa; eau excellente. — 13. Bir Godefa. — 14. En marche. — 15. Srir-ben-Afien ; désert, pas d'eau. — 16. Ramba et Srira. — 17. En marche à travers la vallée d'Oum-el-Abidh. — 18. Oasis de Semnou, 1.500 habitants; marabouts, quelques plantations. — 19. Séjour; température, janvier 0° à + 27°, mai de 7° à + 41°. — 20. Oasis de Temenhit, 800 habitants. — 21. Oasis de Cebha 1,600 habitants ; l'oasis comprend une série de villages. — 22. Au dernier village de l'oasis Hadjara. — 23. Oasis de Rhodna. — 24. Séjour. — 25. Mourzouk; capitale du Fezzan, 3,600 habitants, ville forte, citadelle, remparts, garnison turque. Tout est en ruines et en misérable état. La ville a depuis longtemps perdu

ARABE PASTEUR. (Dessin de M. Boulet de Monvel.)

son ancienne importance. Les principaux négociants

sont des étrangers, des Berbères, des Arabes de Tripoli, de Tunis. Il s'y tient un marché quotidien où l'on trouve des articles d'Europe et de la côte d'Afrique. Étoffes de laine, de soie, des draps, couvertures, tapis, chaussures, selles, dattes, etc. Très peu de gros bétail.

Le Fezzan, ancien empire des Garamantes, dont Mourzouck est aujourd'hui la capitale, a une popultion d'environ 30,000 habitants. C'est un ensemble de villes misérables et ruinées, ayant peu de commerce et de produits. Autrefois les grandes caravanes de Timboctou s'y rencontraient avec celles qui allaient au Bornou et dans le Haoussa, etc. Aujourd'hui les Fezzanais tirent tout de Tripoli, ils sont doux et polis. Les voyageurs peuvent parcourir seuls et sans crainte la longue route de Tripoli à Mourzouk.

Nachtigal, après un long séjour à Mourzouk, en repart pour le Soudan le 19 avril, et arrive le même jour à Gatroun. 1,500 habitants, palmiers et jardins. — 20 au 30. Séjour pour organiser définitivement sa caravane. — 30 avril. Bachi. — 3 mai. Tedeheni. — 7. Monts Tummo-Madema; plaine déserte, sable rouge. — 15. Enneri Lakakenna. — 18. Station de Mafarao. — 21. Oasis de Jat ou Saheya; oasis très étendue, de vingt kilomètres de long sur trois de large, abondante végétation, acacias, dattiers, etc. — 22. Repos. — 23, 24. Oasis de Yeggeba; dattiers, herbes fourragères, cinq kilomètres de long sur deux de large. — 25. Vallée de Kawar; L'oasis de Kawar a quatre-vingts kilomètres de long sur huit ou dix de large, 6,000 habitants, elle renferme une quantité de villages. L'eau se rencontre à quelques centimètres de profondeur sous la terre. Tout autour de l'oasis s'étend un désert pierreux et aride, une hammada.

La route suivie par Nachtigal est la plus facile de

toutes celles qui existent entre le littoral et le Soudan; aucune ne présente les mêmes avantages d'eau et de végétation. En réalité, le voyageur sur cette route rencontre constamment des lieux habités et des centres qui offrent des ressources pour l'existence.

Le premier village rencontré est Anaï.

27 mai. Anikoma, soixante-dix maisons. — 28. Aschenouma, cent maisons. — 29. Eldchi; autour de ce village et à peu de distance on aperçoit d'autres villages, des lacs et des forêts de dattiers. — 30. Dirgi. Palmiers. C'est la résidence du souverain de Kawar. Le pays est malsain à cause de l'étendue des marais salés, 1,200 à 1,300 habitants. Dirki possède une citadelle bâtie sur des rochers. — 1er juin. Achimmedron, 1,200 à 1,300 habitants, a aussi une citadelle et plusieurs fontaines. — Aïn-Madema, quatre-vingts maisons. — 5. Aguer. — 7. Garon. District de Bilma, c'est une population prospère. Les caravanes viennent s'approvisionner de sel, et alimentent la plus grande partie du Bornou, du Haoussa. Les salines sont inépuisables. — 10, 11, 12. Oasis de la Zankoura. Les abords sont envahis par le sable et la végétation est nulle en dehors de l'oasis. — 13, 14, 15. Monts Debella, massif rocheux du Tchigrin, vaste plaine ondulée. — 16, 17. En marche. — 18. Oasis d'Agadem. La végétation est très abondante, grand nombre d'antilopes et de gazelles. — 20, 21. En marche. — 22. Tintouma. — 23. Belgajifari. Rencontre de lions, girafes; trois puits de six mètres de profondeur, acacias, genêts, plantes fourragères. — 26. Fontaine de Koufé. Végétation arborescente très dense. — 27. Bzi, eaux abondantes. — 28. Nguigmi. Bourgade la plus septentrionale du Bornou, 2,000 habitants. Hauteurs de sable bordant le lac Tchad, végétation tropicale, immenses troupeaux de ruminants. — 30. Kindjalia. La route

longe le lac, population bienveillante et craintive. — 1ᵉʳ juillet. Barna, 2,000 habitants. — 2. Village de Yoo. Champs de céréales et plantations de coton. — 4. Ngalaro. — 5. Daouergo, petit village à 1 kilomètre au nord de Kouka. — 6. Kouka, capitale du Bornou 50,000 ou 60,000 habitants, ville très étendue, climat malsain par suite des inondations considérables qui recouvrent annuellement le pays. — C'est un marché important fréquenté par les nombreux marchands colporteurs qui, tout l'hiver, vont d'un endroit à l'autre offrir leurs marchandises. La population du Bornou, qui monte à 5 ou 6 millions d'habitants est très mélangée, et formée d'un grand nombre de peuplades. Le pays est absolument plat, très fertile, l'agriculture y est très en honneur. On y cultive le sorgho, le maïs, le coton, l'indigo, les fèves, les pois, les melons, le blé, l'orge. On y fabrique l'huile d'olive et aussi de sésame.

La population est très hospitalière et très douce. Le sultan du pays entretient une armée de 7,000 h. environ. Comme on le voit, la route de Bilma est de beaucoup la meilleure de toutes celles que nous avons indiquées. Les populations y sont nombreuses et jalonnent la route à peu de distance les unes des autres. De plus les salines de Bilma sont un objet de commerce important qui a une grande valeur au Soudan. Les caravanes qui la suivent y récoltent en passant un moyen d'échange très apprécié des nègres, qui leur permet de se charger pour le retour des produits du Soudan.

Mais cette route est hors de notre portée, puisque nous ne sommes maîtres, ni de Tripoli, ni de Rhadamès, ni de R'hât. Les populations nous seraient certainement hostiles. Cependant il ne serait pas impossible de nouer des relations avec la tribu des Beni-Sliman, qui y règne en maître. Les Beni-Sliman sont Arabes et par conséquent en état d'hostilité constante avec les Touaregs. Quoique moins nombreux, ils sont très redoutés par leur audace, l'énergie de leurs entreprises. Les docteurs Barth et Nachtigal se sont confiés à eux et n'ont point eu à s'en plaindre. En somme, si le gouvernement français se décidait à arrêter dans ses projets la pénétration de ces

Deux chameaux. — Touaregs. (*Dessin de M. O'Callaghan.*)

pays et à vouloir arriver au Soudan, il devrait chercher à se mettre en relations et à obtenir l'appui et la coopération des Beni-Sliman. Des indices et des négociations antérieures nous font croire qu'ils ne sont pas éloignés de notre service et que quelques minces sacrifices d'argent suffiraient pour les amener à aider à la réalisation de nos désirs. Ce serait un puissant appui, même peut-être un moyen de forcer les Touaregs à cesser toute hostilité contre nous sur cette route de Bilma, qui non seulement est la plus favorable, mais mène directement au lac Tchad, pays qui paraît le plus riche, le plus peuplé et le plus avancé en civilisation du Soudan.

La nation qui sera maîtresse de ces terrains du Bornou et du Haoussa aura la position la plus favorisée, parce que c'est là que le Bénoué, cet immense affluent du Niger, se réunit à lui et que le Bahr-el-Ghezal ouvre la route des grands lacs ; elle pourra dominer tout le Soudan. Les Anglais l'ont bien compris et tousleurs efforts tendent à remonter le Niger jusqu'à son confluent avec le Bénoué. Pourquoi donc n'essayons-nous rien ? Est-ce que cet empire, plus grand que les Indes et peut-être aussi riche, ne vaut pas la peine de tenter quelques efforts, ou bien sommes-nous assez en *décadence* déjà pour n'avoir même pas le courage d'étudier ces questions et d'en comprendre l'importance dans l'avenir.

Une route transversale rejoint cette route, elle part de R'hât et conduit à Bilma même, en passant par Innesan et Djado ; elle la rend par conséquent facile à parcourir pour nous, à condition toutefois de lever la difficulté que la présence des Turcs a créée à R'hât.

Plusieurs routes importantes conduisent encore de la côte nord de l'Afrique au Soudan, ce sont :

1° Celle qui conduit par le Fezzan au pays des Tebou et par le Tibesti et le Ranem sur les bords du Tchad ou dans le Bahr-el-Ghezal. Le docteur Nachtigal a essayé de la parcourir et a pénétré dans le Tebou. Il a été obligé, après beaucoup de souffrances et de dangers, d'y renoncer. La mauvaise foi, l'inhospitalité des habitants, leur rapacité et leurs mauvais instincts la rendent absolument impraticable. Le pays du reste est d'une extrême pauvreté et est entièrement fanatisé par les Senoussya. — Quant au Tibesti, les renseignements font absolument défaut.

NUBIEN.

Enfin la dernière route dont nous ayons connaissance part de Ben-Ghazzi ou de Tebrouq, passe par

Djerboub, centre des Senoussya et conduit au Wadaï. Les points connus ont été en partie indiqués par Gérard Rohlfs, par Nachtigal et aussi par M. Marc Fournel dans son livre *La Tripolitaine*, ce sont : les oasis des Khoufara, le Baéli-Wanga, Ghelta, zaouia Senoussya dont le chef passe, au point de vue orthodoxe, une inspection sévère de tous les voyageurs, ce qui rend le parcours impossible aux chrétiens et difficile même aux musulmans qui ne sont pas adeptes de la confrérie. L'oasis est très considérable, a des eaux abondantes et un grand nombre de palmiers et d'arbres fruitiers.

KASBAH DE TRIPOLI.

La route continue par Youdjandja, Ouadi-Dem, oasis considérable, très grand nombre de palmiers. Ouaïda, salines abondantes près de la limite du Wadaï; tous les ans une immense quantité de chameaux y chargent du sel pour le Soudan. Ouadi-Haouch, l'eau effleure le sol. Chalouba. La route est donc facile et bien jalonnée d'eau et de population, mais ses points de départ et d'arrivée sont complètement en dehors de notre action, appartiennent absolument aux Senoussya et l'étude détaillée n'en serait utile que si, à la suite de leurs agissements, la France était entraînée à s'emparer du port de Tebrouq et de Djerboub.

Vue de Guardaïa, capitale des Beni-Mzab. (D'après un tableau de M. Dinet.)

CHAPITRE XIII

Physionomie du Sahara. — Partage du pays en dunes, Hammadas et vallées. — Possibilité de rendre ces vallées à la culture des palmiers et de fixer les populations au sol. — Tendances agricoles. — Causes de son état de misère actuelle.

La description que nous venons de faire des routes sahariennes serait incomplète si nous ne recherchions les résultats que notre présence sur ces routes permettrait d'atteindre. Ils méritent d'être discutés car beaucoup ne les voient pas clairement.

Dans le Sahara notre présence rétablirait notre prestige perdu et l'idée de notre puissance, indispensables pour obtenir le respect des populations sahariennes. Elle ferait reculer l'influence ennemie des Senoussya et les éloignerait de nous ; elle ferait subir un échec à leur prestige. Ce sont là des choses dont on ne peut nier l'importance; mais nous devons viser un résultat plus complet et plus important, nous devons pacifier le Sahara. Or, pour atteindre ce but il faut absolument fixer au sol les populations Touaregs, et leur donner, pour moyens d'existence, l'agriculture et le commerce au lieu du brigandage. Nous voulons essayer de prouver que ces résultats sont possibles. 1° L'agriculture. Pour que ce résultat puisse être atteint, il faut que le pays ne soit pas frappé de stérilité, qu'il soit possible d'en tirer des produits, c'est-à-dire qu'il y ait des terres de culture et qu'elles soient arrosables. Si ces deux conditions se trouvent réunies sur certaines portions du sol, les palmiers peuvent assurer la vie des populations, puisque In-Salah et ses environs, qui sont à la même latitude, sont riches par le fait de leurs plantations de palmiers. Pendant de longues années on a cru que le Sahara était une vaste mer de sables. Peu à peu, sous les efforts incessants de nos voyageurs et les renseignements de nos officiers, cette idée s'est transformée. Il y a bien du sable, de grandes dunes difficiles à franchir, mais elles ne couvrent qu'une faible partie, le dixième environ, dit-on. Elles forment bien d'une façon générale une barrière entre l'Algérie et le Sahara central, mais cette barrière n'est ni continue ni infranchissable. A côté de ces dunes et couvrant peut-être une plus grande superficie, sont les Hammadas, hauts plateaux pierreux, sans eau et sans végétation, par conséquent sans culture possible. Telles sont les Hammada-Homra, au sud de Tripoli, le Tan-Esrouft, etc., etc... Puis des soulèvements volcaniques tels que le Hoggar, le Tassili des Asdjers, l'Ifettesen dans le Mouydir, etc. Ces soulèvements, dont quelques-uns s'élèvent à plus de deux mille mètres, sont, sur la plus grande partie de leurs pentes, couverts de rocs, de laves et par conséquent impropres aussi à la culture ; tels sont le mont Oudan, le Tifidest, etc., dans le Hoggar, l'Ifettesen dans le Mouydir, le Tin-Esokal, l'Atakous, etc., dans le Tassili. Mais de ces différents pics sortent naturellement des cours d'eau plus ou moins importants dont les vallées présentent des conditions différentes.

Ainsi, de l'Ifettesen du Mouydir sortent plusieurs rivières : l'Oued-Akaraba, l'Oued-Arak, l'Oued-Gharis, l'Oued-Tirhejert, l'Oued-Taghmarnackt, l'Oued-Sidi-Moussa, etc., etc. Nous ne sommes pas en état d'affirmer aujourd'hui qu'elles sont toutes susceptibles de culture, cependant il y a beaucoup de probabilités pour qu'il en soit ainsi, au moins pour deux d'entre elles, l'Oued-Akaraba et l'Oued-Arak (renseignements de M. le lieutenant Lechâtelier, qui a commandé le poste d'Ouargla). Toutes deux déversent leurs eaux dans la plaine d'In-Salah.

L'Oued-Arakaba sort du fameux défilé de Kheneg-el-Hadid (le col de fer, en kabyle Tioukénin) et se dirige vers le Reg (plaine) d'Adjémor. Avant d'y arriver il forme le Mader-Degganet ou Deggant, c'est une cuvette formée d'une série de bas-fonds (daïas) communiquant entre eux et couverts d'une abondante végétation. La plus touffue porte le nom caractéristique de Djénan (jardin). Au milieu se trouve un étang (bahr, mer), mare profonde, alimentée par une source inférieure qui ne se dessèche jamais. A son extrémité nord le Deggant reçoit deux ruisseaux qui ont un cours permanent, le Tfrakrak et l'Oued-Tifirni. Quelques sources, au pied des parois de leurs gorges, y maintiennent un filet d'eau vive en toute saison. Cette région, particulièrement favorisée, est le centre de nombreux campements ; quelques Imrads (tribus surbordonnées, serfs) des Touaregs, ne quittent jamais ce point. Cette description, paraît suffisante pour prouver que le Mader Deggant est propre à la culture, puisqu'il est couvert de végétation, qu'il est arrosable, qu'une nappe d'eau à fleur du sol y existe et que plusieurs ruisseaux s'y déversent. Ces terrains se trouvant dans les mêmes conditions que ceux d'In-Salah, il n'y a aucune raison pour qu'ils ne soient pas aussi propres qu'eux à la culture du palmier.

Type mozabite.
(*Dessin de M. L. Piesse.*)

La source de l'Oued-Arak est moins abondante que celle de l'Oued-Akaraba. Elle ne se manifeste que par quelques sources de peu de débit le long de son thalweg. Mais, comme la première, elle forme un vaste cirque de quinze à vingt kilomètres de long sur huit à dix de large. Une végétation puissante où dominent d'énormes éthels, en couvre tout le fond, autour d'un petit étang de cent mètres de long sur cinquante de large qui ne se dessèche jamais. L'Oued-Arak est, comme l'Akaraba, le rendez-vous de nombreux campements et paraît ainsi propre à la culture.

Le Haggar paraît plus abrupte, plus élevé que toutes les autres montagnes du Sahara et, par suite, présenter

LE PORT DE BOUGIE. (Dessin de M. O'Callaghan.)

des conditions moins favorables, aussi paraît-il être le refuge des populations les plus sauvages et les plus indomptables; quelqu'aride qu'il soit et quelqu'impénétrable qu'il ait été jusqu'à présent pour nos voyageurs, nous savons cependant que plusieurs grandes rivières y prennent leur source et ont un cours permanent au moins pendant un certain nombre de lieues.

En première ligne l'Igharghar, le grand fleuve de ces régions, dont la tête est au mont Hibena ou Onatellen, qui probablement est un relief de plus de deux mille mètres.

Viennent ensuite l'oued Ahenet, l'oued Abezouegh, l'oued Tahla-Aouad dont les sources sont au Tifidest, l'oued Adélès, l'oued Tin-Terabin, affluent du Tafassasset, qui va au Niger, et tant d'autres dont les noms sont encore inconnus. Il est à peu près impossible de donner des détails sur ces vallées, cependant elles ont une certaine fertilité puisqu'il s'y trouve des populations fixes et des villages. Nous en trouvons une nomenclature dans une note publiée par la Société de géographie de Paris, le 8 janvier 1886.

TYPE MOZABITE.
(Dessin de
M. L. Piesse.)

« Le plus important et le mieux connu de ces villages est Idelès, au débouché de la gorge de l'oued Igharghar, suivant Henry Duveyrier, et aussi d'après nos renseignements personnels, il y a à Idelès quelques palmiers, des figuiers et des cultures de légumes.

« Du même côté, c'est-à-dire sur le versant nord, s'échelonnent vers l'ouest, à la partie supérieure, les petits centres de Metoutek, en bas de la gorge du même nom, de Adenet, entre l'oued Adenet et l'oued

Abezouegh, de Hohat sur l'oued Abezouegh. Au delà de ce premier groupe, sur la route directe d'Idelès au versant sud-ouest, se trouvent ceux de Limognen à la source de l'oued Tifagagne, de Tit, de Belessa, de Selet. Les cultures de Limognen entourent la partie septentrionale d'un marais, sur les bords duquel il existe quelques prairies, et les Imrads qui l'habitent ont quelques vaches du Soudan. A Belessa et à Tit on arrose les cultures à l'aide de fégaguir. »

Type mozabite.
(Dessin de M. L. Piesse.)

Les fégaguir, appelés Aïn dans le sud de la Tunisie, à Gafsa et à El-Guettar etc., et quettara dans le sud marocain, sont des puits creusés de distance en distance et reliés par des tranchées souterraines, qui forment ainsi des canaux profonds ouverts de regards et qui conduisent les eaux au niveau nécessaire pour l'arrosage. Ce sont des travaux souvent gigantesques et qui prouvent chez ces populations une très grande capacité de travail. L'indication de travaux semblables prouve que les Hoggars ne sont point indifférents aux produits de la terre.

Nous avons encore à citer, au nord du Hoggar, la cascade de l'oued Adjelal descendant du Tifidest, chose bien rare dans le Sahara.

Au sud de la montagne, sur l'oued Tin-Tarabin, à la partie inférieure de son cours, se trouve le village de Tazerouck. Du même côté, plus à l'est, sont ceux de Tazolt et de Agharghar (rivière en langue targui).

Il ne paraît pas possible qu'à la sortie de l'Igharghar, dans le Reg, qu'il traverse jusqu'aux dunes qui sont signalées au sud du confluent de l'oued Gharis, il n'y ait pas de terrains cultivables et arrosables. Cette dune de Gharis forme barrière et par conséquent reçoit les eaux et peut les rendre à la culture.

M. l'ingénieur Rolland a constaté ce fait général du rôle des dunes :

« Les eaux de pluie, dit-il, ou les eaux de rivières, lors de leurs grandes crues, ne s'évaporent plus ensuite, mais tamisent et s'écoulent vers le pied des massifs de sable, où règne généralement une certaine humidité grâce à laquelle se développe une végétation spontanée parfois luxuriante. »

Or, le Reg, au nord du Hoggar, a son inclinaison vers ces dunes, et toutes les eaux qui descendent des bords sud et ouest du Mouydir, de l'est de l'Eguerré et du sud du Hoggar, descendent dans cette cuvette, qui n'a pour issue que le couloir qui barre la dune de Gharis. Il n'est pas possible qu'il n'y ait pas de l'eau en abondance, vu l'étendue des surfaces du bassin.

Type mozabite.
(Dessin de
M. L. Piesse.)

Ainsi donc, la raison nous affirme que l'eau doit y exister, sinon à la surface, du moins à peu de profondeur, comme cela a lieu dans tout le Sahara, où les eaux de surface disparaissent toujours par l'évaporation.

Nous avons aussi quelques faits connus pour appuyer ce que nous avançons, d'abord l'existence d'une forêt de gommiers entre l'oued Gharis et l'oued Takhmakhnakht.

Les puits nombreux indiqués dans cette région, la déposition du tirailleur Amar-ben-Aoua, qui a dit avoir campé à la pointe du mont Oudan dans le lit de l'Ighar

ghar, sur un terrain couvert de magnifiques tamarins. C'est affirmer la présence de l'eau.

De son côté le journal de Flatters porte :

« 21 janvier, au débouché de la branche principale de l'oued Téfert sur l'Igharghar, un r'dir (mare) considérable plein d'eau à la sortie de la dune. C'est ici qu'il faut placer Aguellachen, ou mieux un des aguellach, ou élargissement d'oued avec une végétation, qui se trouvent en nombre considérable de ce côté. — 22 janvier, même situation, autre aguellachen, végétation. — 26 janvier, végétation abondante, grands tamarins. »

TYPE MOZABITE.
(Dessin de
M. L. Piesse.)

Le fait ne nous paraît pas douteux, il existe là une grande nappe d'eau apparente sur certains points, souterraine sous d'autres, mais à peu de distance de la surface du sol.

Il n'est pas possible aujourd'hui, dans l'état de nos connaissances, de pousser plus loin une démonstration de ce genre, mais des ébauches de villages, une végétation abondante, des vallées, de l'eau, c'est assez pour pouvoir affirmer que dans une certaine mesure on peut fixer au sol une partie de la population, et cela avec certitude de ne pas se tromper, puisque déjà quelques fractions d'Imrad sont établies sur ces terrains et en tirent quelque parti.

Dans le Tassili, chez les Asdjers, la possibilité s'accentue, et nous pouvons affirmer avec plus de certitude. M. Henry Duveyrier, qui a séjourné quelque temps chez eux, nous dit :

« Le Tassili des Asdjers est un grand plateau très

accidenté ; de nombreuses vallées étroites et encaissées le découpent en caps allongés, surtout sur son rebord nord. Son rebord sud, plus élevé que celui du nord, est couronné d'un plateau supérieur nommé l'Adrar, dominé lui-même par le pic d'In-Isokal qui est certainement un puy volcanique. D'où il résulte que la plus grande partie des eaux de ce plateau s'écoule vers le nord. Les conduits d'écoulement portent le nom d'Ighargharen (les rivières), pluriel d'Igharghar. C'est le nom que porte la grande vallée d'écoulement des eaux de

EL-HAOUCH, ZIBANS. (*Dessin de M. L. Piesse.*)

tout le massif méditerranéen qui longe le pied du Tassili et reçoit toutes les rivières qui descendent du plateau. Cette plaine basse, abritée des vents du sud, riche en alluvions et en eaux, a peu de profondeur sous la surface du sol, est le refuge des Asdjers dans les années calamiteuses, c'est-à-dire dans les périodes de longues sécheresses. »

Il est à remarquer que cette plaine est barrée au sud par l'Erg, immenses dunes de sables qui s'étendent au nord, jusqu'à Ouargla. Ces Ighargharen communiquaient autrefois à ciel ouvert avec l'Igharghar, mais aujourd'hui des dunes amoncelées les en séparent et retiennent les eaux, qui ne rejoignent l'Igharghar que par des filtrations souterraines, pour aller plus loin arroser les riches plantations de Ouargla, Negouça et plus loin encore celles de Tuggurth, les chotts tunisiens, et sur leurs bords les superbes et plantureuses oasis du Djérid.

La fertilité de ces vallées des Ighargharen ne peut être mise en doute, puisqu'elle est affirmée par M. Henry Duveyrier, qui a habité cette région. Elle est signalée à notre attention par un fait extrêmement digne de remarques. Cette vallée se termine au nord vers un point nommé Temaçinin. Si-Ismaïl Bou-Derba, dans son voyage de R'hât, est passé par ce point, et il y a constaté la présence d'un puits artésien.

« L'eau est très bonne, dit-il, elle sort d'un puits artésien de douze mètres de profondeur, maçonné en pierre. A côté de la zaouia bâtie par Si-el-Fekri, oncle de Si-Othman, il y quelques jardins, environ cent cinquante palmiers, quelques figuiers. »

Si nous rapprochons ce fait de ce que nous savons de Tuggurth, de Ouargla, nous sommes forcés d'en conclure que la mer souterraine de ces deux dernières villes n'est autre que le cours souterrain de l'Igharghar et que sur son parcours, partout où nous creuserons des puits artésiens, nous trouverons des eaux jaillissantes. Quant à la certitude que le terrain arrosé nous permettra le peuplement en palmiers et arbres fruitiers, les preuves existent à Temaçinine, à Djanet, à Barakat, à R'hât; tout ce pays est propre à la culture et à nourrir une population nombreuse.

En 1854, quand nous sommes arrivés à Tuggurth, si quelqu'un avait proposé ce point à la colonisation, il eût été traité de fou, et aujourd'hui que de puits creu-

Vue de El-Aghouath. (Dessin de M. O'Callaghan.)

sés, quel immense développement donné à ces plantations ; déjà des Européens dont les noms sont connus y ont créé des oasis nouvelles. Il en sera de même des Ighargharen et de bien d'autres points du Sahara, quoiqu'on l'appelle le désert. Je pourrais ajouter une nomenclature des rivières, des sources, des lacs dans lesquels on constate encore la présence de crocodiles, de poissons, et qui, par conséquent, ne manquent ni de profondeur, ni d'étendue, mais on peut la trouver dans le livre de M. Henry Duveyrier, *Les Touaregs du Nord*, et je crois avoir assez démontré que ces pays ne sont point frappés d'infécondité, de stérilité absolue, et qu'il est possible d'en transformer une partie au moins en plantations de palmiers et en terrains de culture.

Quelles sont donc les raisons qui ont empêché les populations qui les habitent, populations dont l'existence est si pénible, dont les ressources sont si rares, d'en tirer un certain parti.

La vraie raison est l'état perpétuel de guerre dans lequel elles vivent. Lors de l'invasion musulmane, elles ont cédé le terrain devant le peuple envahisseur, qui s'est répandu partout comme un torrent, et se sont réfugiées dans ces deux forteresses qui s'appellent le Tassili et le Hoggar. Mais leur indépendance n'a été maintenue que par des luttes continuelles. Quatorze fois, dit l'historien arabe Ibn Khaldoun, elles ont renié l'islamisme après avoir été contraintes de l'embrasser, et chaque fois à la suite de guerres acharnées. Cependant, aujourd'hui encore, elles n'en ont pas admis la principale clause : *La polygamie et la situation inférieure de la femme dans la famille. Chez eux, la femme est l'égale du mari et jouit des mêmes droits, et même ce sont elles qui ont conservé les traditions écrites de la langue nationale. Elles possèdent généralement une instruction supérieure à celle de leurs maris.* Il reste d'autres traces d'une civilisation passée; partout dans leurs armes et leurs ustensiles les plus ordinaires, on retrouve la croix, et leur langue a conservé des mots latins entr'autres *Angelès*, Anges. Dans leurs guerres constantes, leur principal moyen de résistance a été leurs montagnes. Ils y ont renfermé le peu qu'ils possèdent et ne sortent de ces foreressses que pour se lancer dans des expéditions contre leurs éternels ennemis. Tant que ces derniers ont eu sur eux une su-

VUE DE TUGGURTH. (*Dessin de M. O'Callaghan*).

périorité incontestable, qui menaçait leur indépendance, ils sont restés unis entre les mains de chefs qui, dans les derniers temps, appartenaient aux Adsjers, les Oraghen. Mais lorsque la puissance d'expansion du peuple arabe a diminué, lorsque, par conséquent, le danger ne les a plus menacés à tout moment, la cohésion a cessé, le fractionnement a commencé, entraînant à sa suite les luttes intestines. Dans ces conditions d'existence, les seules qualités appréciables sont l'audace, la force du corps, l'énergie et la résistance à la fatigue; la population se fractionne en bandes, chacune d'elles agissant pour son compte. Dès lors, plus d'autorité, c'est la lutte, le combat à l'état perpétuel. Après chaque guerre de longue durée, les nations civilisées elles-mêmes prennent un peu cette physionomie. Il en est ainsi, à bien plus forte raison, au milieu d'espaces aussi immenses, aussi dépeuplés. On comprend facilement qu'en l'absence de toute police, de toute autorité, de toute direction, même de toute impossibilité de se grouper, chaque individualité s'accentue et n'ait plus qu'une idée, celle de l'isolement, de l'éloignement de tous.

Cela fait comprendre pourquoi ces populations comblent les puits qui jalonnent les routes du désert. Il ne faut pas que leur pays soit d'un accès facile : l'indépendance et l'isolement seraient menacés.

On comprend aussi pourquoi aucun essai de culture n'est tenté en dehors des montagnes. Tout en dehors est pays de guerre بلاد البارود (bled el-baroud).

Ceux qui essaieraient de séjourner sur un point, d'y cultiver, seraient forcément assassinés, leurs cultures pillées et ravagées.

Ces faits ne sont point des inventions de notre imagination ; nous les avons vus, ils existaient en Algérie, même près des grandes villes. Si on essayait de le nier, il suffirait de consulter les registres de l'administration des domaines, on y trouverait des preuves à chaque page. Nombre de terrain dont l'État français a pris possession étaient des *bled el-baroud*. Il est bien évident que, lorsque tout un peuple est dans ces conditions, chaque individu n'est pas très porté à la culture. Aussi, chez les Touaregs, est-elle abandonnée aux Imrads (serfs) ; les nobles ne consentiraient pas à s'abaisser jusqu'à la terre. Ils ne font que la guerre ou la course, et pour être toujours prêt, le Targui noble n'a pas d'habitation ; il n'a ni bœufs, ni chevaux, ni charrues, il n'a que des armes et ses meharas (chameaux de course).

Sans entrer dans plus de détails sur la vie des Touaregs, détails qui ne seraient qu'une copie du livre de M. Duveyrier, nous pouvons conclure qu'il y aura de nombreux obstacles à ce qu'ils deviennent tous des agriculteurs, mais à la possibilité de fixer les Imrads, et ils sont de beaucoup les plus nombreux, à la culture du sol.

Ce sera le résultat de la paix, et l'état de guerre qui les a éloignés de la culture venant à cesser, ils subiront la loi commune à tous les peuples.

Après avoir démontré qu'il n'y a pas d'impossibilité, nous ajouterons qu'il y a chez eux une certaine tendance, pas générale assurément, mais enfin une tendance à rechercher les produits du sol.

Le docteur Barth nous a dit : « A R'hât, dans les jardins, on cultive généralement un peu de froment, d'orge, du blé noir ordinaire et quelques fruits. Les travaux faits par El-Hadj-Ahmed (c'est un négociant du Touat, élevé à R'hât et qui, plus tard, en est devenu le chef et y a apporté les habitudes de culture des gens de son pays), et ses plantations récentes, montrent jusqu'à quel point la culture peut y développer la fertilité du sol. Dans la partie méridionale de l'oasis, il a été creusé un (magen) réservoir de cent pieds de long sur soixante de large, où se rassemblent les eaux qui descendent en abondance du flanc septentrional de la colline voisine. Ce réservoir arrose des jardins potagers d'une grande étendue. C'est ainsi que cet homme opulent étend chaque année ses plantations. »

Plus loin nous trouvons encore : « Les Imrads des Asdjers forment une foule nombreuse et sont à même de mettre en campagne cinq mille hommes armés. Leurs établissements principaux sont la petite ville de Barakat, située à quelques lieues de R'hât, et la petite ville de Djanet, sise dans une plaine des plus fertiles, à peu près à cent vingt-sept kilomètres au sud-sud-ouest d'Egeré. Cette contrée est digne de l'attention des voyageurs, tant en raison de sa position favorable que de sa population. Ces deux endroits du désert sont complètement abandonnés aux Imrads, sous la condition d'en soigner les jardins ou plantations, d'en récolter les fruits, et de payer redevance aux nobles.

ZERIBET EL OUED, ZIBANS. (*Dessin de M. L. Piesse.*)

« L'oasis de Barakat peut contenir environ dix mille palmiers.

« Les jardins sont bien entretenus. Il ne s'y trouvait que peu de blé, mais en revanche beaucoup de légumes. »

Dans le livre de Duveyrier, nous trouvons un fait bien curieux. « Sur l'un des points culminants du Tassili, à Harer, il n'y avait qu'un plateau dont la roche était à nu. Les serfs y ont apporté de la terre végétale à dos d'hommes et d'animaux, et y cultivent aujourd'hui des dattiers, des vignes et des céréales. Le point est assez élevé au-dessus du niveau général du plateau pour que, du pied de la montagne, un homme

FEMME DES OULED NAIL. (Dessin de M. O'Callaghan.)

placé à son sommet ne paraisse pas plus grand qu'un corbeau. »

Ce ne sont donc pas devant les fatigues du travail de

la terre que reculent les Imrads ; mais, comme partout, ils veulent récolter et ne pas avoir à craindre journellement le pillage et la spoliation.

Nous devons viser à rendre ces populations laborieuses à la culture, nous devons chercher à les fixer au sol ; ce n'est pas, malgré toutes les dénégations, une tentative insensée, c'est, au contraire, une œuvre de haute civilisation. Ce n'est certes pas l'œuvre d'un jour, et il nous faudra beaucoup de persistance et de suite dans nos idées.

Il est fâcheux qu'un but aussi élevé ne puisse être poursuivi sans recourir à la force. Il faut cependant nous y résoudre, puisqu'elle seule peut nous permettre de pénétrer et d'avoir des relations avec ces pays. Son emploi sera d'autant mieux justifié que notre but n'est pas la conquête matérielle du pays, du sol, mais bien la conquête morale des habitants, s'il est permis de s'exprimer ainsi.

Nous étudierons, dans un prochain chapitre, la deuxième condition d'existence des populations du Sahara, celle des ressources commerciales. Mais avant, nous allons décrire la quatrième et dernière route de terre, permettant d'arriver au Soudan, celle des grands lacs.

CHAPITRE XIV

Routes des grands lacs. — Zanzibar, les traitants. — L'esclavage, la traite des noirs, ses résultats. — Livingstone. — Stanley. — Œuvre de l'association internationale belge. — Les missions catholiques. — Organisation des missions en quatre centres. — Installation des missions du Tanganika et du Nyanza. — Leurs résultats. — État actuel de la question. — L'Allemagne aux grands lacs.

Il nous reste à étudier la dernière route de pénétration, celle qui, de la côte de Zanzibar conduit aux grands lacs, au centre même de l'Afrique équatoriale, d'où sortent les grands fleuves qui arrosent le continent : le Nil, le Congo, le Zambèze et le Bénoué, affluent du Niger.

Il serait trop long et trop pénible de chercher à jeter un coup d'œil sur l'histoire de ces régions. Il nous suffira de dire qu'en 1817, le saïd Medjid qui, après la mort de son père, a pris le titre de *sultan de Mascate et de Zanzibar*, quitta Mascate, siège de sa puissance héréditaire, pour se fixer à Zanzibar[1]. Quelles furent les causes de ce changement de résidence ? Probablement, la crainte que le voisinage des Anglais lui inspirait pour sa sécurité, et aussi les profits considérables que la côte de l'Afrique orientale lui offrait.

Il est probable que, depuis longtemps déjà, les musulmans avaient pénétré dans ces contrées et y exerçaient leur atroce commerce d'esclaves.

La ville de Zanzibar, dont il fit le siège de son empire,

---

1. L'origine du nom de Zanzibar vient de *zang* (nègre) et *bar* (région). C'est le même mot que Zanguebar. Dans la prononciation, les Arabes ont remplacé le *g* trop guttural, qui du reste, n'existe pas dans leur alphabet, par le dj (z).

renferme une population de quatre-vingts à cent mille âmes. L'île tout entière en contient le double. Les nègres forment au moins les deux tiers de cette population. Ils y représentent la classe laborieuse, soit comme hommes libres, soit comme esclaves. L'autre tiers est composé d'Arabes de Mascate, de Banians et d'Hindous musulmans.

Zanzibar est d'une malpropreté extrême, et le climat est très malsain.

Les sultans de Zanzibar, par diverses expéditions qui ne méritent pas le nom de militaires, car ceux qui composent les hordes qu'ils emploient sont de vrais brigands, portés à tous les crimes et à toutes les infamies, inspirèrent sur toute la côte une terreur profonde aux populations riveraines et établirent, en fait, leur autorité du cap Delgado au sud, jusqu'à l'embouchure du Djouba au nord, soit sur deux cent cinquante lieues de côtes environ.

« Zanzibar, dit Stanley, est le grand marché qui attire l'ivoire et les esclaves de cette région. C'est là qu'on amène les noires beautés de l'Ouhigon, de l'Ouganda, de l'Ougoyo, de la terre de la Lune, du pays des Gallas, etc., etc. »

Le même explorateur nous dit qu'il se fait, à Zanzibar, un commerce d'exportation de 15,000,000 de francs environ et un commerce d'importation de 17,500,000 francs. Les bâtiments de commerce américains, allemands, français, anglais, apportent des cotonnades, de l'eau-de-vie, des mousquets, de la poudre, des grains de verre, de la porcelaine et autres menus articles. Ils s'en vont chargés d'ivoire, de copal, de clous de girofle, de cuirs bruts, de cauris, de sésame, de poivre et d'huile de coco.

Tout le commerce est entre les mains des Arabes de

Mascate, des Banians et des Hindous dont Stanley nous a fait une description fort intéressante :

Indigènes du Massombi jouant au M'bao. (*Missions catholiques.*)

« L'Arabe est le même partout, sobre, fier, cruel, énergique et fanatique ; presque tous sont voyageurs.

Ce sont eux qui vont à la recherche de l'ivoire. Ce sont eux qui sont en possession aussi du commerce humain, qui font la traite. C'est la partie énergique et dangereuse de la population.

« Le Banian est trafiquant de naissance ; nulle conscience, nul remords ne l'empêche de tromper son semblable, il surpasse le juif. De tous les trafiquants de cette région, c'est le Banian qui a le plus d'influence. Il détient l'argent, impose les conditions de l'usure, auxquelles il faut se soumettre. Les Hindis rivalisent avec les Banians et l'emportent peut-être sur eux en ruse et en rapacité. »

C'est à ces trois classes qu'appartiennent les terres, les magasins, les navires, la fortune et le pouvoir.

Quant à ce commerce qui consiste surtout en ivoire, il est, comme on le verra, intimement lié à la traite, au commerce des nègres.

Dans une pareille question, faite pour soulever l'indignation de tout ce qui est digne du nom de civilisé, il faut ne donner que des renseignements certains. Aussi nous les copierons dans les récits des voyageurs qui ont vu de leurs yeux, Livingstone, Stanley et les missionnaires, qui ont entrepris la noble mission de régénérer cette race malheureuse et de la relever de la malédiction qui pèse sur elle. Beaucoup de personnes ne veulent voir, dans la traite, que la situation de l'homme à l'état d'esclavage dans la société musulmane et disent : l'esclave chez les musulmans n'est pas maltraité, il vit dans la famille à l'état de serviteur, à peu près sur le même pied que les autres, il est nourri, vêtu, logé, et l'esclave admise à la couche du maître, voit ses enfants prendre place dans la famille ; par conséquent, nous ne croyons pas aux malheurs qu'entraîne la traite. Certes, il est fâcheux de rendre esclave l'espèce humaine et de vendre comme du bétail les malheureux qui sont réduits à cette condition, mais il ne sont pas maltraités et leur vie, en somme, est supportable.

Ce n'est pas cet esclavage que nous combattons. Dans nos sociétés civilisées, en effet, la situation de l'ouvrier est quelquefois plus malheureuse et plus dure que celle de l'esclave musulman, et la liberté dont il jouit n'est qu'un vain mot, vu que s'il est réputé libre, il est, en réalité, esclave de la concurrence, de la rareté du travail et des situations sociales contre lesquelles il est absolument impuissant. Mais, enfin, l'esclavage n'est pas ce que nous attaquons ; il en est bien la cause première, parce que s'il n'existait pas, nous n'aurions pas à déplorer la traite.

On peut lui en faire porter la responsabilité et cependant de grands efforts ont été faits par les nations civilisées pour libérer les esclaves à la côte. L'esclavage a été supprimé par beaucoup de nations, en principe sur toute la surface du globe terrestre. Le monde musulman seul aujourd'hui l'a maintenu, quoique en bien des points, on en ait réduit l'étendue, puisque tout nègre qui touche aux pays chrétiens est libre de droit et de fait aussi.

Livingstone a dit dans son dernier journal :

« Une barque est arrivée du nord avec un chargement d'esclaves. Dès qu'il en eut connaissance, le sultan ordonna que la barque fût brûlée. Mais le saïd a bien peu de pouvoir. Le consul de France le brave hautement ; rien d'étonnant si les Français n'acquièrent pas d'influence dans le pays, leur grand moyen pour en obtenir est de prêter leur pavillon aux négriers, de telle sorte que celui-ci couvre l'odieux trafic. »

Nous ignorons quel est le fait qui a provoqué cette boutade, mais nous ne croyons pas que personne, dans le monde, croie que la France couvre réellement de son pavillon la traite, et nous avons la ferme croyance que le monde entier a la plus entière confiance dans la noblesse des sentiments de ses enfants, et dans leur persévérance à poursuivre partout tous les représentants de cet ignoble commerce.

Qu'est-ce donc que la traite? La traite est organisée par les marchands et se fait de la manière suivante :

Le marchand avance à un Arabe zanzibariste une somme plus ou moins forte pour organiser une caravane, et fait un traité par lequel, au retour, il lui sera payé un bénéfice, généralement au moins quinze à vingt fois la somme avancée. L'acte passé et la somme payée, le chef de la caravane, le traitant arabe, forme sa caravane et fait convention avec chacun des soldats, composés généralement de Belouchistans ou de métis. Il les habille, les équipe et les arme. Puis il achète une quantité d'armes de rechange, de cotonnades, des perles, etc., pour les échanges, et il se procure des porteurs destinés à être changés en route, de distance en distance, et qui remplacent les bêtes de somme, faisant absolument défaut en ces pays. L'expédition organisée se met en route, précédée de l'étendard du Prophète, et d'un tambour qui donne le signal du départ et des réunions en cas d'alarme. La force de ces caravanes varie suivant la première mise avancée par le négociant; quelques-unes sont de petites armées. Le chef de la caravane, rompu au métier, a naturellement des relations avec des chefs, des petits rois nègres, et profite de leurs guerres incessantes de tribu à tribu pour s'aider dans ses entreprises, successivement des uns et des autres. Alors, lorsqu'il a trouvé un chef nègre qui lui propose une affaire, la colonne expéditionnaire se rend à portée de la tribu ennemie. La nuit, on entoure un village, le plus important, et sans aucune provocation, dès que la première lueur du jour apparaît, on attaque à coups de fusil cette population surprise, et

Monseigneur Charbonnier, vicaire apostolique du Tanganika [1].
(*Missions catholiques.*)

qui n'a pour défense que des massues, des flèches et des bâtons. On tue tout ce qui essaie de résister, puis

[1]. Monseigneur Charbonnier est mort des suites de son séjour dans ces pays malsains ; il est remplacé par Monseigneur Bridoux, ancien supérieur de la maison de Carthage.

on prend les hommes, les femmes et les enfants, on les met à la cangue, espèce de fourches où on fait passer la tête, et qu'on attache les unes aux autres, puis tous ces gens sont liés par les mains et forment une ou plusieurs files.

De plus, on emmène tous les troupeaux, on ramasse tout l'ivoire, les vivres que l'on peut trouver. On charge cet ivoire et ces vivres sur le dos des malheureux, et on met le tout en route. Arrivé chez le roi nègre qui a aidé à l'expédition, on lui vend des bestiaux pour de l'ivoire. On lui cède aussi des esclaves en échange du même produit. Il est rare que dans ces marchés une cause de dispute ne naisse, car non seulement le chef de l'expédition a droit au bénéfice d'ensemble, mais chacun des misérables qui l'accompagnent fait naturellemennt pour son compte un petit commerce, où il lui faut son bénéfice particulier. Il prend, vole, tue au besoin sans que personne s'en occupe, ni y mette le moindre obstacle. Aussi les individus isolés, les femmes rencontrées seules près et même dans les villages, les enfants rencontrés pendant la route, sont enlevés, et cela à un point tel, que Livingstone nous raconte la peine qu'il eut à faire relâcher la femme d'un roi qui l'avait reçu et hospitalisé.

Souvent même la dispute est volontaire et organisée par le traitant. Alors on traite l'ami comme on a traité l'ennemi. Quand on a ruiné toute la contrée, brûlé tous les villages, massacré les hommes et mis à la cangue tout le reste, on va recommencer ailleurs.

Le prétexte est toujours facile à trouver, ainsi que le prouve le récit du pillage d'un marché que donne Livingstone dans son deuxième volume.

« 15 juillet. — Quinze cents personnes environ se trouvaient au marché. En arrivant sur la place, je rencontrai tout d'abord trois hommes que Dagammbé (le chef de la bande des négriers) a récemment amenés d'Oudjigi. Je m'étonnai de voir ces hommes avec des mousquets et fus sur le point de leur reprocher d'être là avec des armes, ce que ne font jamais les habitants ; mais j'attribuai cela à leur ignorance des usages du pays et, la chaleur étant suffocante, je résolus d'entrer chez moi.

« Comme je m'éloignai, je vis un de ces hommes marchander une poule et s'en emparer. Je n'avais pas fait trente pas en dehors de la place, qu'une double détonation m'apprit que le massacre commençait. La foule s'élança de tous côtés, chacun jetant ses marchandises et prenant la fuite. Les trois hommes continuaient à tirer sur les groupes qui étaient en haut du marché, quand des volées de mousqueterie partirent d'une bande postée en bas, près de la crique, et dont les coups se dirigeaient sur les femmes qui se précipitaient vers les canots.

« Une cinquantaine de pirogues étaient là, pressées les unes contre les autres. Les canots ne pouvaient pas sortir tous à la fois, la passé étant trop étroite et, voulant tous partir, ils s'en empêchaient. Hommes et femmes, entassés dans les barques, blessés par les balles qui continuaient à pleuvoir, sautaient dans l'eau et s'y débattaient en criant. Les coups de feu continuaient, tombant sur les faibles et sur les blessés. A chaque fois disparaissaient des têtes, les unes tranquillement, elles coulaient à fond et rien de plus, tandis que, à la place des autres, on voyait des bras se tendre vers le ciel, puis disparaître aussi.

« Peu à peu toutes les têtes disparurent. Les Arabes eux-mêmes estimèrent le nombre des morts entre trois cent trente et quatre cents, et ils sont bien loin du compte.

« Dans leur acharnement, les hommes qui fusillaient près des canots ont tué deux des leurs.

« Mon premier mouvement fut de décharger mon pistolet sur les assassins, mais Degammbé protesta contre mon immixtion dans une querelle sanglante : je dois m'estimer heureux d'avoir cédé à son avis.

« On ne saura jamais le nombre de ceux qui ont péri.

« Tous les gens du marché qui ont pris la fuite de ce côté-ci ont été poursuivis et dépouillés par les gens du camp, et pendant des heures, des femmes de la suite des traitants recueillirent et emportèrent des charges de ce qui était resté sur place.

« Ce matin, seize villages étaient en feu. Cette bande d'incendiaires et de meurtriers a passé toute la nuit et toute la journée du 16 parmi les ruines qu'elle a faites à se gorger de chèvres et de volailles. Ce soir, elle a repris son œuvre ; vingt-sept villages sont détruits. »

Livingstone nous dira lui-même la souffrance, les tortures de ces gens libres hier, de ces femmes reines hier, aujourd'hui esclaves, pendant les longues marches qu'il leur faut faire. Quels horribles moyens emploient ces bourreaux, pour les forcer à suivre, comment on les fait mourir quand leurs forces sont épuisées et que la faim et la fatigue leur ont ôté toutes leurs forces.

« 19 juin. — Passé près d'une femme attachée à un arbre par le cou, elle était morte. Les gens du pays nous expliquent qu'elle ne pouvait pas suivre la bande et que son maître n'a pas voulu qu'elle devînt la propriété de celui qui la trouverait, si le repos pouvait la remettre. Ce n'est pas la première femme que nous voyons attachée de la sorte. Une autre avait été poignardée ou tuée d'une balle, car elle gisait dans une mare de sang. La réponse que l'on nous fait est toujours la même. Le propriétaire de ces victimes ne pouvant plus la faire marcher et furieux de la perte qu'il

Monseigneur Livinhac, vicaire apostolique du Nyanza.
(*Missions catholiques.*)

en éprouve, soulage sa colère en tuant l'esclave qui tombe de fatigue.

« 27 juin — Aujourd'hui, vu un homme qui est mort de faim.

« Un de nos gens s'est écarté du sentier et a trouvé une quantité d'individus, la fourche au cou, esclaves abandonnés par le traitant qui ne pouvait plus les nourrir. Ils mouraient de faim et n'avaient plus la force de parler.

« 30 juin. — Vu une autre femme attachée à un arbre. Il y a sur le chemin tant de fourches à esclaves gisant çà et là qu'une puissante caravane a dû y passer. En effet, la caravane de Sef (Arabe de Zanzibar) compte onze divisions, ayant chacune leur commandant, et il ne s'y trouvait pas moins de soixante à soixante-dix traitants. Les sous-chefs ont à leur tour des subalternes et chacun a sous sa direction cent trente à cent cinquante esclaves.

« 1ᵉʳ août. — Vu le campement d'une autre bande arabe, on y comptait dix parcs dont chacun, d'après le nombre de feux, devait renfermer quatre-vingts à cent esclaves. »

Laissons maintenant la parole à Mgr Lavigerie :

« Dès les premiers jours, les fatigues, la douleur, les privations en affaiblissent un certain nombre. Les femmes s'arrêtent les premières. Alors, afin de frapper d'épouvante ce malheureux troupeau humain, les conducteurs les flagellent ou les assomment. Chaque fois que quelqu'un s'arrête épuisé, le même spectacle recommence. Quelquefois, spectacle plus terrible encore, on les attache par le col aux arbres du chemin et on les voue à mourir lentement de faim ou à être dévorés vivants par les bêtes féroces.

« Le soir, à la halte, ces marchands d'hommes, instruits par l'habitude, voient, d'un coup d'œil, quels sont ceux qui sont près de succomber à la fatigue ; alors, pour épargner la faible dépense de leur nourriture, ils les assomment ou les laissent mourir de faim, et c'est à côté de leurs cadavres que les autres mangent et dorment. Parmi les jeunes nègres arrachés par nous à cet enfer et rendus à la liberté, il y en a qui se réveillent chaque nuit, pendant longtemps encore,' en poussant des cris affreux. Ils revoient, dans des cauchemars sanglants, les scènes abominables dont ils ont été témoins.

« Et la marche dure ainsi plusieurs mois. La caravane diminue chaque jour. Si, poussés par ces maux extrêmes quelques-uns essaient de fuir ou de se révolter, leurs maîtres féroces, pour se venger d'eux, leur tranchent les muscles des bras et des jambes à coups de sabre ou de couteau, et les abandonnent ainsi, attachés aux arbres ou à leurs cangues le long de la route, où ils meurent de faim ou sont la pâture des bêtes féroces. »

On calcule que chaque année quatre cent mille nègres sont les victimes de ce fléau. La traite des noirs n'est pas un fait local, spéciale à telle ou telle contrée du continent africain, partout elle règne, entraînant avec elle son hideux cortège de souffrances, de tortures, et dépeuplant des espaces considérables. C'est ce que nous allons essayer de prouver, par les opinions des explorateurs seuls experts en la question.

Burton nous a dit : « L'Afrique baigne dans son sang. Dans l'état actuel, l'Africain ne veut plus travailler, toute son ambition est de se procurer des nègres. De là, un état de guerre qui s'éternise, les razzias, les invasions se succèdent. Le fort attaque le faible, emmène le bétail, brûle les hameaux, s'empare des sujets du vaincu, et les vend au premier traitant qui passe. Ainsi, les habitants de cette terre féconde sont transformés en loups qui se dévorent, et chose à peine croyable : on voit des mères qui vendent leurs enfants pour quelques bagatelles et sans qu'une seule larme vienne mouiller leurs paupières. »

Baker nous a décrit, dans des termes plus énergiques encore, le dépeuplement du Haut-Nil et des contrées qu'il a traversées. Là, de vastes étendues sont aujourd'hui inhabitées, la population entière a disparu ou a été obligée de fuir devant ces bandes de monstres à faces humaines qui les ravagent. Enfin, dans des contrées bien lointaines, au Bornou, le docteur Barth nous a appris qu'à ces distances considérables, la traite était aussi en pleine vigueur.

« Les coffres des hauts dignitaires du Bornou étaient vides, il importait de les remplir. On met en route une véritable armée, on arrive à Mousgan; le pays est délicieux; de vastes champs parsemés de villages, de grands arbres, des greniers soigneusement construits, des mares creusées de main d'hommes, des chemins bordés de haies bien entretenues, des tombeaux annonçant le respect des morts. Une heure après, villages et greniers étaient en ruines, les femmes et les enfants capturés, et cent soixante-dix hommes, à qui les chasseurs avaient de sang-froid coupé la cuisse, attendaient que l'hémorragie terminât leurs souffrances. »

Des tribus entières disparaissent aussi, Stanley va nous l'apprendre. « Ceux-ci (les Vouadaï) prédominaient au levant de l'Ousagara. Mais les marchands d'esclaves, portant la ruine avec eux, livrèrent cette belle race à des bandes composées de métis de la côte, d'esclaves marrons, de criminels échappés aux lois de Zanzibar, de voleurs d'enfants, de détrousseurs de caravanes. Les bandits organisés par les traitants, fournissent bientôt à ceux-ci des Vouadaï. La vente de ces captifs, d'une beauté de formes et d'une intelligence remarquables, fut à la fois rapide et fructueuse, et les razzias se multiplièrent. Depuis longtemps, il ne reste plus qu'un petit nombre de Vouadaï, presque tous ont été arrachés de

GROUPE D'ENFANTS KIBANGA. (*Missions catholiques.*)

leurs demeures. Mais l'horrible chasse n'est pas terminée, elle continue sur les tribus voisines. »

Livingstone nous dit également :

« 8 septembre. — Ici, la destruction est récente, c'est l'œuvre des Masiningas, tribu Acahaoue. Pour fournir aux demandes des Arabes, ils ont presqu'entièrement dépeuplé, sur un espace de trois à quatre milles, la bande féconde qui se déroule entre le lac et les montagnes. Il est douloureux de voir des crânes et des ossements épars : on voudrait n'y pas faire attention, mais leur vue est si frappante qu'il est impossible de ne pas les remarquer. »

Et ailleurs :

« Quand j'ai rendu compte de la traite de l'homme dans l'est de l'Afrique, je me suis tenu très loin de la vérité, ce qui était nécessaire pour ne pas être taxé d'exagération ; mais, à parler en toute franchise, ce sujet ne permet pas qu'on exagère ; amplifier les maux de l'affreux commerce est tout simplement impossible. Le spectacle que j'ai eu sous les yeux, incidents communs de ce trafic, est d'une telle horreur, que je m'efforce sans cesse de le chasser de ma mémoire, et sans y arriver. Les souvenirs les plus pénibles s'effacent avec le temps, mais les scènes atroces que j'ai vues se représentent, et la nuit me font bondir horrifié par la vivacité du tableau. »

Le docteur Barth, nous dit aussi sur le même sujet :

« Pour pouvoir apprécier, à sa juste valeur, le degré de cruauté de ces chasses à l'esclave, il faut remarquer que non seulement on n'emporte que les jeunes prisonniers en massacrant les vieux, mais que la famine suit ordinairement ces razzias, et tue une foule de ceux qui ont eu la chance d'échapper au massacre. »

Et plus loin :

« Plus d'un lecteur, j'en suis convaincu, se sera demandé en pensant à ces inhumaines chasses d'esclaves, s'il ne serait pas d'une politique plus sage de la part des États musulmans de laisser les malheureuses peuplades cultiver paisiblement ces belles contrées, en se contentant d'exiger d'elles un large tribut ; à la vérité, abstraction faite de ce que les musulmans sont sourds aux souffrances des malheureux païens, parfaitement méritées à leurs yeux, on se demandera quel serait le tribut qu'ils pourraient leur imposer. Mais tout cela changera évidemment, dès que l'on aura établi des relations commerciales, paisibles et régulières, au cœur même de ces pays, ouvrant ainsi des débouchés à leurs produits, tels que le coton, le beurre végétal, les amandes de terre, l'ivoire, les cornes de rhinocéros, les fibres de *l'Asclepea gigantea*, la cire, les cuirs, etc., etc. »

C'est une généreuse erreur, mais il est certain que si les musulmans avaient voulu, rien ne les empêchait de faire honnêtement et paisiblement le commerce de l'ivoire, les indigènes de tous ces pays étant tout disposés à ces transactions. Ce sont les musulmans qui, par leur vil appât des gains, ont voulu ajouter aux bénéfices légitimes de ce commerce, la traite et toutes les horreurs qu'elle entraîne.

« Presque toujours, écrit Schweinfurth, les agents des traitants sont des fakis (personnages religieux), qui regardent la traite des nègres comme un accessoire ordinaire de leurs attributions. Le Coran d'une main, le couteau à eunuques de l'autre, ils vont de zériba en zériba (villages, enclos), menant littéralement ce qu'ils appellent une vie de prières, ne disant pas une parole sans invoquer Allah et son Prophète, et associant à ces pratiques religieuses les infamies les plus révoltantes, les cruautés les plus atroces.

« Tels sont les actes de ces hommes qui se posent en piliers de la foi musulmane. Inutile de discuter avec eux sur le dogme, la question est de pure moralité. L'histoire du mahométisme n'est partout que celle du mal; fils du désert, l'Islam fait un désert de tous les lieux où il pénètre, détruit chez l'homme tout sentiment fécond; tous les peuples qui ont subi son influence se sont figés en une masse homogène d'où a disparu tout caractère de nationalité ou de race.

« Il n'est pas vrai que l'Islam soit susceptible de progrès, l'en croire capable est une illusion.

« Toutefois, ce qu'il y a de plus douloureux dans cette chasse à l'homme, c'est la dépopulation. Des cantons entiers sont convertis en désert. Les Turcs et les Arabes prétendent qu'ils ne détruisent que des tribus sans valeur qui, si elles multipliaient, ne profiteraient de leur nombre que pour s'exterminer les unes les autres. Je pense différemment. De nos jours l'Afrique ne peut rester plus longtemps à l'écart; nous avons besoin d'elle, de ses productions, de ses marchés. Cette terre colossale doit participer au labeur commun et prendre part au commerce du monde. Pour cela, il ne faut plus d'esclavage. Plûtot que de laisser la traite décimer les indigènes, mieux vaudrait que les Turcs, les Arabes, tous les peuples fainéants disparussent de la terre. Dès qu'ils travaillent, si peu que ce soit, les nègres, par cela seul, valent mieux qu'eux. »

Mais il faut reconnaitre que le mal a dépassé même les prévisions des musulmans. L'introduction des armes à feu, résultats d'échange, a produit dans l'intérieur un phénomène semblable à celui de l'incendie qui s'étend de proche en proche. Les tribus armées les premières

Tembé de la Mission de Tebora. (*Missions catholiques.*)

se sont ruées sur celles qui ne l'étaient pas parce qu'elles étaient plus loin de la côte, et ont exercé contre elles les mêmes cruautés qu'elles avaient apprises des Arabes, et cela avec encore moins de ménagements ; elles ont accompli la destruction complète des populations et des villages et ont transformé en désert des pays autrefois riches et peuplés. Tout le monde a été tué, a fui ou a été mené en esclavage.

Non, on ne doit pas craindre de le répéter, jamais les musulmans, avec leur égoïsme féroce, leur brutalité et leur vil appat du gain, n'y mettront un terme, et nous pensons que les commerçants européens, eux aussi, ne feront pas les efforts nécessaires.

Il faut, pour en venir à bout, des idées plus élevées, un dévouement plus grand envers l'humanité, un spiritualisme plus ardent, des sentiments plus détachés des biens de la terre que ceux produits généralement par les habitudes du négoce.

Livingstone en a eu le pressentiment. C'est une idée à laquelle il revient souvent :

« Je voudrais dire aux missionnaires : Allez trouver les vrais païens, vous ne saurez combien vous êtes braves qu'après avoir mis votre bravoure à l'épreuve. Laissez les tribus de la côte et consacrez-vous ardemment aux sauvages, comme on les appelle, et vous trouverez chez eux, à côté de grands défauts, beaucoup à aimer et à admirer. C'est aux naturels que les missionnaires doivent consacrer leurs temps. »

Enfin, près de sa mort héroïque, au terme de son voyage, il s'écrie : « Puissent les bienfaits du Ciel descendre sur quiconque, américain, anglais, turc, aidera à guérir cette plaie saignante de l'humanité... »

Le vœu de ce voyageur intrépide qui a tant contribué à faire connaître l'intérieur de l'Afrique a été recueilli par Stanley, son émule. Ce dernier qui, en 1869, avait entrepris, sous l'impulsion de son directeur, M. Benett, du *New-York-Herald*, d'aller à sa recherche, l'avait retrouvé après avoir surmonté nombre de dangers et de difficultés. Il s'était laissé séduire par sa bonté, sa noble grandeur, sa ferme volonté, sa droiture inaltérable, bien plus, par tout le côté religieux qui débordait en lui.

« Jusqu'au jour où je l'ai rencontré, dit-il, en vrai reporter, je ne ressentais pour lui nulle affection, il n'était pour moi qu'un but, qu'un article de journal, un sujet à offrir aux affamés de nouvelles, un homme que je cherchais par devoir et contre lequel on m'avait mis en défiance. Je le vis et je l'écoutai : j'avais parcouru des champs de bataille, vu des révoltes, des guerres civiles, des massacres. Je m'étais tenu près des suppliciés pour rapporter leurs dernières convulsions, leur derniers soupirs, jamais rien ne m'avait ému autant que les misères, les déceptions, les angoisses dont j'entendais le récit. Je commençais à m'apercevoir que d'en haut Dieu surveille justement les affaires des hommes, et à reconnaître la main d'une Providence qui dirige tout avec bonté. »

Ce qu'il dit là est plus vrai qu'il ne le croit lui-même, car, à partir de ce moment, il va devenir un des moyens de la Providence.

« Livingstone, dit-il, est un missionnaire ; la piété prend chez lui ses traits les plus aimables, elle règle sa conduite non seulement envers ses serviteurs, mais à l'égard des indigènes, des musulmans, en un mot de tous ceux qui l'approchent, elle a adouci, affiné cette nature ardente, cette volonté inflexible et fait de cet homme, d'une effrayante énergie, le maître le plus indulgent, le compagnon le plus sociable. Tous les jours il réunit son petit troupeau, lui fait la lecture des prières ainsi que d'un chapitre de la Bible, puis il prononce une courte allocution ayant rapport au texte qu'il vient de lire. »

Évidemment cette attitude, cette piété, ont profondément frappé Stanley. Aussi, il se voue à compléter l'œuvre de son héros et il entreprend le voyage à travers l'Afrique, qui est en réalité la plus grande entreprise moderne. Ce sont les récits des voyages de Livingstone et de Stanley qui passionnent l'opinion publique, dont la pression va amener des résultats décisifs.

D'abord, en 1876, S. M. le roi des Belges fonde une association internationale destinée à fournir de l'argent et des hommes, en provoquant le concours de toutes les nations civilisées, et en obtenant des souscriptions et des dons volontaires. De tous côtés, de toutes les bourses, les fonds abondent. Le roi en tête concourt, avec une générosité royale, à former le budget de cette nouvelle croisade. Sous une aussi vigoureuse impulsion, le programme s'établit. Il consiste à créer quelques stations à la côte, espèces d'entrepôts destinés à fournir aux voyageurs des renseignements, des moyens d'existence et d'exploration et, dans l'intérieur, un nombre de stations toujours croissant, en commençant par les points indiqués par Livingstone, Stanley et les autres voyageurs, comme les plus favorables.

Le personnel ne pouvait manquer pour une si noble entreprise. A l'appel de leur roi, officiers, savants répondirent à l'envi et offrirent leurs services, prêts à affronter tous les périls. Beaucoup payent de leur vie ce noble enthousiasme, mais ceux qui tombent sont vite remplacés. La Société internationale belge soutient généreusement tous ces efforts. Aussi, sous cette puissante impulsion, ce pays inhospitalier est parcouru de Zanzibar au Tanganika, des stations sont fondées sur le lac même à

Karêma, et Stanley jalonne le cours du Congo d'établissements qu'il crée en remontant vers la source.

MAISON DE BAGAMOYO, PÈRES DU SAINT-ESPRIT. (*Missions catholiques.*)

Non contents de cet effort déjà considérable, les officiers belges explorent les affluents du Congo, les bassins du Quillou-Niadi et vont créer des stations et entamer des relations avec les peuples de l'intérieur.

Le jour semble être proche où les représentants de l'Association internationale belge, partis de l'Orient et de l'Occident, vont se donner la main dans ces régions des lacs d'où sortent tous les grands fleuves du continent africain. La conférence de Berlin reconnaît ces efforts en attribuant à la Société belge l'État libre du Congo pour y concentrer son action. Elle abandonne aux missionaires français ses stations des grands lacs et en fonde un grand nombre d'autres dans cette vallée.

Les Pères du Saint-Esprit ont fondé plusieurs établissements sur la côte orientale d'Afrique ainsi que dans l'intérieur, mais à peu de profondeur; ils ne dépassent pas en moyenne soixante à soixante-quinze lieues.

Leur établissement central à Bagamoyo est magnifique; c'est une véritable école d'arts et métiers qui rend de grands services et est admirablement dirigée. Il fut fondé en 1863, dans le dessein d'aider et de soutenir les autres.

Ils ont également des missions à la côte de Guinée et au Congo belge et français, qu'ils ont remonté jusqu'à Brazzaville et aux abords de Équateurville. Ils ont fait une reconnaissance du Kassaï, puis l'ont abandonné.

Les Pères du Saint-Esprit élèvent, dans leur établissement de Bagamoyo, environ deux cents petits nègres achetés aux caravanes ou abandonnés par elles et recueillis ou pris par les croisières sur les bateaux négriers et donnés par les consuls. Ils donnent à ces enfants une instruction primaire, puis ils leur apprennent à tous un métier, maçon, menuisier, charpentier, forgeron, etc., etc., de façon à les mettre à même de de vivre en travaillant.

A l'établissement ils ont joint une terre d'assez grande dimension divisée en portions qu'ils donnent à chaque nègre devenu adulte, lorsqu'ils l'ont marié. Ils lui apprennent la culture et forment ainsi de petits villages où chacun vit du produit de son travail, sur lequel l'établissement prélève une légère portion pour l'entretien des jeunes nègres et aussi pour l'agrandissement de la maison. Les Pères du Saint-Esprit préparent aussi quelques-uns de ces enfants à servir de guides ou d'interprètes aux caravanes de missionaires qui pénètrent dans l'intérieur. Institution des plus utiles car, en dehors de ces jeunes gens ainsi préparés, les guides sont toujours ou presque toujours des êtres sans foi, qui trompent et trahissent ceux qu'ils conduisent.

Généralement, les Pères se louent beaucoup de leurs enfants, ils se montrent reconnaissants, fidèles, et il est rare qu'une fois instruits et chrétiens ils cherchent à s'enfuir et abandonnent le droit chemin.

Cet établissement de Bagamoyo situé près de la côte rend les plus grands services. C'est là que se forment les caravanes, que les voyageurs trouvent de précieux renseignements. Stanley en a fait le plus grand éloge.

L'utilité et les services rendus sont reconnus par les Arabes eux-mêmes, qui n'ont jamais, jusqu'à présent, manifesté d'hostilités contre eux et n'ont jamais essayé de leur enlever aucun enfant.

Le climat de Bagamoyo est malsain et les fièvres entretenues par les marais environnants y sont en permanence et personne ne reste quinze jours sans lui payer tribut. Cependant la mission est en pleine voie de prospérité :

Son Éminence le cardinal Lavigerie, dans un livre intitulé: *A l'assaut du pays des nègres,* nous a initiés aux efforts faits par l'Église catholique. Assurément, elle ne pouvait rester en arrière de ceux tentés par la Société internationale belge. Mais, visant plus haut que les besoins matériels des populations, son origine, sa mission dans le monde, exigent d'elle qu'elle conduise ces sauvages et malheureux peuples à la civilisation, par leur conversion aux lois de Dieu.

La Société belge, elle, avait pour règle de borner ses efforts à la science, au commerce et à l'industrie, et de laisser de côté toute idée religieuse. Quelque difficile qu'il soit de moraliser et de relever une population tombée aussi bas sans le secours d'une idée religieuse, elle s'était décidée à l'essayer. Elle ne pouvait faire autrement, ayant résolu, dès le principe, d'admettre dans son sein tous les éléments sans distinction, et de faire appel à toutes les bonnes volontés.

Dès 1877, la question équatoriale était posée devant le chef de l'Église catholique, le pape Pie IX. Devant les besoins de ces populations, dont quelques-uns portent le chiffre à plus de cent millions, devant leur misère, les cruautés dont elles sont victimes, devant leur abandon moral, le chef de l'Église catholique ne pouvait hésiter à tenter la mission la plus essentielle qu'elle a reçue de Dieu : « Allez et enseignez les nations et baptisez-les au nom du Père, du Fils et du Saint-Esprit. »

Au mois de janvier 1878, Pie IX, après avoir étudié cette grave question, était décidé à signer le décret de création des missions de l'Afrique équatoriale, lorsqu'il mourut. Quatre jours après son élévation au trône pontifical, le pape Léon XIII signe ce décret, le 24 février, et réalise le projet de son prédécesseur. Il divise les missions en quatre centres : le lac Nyanza, le lac Tanganika, Kabébé capitale des États du Mouata-Yamvo, et l'extrémité nord du cours du Congo.

Le 25 mars 1878, après avoir reçu leur mission du Saint-Siège, les premiers missionnaires, au nombre de dix, partaient pour Zanzibar, cinq pour le Nyanza et cinq pour le Tanganika.

« Je n'écris leurs noms qu'avec respect, » dit Son Éminence ; nous pouvons ajouter que ces hommes n'ayant aucun désir de gloire ni de fortune, il est inutile de proclamer leurs noms. Dieu, pour qui ils agissent seul, saura bien donner la récompense à laquelle a droit leur dévouement, et nous abrégerons autant que possible le récit de leurs souffrances personnelles pour ne montrer que les résultats obtenus.

Ceux qui allaient au Tanganika y arrivèrent à la fin de janvier 1879, plus de dix mois par conséquent après leur départ d'Alger. Ceux qui se sont établis dans l'Ouganda y sont arrivés le 19 juin 1879, soit un an, deux mois et vingt-cinq jours après leur départ. De la côte de Zanzibar à Tabora il y a 800 kilomètres, et 430 ou 500 de Tabora au Taganika, ou au Nyanza sud, soit 1,300 kilomètres. La route est une grande partie de l'année noyée sous l'eau, d'immenses marais, des rivières profondes la rendent d'un parcours des plus difficiles et entièrement malsain.

Les missionnaires du Tanganika s'installèrent d'abord à Oudjiji, où ils furent bien reçus, d'abord par le représentant du sultan de Zanzibar, Mounié Khéri ; mais c'était un milieu très corrompu où les traitants arabes étaient en grand nombre, où ils ne trouvaient pas d'enfants par suite de la traite. Ils furent bientôt en butte à la malveillance des missionnaires protestants, qui adressèrent contre eux des réclamations à Saïd Bargasch, fils de Saïd Medjid, et qui lui a succédé. Celui-ci, il est vrai, y mit un terme en leur répondant: « A Oudjiji, il y a des Français et des Anglais, les Arabes n'ont pas deux poids et deux mesures avec les étrangers. Pourquoi donc ai-je reçu tant de plaintes de vous et rien des autres? »

Quoi qu'il en soit, ces causes réunies leur firent désirer de s'éloigner, et ils s'installèrent plus au nord, dans l'Ouroundi.

La mission du Nyanza, appelée par Mtésa, roi de l'Ouganda, s'installa à Roubaga. Ses débuts furent facilités par le monarque, qui leur donna des terres, des bœufs, leur permit la prédication de la religion dans ses États.

Quinze mois après eut lieu un second départ composé de douze prêtres et six laïques, qui s'étaient offerts pour conduire les caravanes, commander les porteurs, qui, dans ce pays, remplacent les bêtes de somme faisant défaut et, au besoin, de défendre la mission contre les dangers de toutes sortes sur la route.

Au mois de novembre 1880, nouveau départ de quinze missionnaires. Depuis, les départs se sont succédés tous les ans. Les premières caravanes ont eu à lutter contre des difficultés presque insurmontables. Le climat très meurtrier pour les blancs, les maladies de toutes sortes, variole, dyssenterie, fièvres, l'absence de tout moyen de transport et l'obligation de louer des porteurs qui, à chaque instant, s'enfuient et demandent des suppléments de solde malgré les conventions faites. La guerre est partout, les attaques répétées des bandits qui volent et assassinent toutes les fois qu'un défaut de surveillance le leur permet, l'absence de toute autorité et de toute protection, les tributs à payer à chaque roitelet, et Dieu sait s'il y en a sur une route aussi longue et quelles sont leurs prétentions hors de toute raison.

Quoi qu'il en soit, malgré le nombre considérable des victimes, en dépit des difficultés et des obstacles de

VUE D'OUDJIDJI TANGANIKA. (*Missions catholiques.*)

tous genres, le pays est pénétré peu à peu et des établissements s'y créent, bien loin encore les uns des autres, mais qui cependant servent de point d'appui, de lieux de repos, de rativaillement et de protection à ceux qui entreprennent ces longs parcours. Pourvus de médicaments, de vivres qu'ils mettent généreusement à la disposition des voyageurs, ils les servent puissamment aussi, par les relations et l'influence qu'ils acquièrent peu à peu, par les renseignements, les guides, les interprètes qu'ils fournissent.

La Société internationale belge, les missionnaires anglais de la Société de Londres, des Français de la Société de géographie de Paris ont créé des établissements, et tous, à bien peu d'exceptions, s'entr'aident, se secourent et se soutiennent. Aussi, petit à petit, les difficultés diminuent, le parcours devient plus facile, les populations s'empressent autour des missionnaires et le nombre des enfants qu'ils recueillent augmente tous les jours. Bientôt aussi ils auront pour les aider les enfants nègres, choisis parmi les plus intelligents et les plus laborieux, que les missionnaires envoient à Malte dans un institut fondé pour parfaire leur éducation et les mettre à même d'aider leurs bienfaiteurs. Leur instruction y est développée, quelques-uns même suivent les cours de médecine.

Conclure de ce qui précède que, jusque là, l'Église catholique n'avait fait aucun effort pour venir au secours de ces populations et était restée insensible à leurs souffrances, serait une grave erreur.

En effet, différentes missions étaient déjà établies, savoir :

DÉSIGNATION DES ORDRES	LIEUX OCCUPÉS PAR LES MISSIONS
Saint-François	Tripolitaine, Tunisie, Égypte, Pays des Gallas.

DÉSIGNATION DES ORDRES	LIEUX OCCUPÉS PAR LES MISSIONS
Saint-Vincent-de-Paul.	Abyssinie.
Saint-Esprit	Zanzibar, Congo, Sénégambie.
Missions africaines de Lyon	Côtes de Guinée, au Cap, Dahomey.
Missions autrichiennes.	Sud de l'Égypte.
Jésus	Madagascar, Zambèze.
Oblats de Marie. . . .	Natal.
Clergé anglais	Au Cap.

Ouganda ou Bouganda. — L'Ouganda ou Bouganda (langage indigène) s'étend au nord et nord-ouest, du lac Nyanza. Ses collines verdoyantes, ses frais vallons, ses plaines fertiles, en font le plus beau pays que l'on puisse rencontrer, depuis Zanzibar. Partout s'étale la végétation luxuriante des régions équatoriales avec ses hautes herbes et ses arbres gigantesques. Ça et là des nappes d'eau bordées de forêts de roseaux et de papyrus. C'est véritablement le séjour de l'éternel printemps et, durant toute l'année, à côté des fruits murs, les fleurs étalent leurs vives couleurs et répandent les parfums les plus suaves. La température est à peu près la même durant toute l'année, et varie dans la journée de treize à trente-trois degrés centigrades, limite extrême qu'elle ne dépasse pas.

Les indigènes distinguent deux saisons de pluies correspondant aux deux équinoxes. Elles durent chacune plusieurs semaines ; les pluies sont alors fréquentes sans être continuelles. Généralement l'eau du ciel tombe par fortes averses de deux ou trois heures, et il est rare de voir une journée entière de mauvais temps. En dehors de ces deux saisons, il pleut assez souvent, c'est ce qui explique en partie la richesse de la végétation, que favorise un terrain rouge des plus fertiles.

La principale culture est celle du bananier. Autour de chaque habitation s'étend une grande bananerie, où le propriétaire puise toute l'année ; il n'a pas d'autres provisions. Il y a plusieurs espèces de bananes : les unes se mangent vertes et bouillies comme les pommes de terre ; d'autres, grillées sous la cendre ou auprès d'un brasier, ont un goût exquis ; une troisième espèce sert à fabriquer une boisson, que l'on boit douce ou fermentée et mélangée avec du sorgho rouge grillé. Son goût a quelque rapport avec celui du cidre ; c'est le nectar du Bouganda. Les indigènes n'en abusent cependant pas, et il est rare de voir des hommes ivres.

Le bananier fournit encore aux habitants ses fraîches et larges feuilles, pour leur servir d'assiettes et de coupes, son écorce pour envelopper café, tabac, beurre, haricots, etc... Ils en font aussi des liens ; les racines sont une dernière ressource en cas de disette.

Outre le bananier, on cultive dans l'Ouganda les patates douces, le maïs, le manioc, une grande variété de pois et de haricots, le sorgho rouge, etc. Le café y pousse presque sans culture.

Les animaux domestiques sont : la poule ; la chèvre à poil court et fin, qui fournit une viande excellente, mais peu de lait (les indigènes n'ayant jamais songé à la traire); le mouton à large queue, mais sans laine (sa toison ressemble au poil de chien); le bœuf (ils en élèvent de nombreux troupeaux, confiés à une caste particulière). Les bœufs du Bouganda ont, sur les épaules, une bosse charnue, plus ou moins grosse. On n'utilise pas la force du bœuf pour les travaux domestiques. L'indigène ne demande à ses troupeaux, que la viande, dont il est très friand, le lait, qu'il fait aigrir avant de le boire, et les peaux, qui lui servent de vêtements.

Le plus remarquable des animaux sauvages du Bou-

LA CAPITALE DE L'OUGANDA

ganda est l'éléphant. Malgré la guerre acharnée qui

leur est faite, ils sont encore, au dire des indigènes, fort nombreux et quelquefois redoutables pour les plantations qu'ils ravagent. Leurs défenses atteignent un poids considérable, jusqu'à 60 à 70 kilogrammes, que l'on vend à la côte plus de 2,000 francs. On y rencontre aussi le rhinocéros à une ou deux cornes, le bufle, le zèbre, une grande variété d'antilopes, de gazelles, des sortes de lapins, etc., etc. ; lions, léopards, hyènes abondent dans les jungles et les forêts, mais ils attaquent rarement l'homme.

La caille, la perdrix, la pintade, le canard, l'oie sauvage abondent aux environs du lac.

Les Bougandas abandonnent aux femmes, surtout aux plus âgées, le soin de leurs cultures.

Les huttes de ce pays se trouvent au milieu des bananeries. Quelques poteaux, des roseaux, des papyrus et de l'herbe suffisent à leur construction ; elles sont de forme conique, le toit descend jusqu'à terre et les herbes qui les recouvrent disposées avec art par des ouvriers spéciaux, garantissent entièrement l'intérieur de la pluie et du soleil.

Les cases ordinaires n'ont d'autre ouverture que la la porte et ne possèdent point de cheminée. Le foyer où cuisent les aliments est composé de grosses pierres; la fumée s'échappe comme elle peut. Les habitants s'habillent d'étoffes d'écorces d'arbres (espèces fines, très communes en ce pays) et de peaux de bœufs, d'antilopes, de chèvres et de léopards. Ils vont généralement pieds nus. Les grands seuls portent des sandales de peau de buffle. Ils aiment s'entourer la tête de cotonnades, mais le plus grand nombre ne peuvent se donner ce luxe et ils vont la tête nue par le plus grand soleil.

Ils sont sobres d'ornements et se distinguent aussi par leur propreté.

Depuis quelques années, les étoffes apportées de la côte tendent à remplacer ces costumes primitifs. Mais la rareté des communications s'oppose à ce que l'emploi de ces étoffes se généralise, à moins qu'ils n'apprennent à fabriquer des tissus, ce qui leur serait facile, le coton poussant à l'état sauvage dans ce pays.

Leur industrie est supérieure à celle des tribus voisines ; ils travaillent le fer dont ils tirent des couteaux,

PÈRE BLANC ENSEIGNANT A LABOURER
(*Dessin de M. O'Callaghan, d'après une photographie des Missions catholiques.*)

hachettes, pioches, lances et ornements. Le feu de leurs forges est entretenu par du charbon de bois et activé à l'aide d'un soufflet à courant continu. Les forgerons ne manquent pas dans le pays. Du cuivre, apporté par les étrangers, ils font aussi des bijoux.

Nous signalerons leurs boucliers ovales, faits avec des planchettes de bois léger, habilement recouvertes de minces lanières de rotin.

La poterie est fabriquée avec la terre provenant des fourmilières de termites. Elle consiste en marmites hémi-

19

sphériques, en jarres pour conserver l'eau, en écuelles et coupes de toutes grandeurs, en pipes, etc.

Le Bouganda, remarquable par la richesse de son sol, et la perfection relative de son industrie, se distingue aussi par la forme de son gouvernement. Le chef, ou roi du pays (kabaka), est un maître absolu de la terre et de tous ceux qui l'habitent. Il peut en disposer à son gré. Le royaume est partagé en grandes provinces, qui se composent elles-mêmes de plusieurs districts, divisés à leur tour en cantons.

Les chefs de chaque division sont créés par le roi qui les maintient et les destitue à sa volonté. La royauté est héréditaire, mais, à la mort du roi, les grands choisissent parmi ses enfants, celui qui leur convient. La résidence du roi, porte le nom de kibanga, elle est partout où est le roi.

Lorsque les Pères arrivèrent dans l'Ouganda, le roi Mtésa habitait au nord du Nyanza, sur le penchant de la colline appelée Roubaga.

Les tribus de l'Ouganda sont très belliqueuses, l'obéissance aveugle à leur roi et leur bravoure naturelle, leur donnent une grande influence qui s'étend fort loin. Chaque année, des armées fortes de plusieurs milliers d'hommes, sont envoyées au loin pour soutenir les alliés de l'Ouganda. Autrefois, elles n'avaient que des lances et des boucliers, aujourd'hui, quelques soldats sont armés de fusils. Les expéditions durent plusieurs mois, et presque toujours, l'armée rentre en poussant devant elle, des milliers de bœufs et de prisonniers de guerre.

Les femmes et les enfants sont, comme les bœufs, la propriété de ceux qui les reçoivent, et peuvent être vendus et revendus.

En somme, ils ne reconnaissent que la loi du plus

fort et toutes les horreurs de l'esclavage leur paraissent des usages très légitimes.

Leurs idées sur la vie future sont très vagues. Ils croient que tout ne meurt pas avec le corps, et qu'il s'en dégage un esprit (le mzimou) qui n'est ni heureux ni malheureux, qui peut entrer dans le corps des vivants, les tourmenter, les rendre malades, et même les tuer.

Les sacrifices humains ne sont pas rares, soit pour satisfaire aux esprits, soit pour honorer les morts, soit comme inauguration d'édifices ou de mausolées. Le roi Mtésa, sur la tombe de son père Sama, fit immoler un jour, trente-trois hommes, trente-trois moutons trente-trois chèvres.

Ils cachent avec soin ces holocaustes aux missionnaires. Malgré l'hostilité de quelques personnages attachés aux antiques superstitions, surtout à la polygamie, qu'ils craignaient de voir prohibée un jour à cause des blancs, tout semblait permettre d'espérer, surtout dans les missions du Nyanza, une ère de tranquille prospérité, lorsque, tout à coup, les événements de l'Égypte, le bombardement d'Alexandrie, l'entrée des Anglais sur le territoire musulman et l'apparition du Mahdi, changèrent cette situation. Le roi Mtésa, qui avait appelé les missionnaires sous la pression des indigènes, se montra inquiet, exigeant, et manifesta bientôt des intentions hostiles.

Les missionnaires se retirèrent prudemment au sud du lac, pour laisser passer l'orage, et donner aux esprits le temps de s'apaiser.

A la mort de Mtésa, son fils Mouanga, élu roi à sa place, se hâta de rappeler les Pères et les combla de faveurs et d'avantages.

Leurs missions atteignirent un haut degré de prospérité. Le roi lui-même, paraissait être prêt à se faire chrétien, et encourageait ses sujets à abandonner le paganisme. Mais les mêmes causes qui avaient agi sur le père, changèrent aussi les dispositions du fils. De plus, la nouvelle de la conquête d'une partie de l'Afrique équatoriale ajouta à ces appréhensions, la peur de voir les blancs conquérir son royaume. Ce fut le signal de sanglantes exécutions.

Une caravane de missionnaires anglais, conduite par l'évêque Hannington est massacrée, et tous les noirs convertis au christianisme dans l'Ouganda, sont mis à morts dans d'atroces supplices.

Au grand étonnement du monde entier, ces nègres, à peine convertis, semblables aux martyrs chrétiens des premiers siècles, ne tremblent pas devant la mort, et maintiennent leur foi jusque dans les tortures. Raconter ces faits extraordinaires, serait faire l'histoire des missions, et notre sujet ne le comporte pas ; nous nous bornerons à dire qu'ils sont d'un heureux augure pour le relèvement moral de ces populations et que, comme toutes les persécutions, elles ne font que contribuer aux succès des persécutés.

Malgré toute sa fureur, du reste, Mouanga n'a pas osé toucher aux blancs. Le sultan de Zanzibar, Saïd Bargasch est entre les mains des nations européennes, et il pense avec juste raison, que leurs flottes lui demanderaient compte du sang versé.

L'influence des missionnaires a été assez puissante, jusqu'à présent, pour préserver les villages nègres, qu'ils ont créés autour de leur mission, des horreurs de la traite et de toute persécution.

Les territoires qui leur appartiennent ont été respectés, et petit à petit, ces agglomérations croissent en nombre et en importance, sous les bienfaits de la paix et de l'ordre. Il se fonde ainsi de petits groupes, embryons de royaumes futurs, où la civilisation existe, et grandira sûrement, se développera par l'exemple, dès que ces agglomérations seront assez nombreuses et assez fortes, pour se protéger elles-mêmes. Les persécutions, quelque tenaces et cruelles qu'elles soient, ne sont donc que des temps d'arrêt limités, qui n'empêchent pas l'ensemble de l'œuvre entreprise de pro-

Père Blanc construisant une barque à Notre-Dame de Kamoga.
(Dessin de M. O'Callaghan, d'après une photographie des Missions catholiques.)

gresser, et ses conditions générales de s'améliorer chaque jour.

De plus, dans ces dernières années, de grands faits indiquent la volonté de l'Europe de s'occuper de ces régions équatoriales et l'intérêt qu'elle y attache. La conférence de Berlin, en premier lieu, a établi entre les puissances européennes, une convention par laquelle leurs possessions ont été mieux définies et beaucoup de causes de querelles supprimées. Dans le partage il n'est échu à la France aucuns droits sur la côte équatoriale. Bien au contraire... Postérieurement à la conférence une convention de limites est intervenue entre l'Allemagne et l'Angleterre. Par cette convention, elles reconnaissent :

1° La souveraineté du sultan de Zanzibar sur les îles de Zanzibar et de Pemba et sur une bande de terrain littoral, de dix-huit kilomètres de profondeur, allant du cap Delgado jusqu'au nord de la rivière Tana.

2° Par contre l'Allemagne a fait reconnaître par le sultan et par l'Angleterre la légitimité de ses possessions en arrière du littoral, y compris le district du Kilima-Njaro.

Par le fait de cette convention les limites de la zone de son influence dans l'intérieur du continent africain ont été reconnues devoir s'étendre à l'ouest, jusqu'aux frontières de l'État du Congo, le long du Tanganika, au nord, jusqu'au grand lac Victoria-Nyanza sur la moitié duquel la Société allemande de l'Afrique orientale a déjà des établisssements. Par une autre convention avec le Portugal, l'Allemagne s'est fait attribuer toute la partie nord du Nyassa, fixant la limite de ses nouveaux territoires au cours de la Rovinna.

Par ces conventions un champ immense d'entreprises commerciales est ouvert à l'Allemagne, et son protectorat s'étend aux sources du Nil, du Congo et du Zambèze. On ne peut pas douter qu'elle fera des efforts considérables pour tirer parti de cet immense pays. Elle a depuis longtemps déjà jalonné les points principaux de stations de missionnaires protestants.

Elle aussi aura à lutter contre toutes les difficultés que l'étude de la question nous a révélées et contre les marchands d'esclaves qui, bien plus que le Madhi, ont soulevé le Soudan contre l'Angleterre et ont arrêté sa marche en avant, malgré ses nombreux effectifs et son premier général, sir Wolseley.

Comment en triomphera-t-elle? Quelle sera son influence?

Elle a toute la puissance nécessaire pour mener son œuvre à bonne fin et triompher des difficultés.

ENFANTS NÈGRES PRÉPARANT LE RIZ.
(Dessin de M. O'Callaghan, d'après une photographie
des Missions catholiques.)

Quelle part laissera-t-elle aux missions catholiques, seuls éléments français qui aient pénétré ces régions? Ce sont là des questions bien obscures et bien difficiles à résoudre et ce que l'on pourrait dire n'aurait pas grande influence sur le résultat final.

Quoi qu'il en soit, les Allemands doivent s'attendre, si leur établissement prospère et grandit, ce que nous devons souhaiter, car il est dirigé par une nation civilisée et ne peut qu'améliorer la situation de ces peuples, à une lutte avec l'élément musulman; lutte d'autant plus prompte et plus acharnée qu'ils introduiront plus d'ordre, de justice et de respect du droit d'autrui.

Ce que nous avons dit, dans le courant des chapitres précédents, de l'organisation du monde musulman, suffit à faire comprendre l'importance de la question.

Souhaitons en terminant que la France, elle aussi, entreprenne comme l'Allemagne, de pénétrer le mystérieux continent pour y porter la civilisation et la justice et que ces deux nations, abandonnant leurs sanglantes querelles, se rencontrent sur ce terrain nouveau pour y lutter contre l'ennemi de toutes les civilisations, contre le mahométisme, et mettre enfin un terme à toutes les cruautés et à toutes les horreurs dont il accable ces malheureuses populations[1].

---

1. Depuis que ces lignes ont été écrites, de grands événements ont eu lieu, qui semblent les confirmer. D'un côté, Sa Sainteté Léon XIII et son Éminence le cardinal Lavigerie, ont pris en main la cause de l'abolition de la traite et ont fait un appel écouté à toutes les nations civilisées, de l'autre, les traitants ont commencé la guerre. Déjà des victimes illustres ont trouvé la mort, et tout fait prévoir que la lutte que nous prédisions, commence. Dieu veuille assurer promptement le triomphe de l'humanité, et faire pénétrer la civilisation parmi les populations du continent africain !

CHAPITRE XV

Routes fluviales. Le Congo. Les possessions de la Société internationale belge. Le Qwillou. L'Ogowé. Produits du pays.

Nous allons étudier maintenant les voies fluviales, qui permettent de pénétrer au Soudan. Elles sont nombreuses et formées de grands cours d'eau ayant des parcours considérables. Ce sont :

    I. Le Congo ;
    II. L'Ogowé ;
    III. Le Niger ;
    IV. Le Sénégal ;
    V. Le Nil.

I. *Le Congo.* — Le Congo est un des plus grands fleuves de l'Afrique. Il a ses sources dans la région des grands lacs d'où sort aussi le Nil. De nombreux affluents étendent son bassin jusqu'à ceux du Zambèze et du Benoué, le grand affluent du Niger. Son cours a une étendue d'au moins 6,000 kilomètres.

Les pays, qu'il parcourt, sont bien différents d'aspect et de richesse.

La dernière partie de son cours, de Banane à Boma, est une riche et basse contrée couverte de vastes forêts, de bois d'essences dures; elle a une étendue d'environ 80 kilomètres.

Au delà de Boma jusqu'à Stanley-Pools, environ 400 kilomètres, sa vallée est stérile, rocheuse et désolée. Il y a cependant de temps en temps quelques vallées fertiles surtout aux environs de Stanley-Pools même. Le cours du fleuve est encombré de cataractes nombreuses et de rapides, qui rendent la navigation impossible.

De Stanley-Pools à l'embouchure du Kassaï, environ

100 kilomètres, la vallée est rocheuse et stérile. A partir de l'embouchure du Kassaï jusqu'à Stanley-Falls, la

Indigènes de Stanley-Pools (Congo). (*Missions catholiques.*)

vallée est riche, basse et fertile. L'agriculture des indigènes est très variée et très prospère. On y voit d'immenses plantations de manioc, de cannes à sucre et de bananes. Le lit du fleuve est parsemé d'immenses îles très fertiles et couvertes de forêts de caoutchouc, de gomme, copal, etc.

On rencontre d'immenses troupeaux d'éléphants, de buffles et de grandes antilopes. Les cours d'eau renferment d'excellents poissons en grande quantité. Le fer et le cuivre y sont abondants.

Les affluents, nombreux et en partie navigables, ont des vallées très fertiles et très boisées et ont des dimensions considérables. Le Kassaï atteint 3,000 mètres de largeur et reçoit lui-même des rivières comme le Sankonson, qui atteint 500 à 600 mètres de largeur et constitue au point de vue commercial une voie navigable très importante qui ouvre au trafic une contrée riche avec une population très douce. Le commerce de l'ivoire y est considérable et les forêts produisent une immense quantité de caoutchouc.

La Louloua, dont le bassin s'étend jusqu'au Zambèze. Au-delà de Stanley-Falls le pays a été peu parcouru et tous les voyageurs qui ont essayé de monter au nord ont rencontré des difficultés considérables. Le docteur Lentz n'a pu continuer dans cette direction, il a été obligé de changer de route et est arrivé par Nyangoué et Kasongo, à rejoindre le Zambèze qu'il a descendu jusqu'à son embouchure.

A Stanley-Falls il y a une cataracte qui rend la navigation impossible. Le climat est peu favorable aux Européens, la fièvre et la dysenterie, les ophtalmies y sont nombreuses, de sorte que les Européens n'y peuvent travailler et le recrutement des ouvriers de toute nature est extrêmement difficile.

Tout le cours du Congo, sur la rive gauche, appartient à la Société internationale belge.

Comme on le voit, le pays est riche en produits et en ressources, les cours d'eau nombreux et puissants, mais les difficultés sont grandes.

D'abord la navigation jusqu'à Stanley-Pools est impossible et il faut absolument créer, le long du fleuve, un chemin de fer. Le progrès de la colonisation en dépend entièrement.

En outre, on y est partout en contact avec l'élément arabe. Jusqu'à présent, il est vrai, ils se sont prêtés à vivre en bonnes relations et ils ont souvent protégé les voyageurs, mais on peut sentir déjà que la continuation de la paix dépend absolument de cette condition, qu'on ne les dérange en rien de leur métier, qui est le vol d'esclaves en grand et le transport de l'ivoire. Or, il serait fort difficile d'avoir raison de ces marchands d'esclaves, car les Européens n'ont, comme moyen de protection et comme défense que des nègres du Haoussa et des gens de Zanzibar, qui s'engagent, moyennant rétribution et qui serviraient mal contre les Arabes, sujets du sultan de Zanzibar. C'est une des difficultés de l'État du Congo et s'il ne peut un jour recruter ses garnisons, il lui sera bien difficile de se maintenir et de conserver ses stations. Il semblerait que les États européens puissent recourir à une pression sur le sultan lui-même de Zanzibar, dont les ordres paraissent obéis par ces marchands, mais c'est une protection bien éloignée et dont on diminue la valeur toutes les fois qu'on l'emploie. En somme, malgré la fertilité de ses vallées, malgré la richesse de ses produits de toutes sortes, le fleuve du Congo n'offre qu'un établissement précaire aux Européens et de grandes dépenses sont nécessaires si l'on veut l'utiliser, parce que la partie inférieure du cours, pendant 4 a 500 kilomètres n'est pas navigable et que la construction d'un chemin de fer jusqu'à Stanley-Pools exige de grandes dépenses d'argent et présente de nombreuses difficultés.

Une grave nouvelle fait craindre que la rivalité avec les Arabes n'ait acquis, plus promptement qu'on ne

Mitha, amazone du roi Malekki (Congo). (*Missions catholiques.*)

le devait supposer, une fâcheuse intensité. La station extrême de Stanley-Falls, voisine d'un établissement arabe du fameux Tippoo-Tipp, a été attaquée par une bande arabe, qui a mis tout à feu et à sang. Les soldats haoussas, qui formaient la garnison ont pillé un magasin et se sont enfuis. L'Anglais, qui commandait la station a jeté dans le fleuve les six canons Krupp amenés à grands frais, a mis le feu aux magasins pour qu'ils ne deviennent pas la proie de l'ennemi et s'est enfui la nuit, dans une pirogue, avec son compagnon, un Belge. Après nombre de jours passés misérablement, il a fini par se noyer et le Belge seul a pu arriver aux établissements. Les Haoussas fugitifs ont prévenu la station de Bangalas, qui a pu se préparer à la défense. Les Arabes sont descendus bien bas sur le Congo et il est probable qu'ils vont écumer ce fleuve.

Enfin, le service des transports de la côte à Stanley-Pools est interrompu sur les deux rives où les indigènes ont pillé des caravanes.

Le bruit a même couru que Stanley avait été tué, et l'absence prolongée de nouvelles fait craindre qu'il ne se confirme.

En résumé, le Congo n'offre pas une voie facile pour pénétrer dans l'intérieur du Soudan, et il est clair qu'avant d'être un chemin ouvert à la civilisation, il y aura plus de dépenses à faire que pour utiliser nos routes de l'Algérie. L'Européen s'y trouve dans un milieu défavorable à son tempérament. Les richesses de ce pays merveilleusement arrosé, sont considérables, mais difficiles à extraire du centre du continent. La culture ne peut se faire que par les indigènes, il faut donc les transformer en agents de production, de travail et de consommation. C'est une œuvre de patience et de temps dans l'exécution de laquelle on a à lutter contre l'élément arabe et les impossibilités que le cours du fleuve a créées à la navigation.

II. *Ogowé et Qwillou-Nyari*. — En remontant la côte au nord du Congo, on entre, à quelques kilomètres, sur un vaste territoire qui a été reconnu possession francaise à la conférence de Berlin. Il est arrosé par deux fleuves, le Qwillou-Nyari, d'abord, l'Ogowé ensuite.

La vallée du premier pénètre d'environ 500 kilomètres dans les terres. C'est un pays très riche couvert de plantations et de forêts. La population y est très dense et prospère. On y trouve des mines de fer et de cuivre et du cristal de roche, de nombreux troupeaux

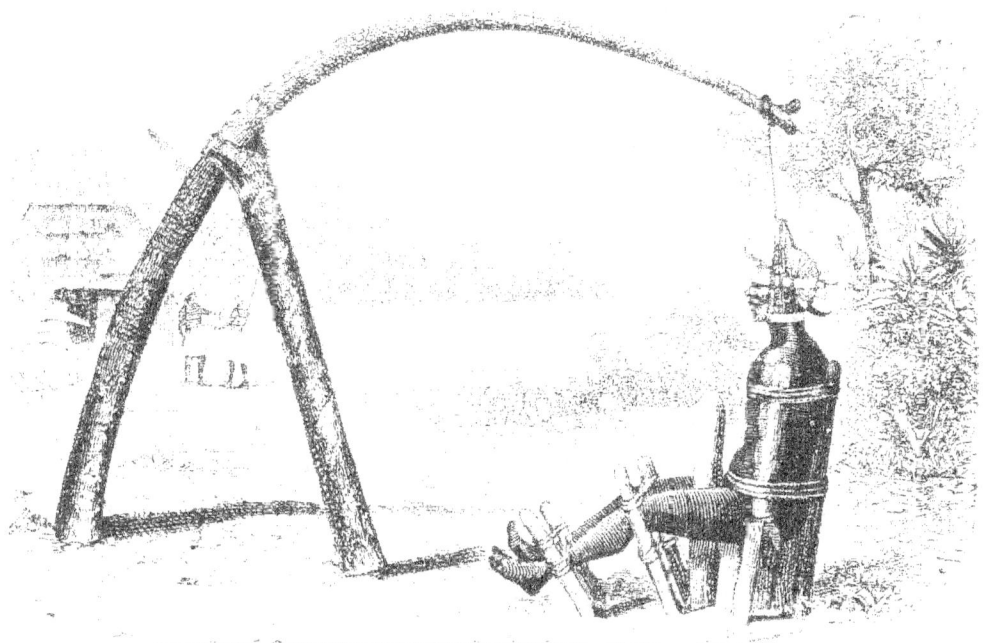

SUPPLICE DE LA DÉCAPITATION (CONGO). (*Missions catholiques.*)

d'éléphants, de buffles, d'antilopes, de zèbres et d'hippopotames.

Le caféier, le cocotier y poussent à l'état sauvage. En somme, c'est un pays très plantureux, très fertile, où le commerce peut trouver des produits nombreux à exploiter et auquel sa puissante végétation assure un avenir prospère. C'est un des plus beaux territoires de la contrée.

La baie de Loango, à l'embouchure du Qwillou, est la seule rade praticable de la côte entre le Gabon et Banane, à l'embouchure du Congo.

L'Ogowé a un cours plus étendu, environ 1,000 kilomètres. Ses sources sont voisines de celles de l'Alima, affluent du Congo. Mais les territoires reconnus nôtres par la conférence de Berlin sont plus considérables, ils s'étendent jusqu'au bassin de la Lécoua Nkoundja. Or, ici, certaine hésitation existe et la Nkoundja est assez mal définie. Elle paraît être un affluent du Congo connu aussi sous le nom de Oubangui, qui monte d'abord directement au nord.

Quelle est cette rivière? d'où sort-elle? On ne sait pas encore, mais il semblerait que c'est la même que le Ouellé; dans ce cas, ses sources et celles de ses affluents conduiraient vers et près des sources du Nil et son bassin serait aussi en contact avec celui du Benoué. Tout cela doit être éclairci; mais il n'en est pas moins certain que cette grande rivière, conduit au centre de ces pays inconnus, que tous les peuples convoitent et qu'à l'importance déjà si grande du bassin de l'Ogowé elle ajoute une valeur inconnue, mais assurément considérable. Des expéditions sont en ce moment en route pour essayer de tirer au clair ces graves questions et leur retour seul les éclairera en partie.

Le bassin de l'Ogowé est extrêmement riche en matières naturelles, qui ne sont point encore exploitées par les négociants :

Règne végétal

1° Écorces textiles	Baobab, palmiers, bambous, bananiers, agaves, ananas sauvages, coton, etc.
2° Matières oléagineuses	Palmiers, cocotiers, graines de sézame, ricinier, arbres à beurre.
3° Écorces à tannin	Sont produites par une quantité d'arbres.

4° Matières tinctoriales { Indigo, santal, camwood, orseille, rocou, gousses et écorces d'acacias.

5° Épices { Café, cacao, noix de muscade, clous de girofle, canne à sucre, noix de koka, tabac, réglisse.

6° Drogues diverses.
7° Gommes, résines, cires.
8° Les bois de construction, et d'ébénisterie sont nombreux : sandal rouge, ébène, cèdres.
9° Plumes, peaux.
10° Manioc, patates douces, igname, mangue, espèce de haricot.

L'ananas est couvert de fruit pendant toute l'année, bananiers, arachides.

Règne minéral

Fer, cuivre, cristal, gypse, marbre, et kaolin.

Règne animal

Animaux sauvages { Poissons, écrevisses, crocodiles, hippopotames, sangliers, buffles, zèbres, éléphants, antilopes, gazelles.

Animaux domestiques { Le porc, la chèvre, le mouton est rare, abeilles.

Oiseaux { Perdrix, pintades, faisans, pigeons, canards, oies, poules.

Ainsi que dans tout le reste de l'intérieur du continent africain, il n'y a aucune bête de somme, de sorte que les transports ne peuvent être faits qu'à dos d'hommes. C'est une des très grandes difficultés que le commerce aura à résoudre. Comme on le voit, le pays a des productions variées et rares en très grande quantité, et aussi M. de Brazza nous a appris que le commerce y était en voie de prospérité puisque, depuis douze ans, le mouvement commercial s'est élevé, au Gabon, de deux à quatorze millions de francs.

Nous ne voulons pas entrer dans des détails, qui nous entraîneraient trop loin, il nous suffira de dire que l'Ogowé est une des routes les plus favorables pour pénétrer à l'intérieur et que c'est un des points où les rapports avec les populations de l'intérieur ont été les plus faciles. Il semble se créer là une tendance au travail et à l'ordre de la part des nègres sur lesquels il y a lieu de fonder quelque espoir pour l'avenir. Même au-delà de l'Ogowé, les tribus Oubanguis ont eu avec nous des relations, qui font naître l'espoir d'avoir avec elles de bons rapports et leur pays pourra être plus tard pour le commerce une source abondante de produits. Quoi qu'il en soit de ces conditions favorables, l'Ogowé n'est pas une voie fluviable, qui puisse, sans grands travaux, suffire au mouvement commercial, son cours inférieur est encombré de chutes et de rapides nombreux et dangereux.

Par conséquent, malgré l'abondance de ses eaux, le nombre et l'importance de ses affluents, le fleuve lui-même ne peut desservir son bassin. Le Qwillou-Nyari est plus apte à rendre ces services. Aussi déjà les Européens, qui ont créé les stations de l'intérieur, ont fait des efforts pour joindre le haut Qwillou à Franceville par une route.

D'un autre côté, l'importance du bassin de l'Ogowé est grandie considérablement par ce fait, qu'il se lie à celui de l'Oubangui. Aussi déjà a-t-on fait des efforts considérables pour le joindre à l'Alima, affluent du Congo, et des stations ont-elles été créées sur l'Alima et sur le Congo lui-même. L'Alima est en effet navigable

CHASSEUR DE BUFFLES. (*Missions catholiques.*)

à partir de Diélé, où aboutit la route de Françeville, longue de 160 kilomètres, jusqu'au Congo où elle se jette à Mbochi. Cette route sera forcément plus tard un chemin de fer ou un canal, mais dès aujourd'hui elle a une importance facile à saisir.

L'Ogowé justifie donc les dépenses et les efforts qui ont été faits par M. de Brazza et ses compagnons, et ceux aussi que la France se prépare à faire. D'autant plus que, d'après tout ce que nous en savons, les relations ont été jusqu'à présent excellentes avec les indigènes de ces contrées et que les Arabes ne paraissent pas encore y avoir pénétré. Il est vrai que nous y sommes en rivalité avec l'État libre du Congo, mais ces difficultés entre nations européennes seront toujours faciles à trancher. Il n'en est pas de même avec l'élément arabe, là le gouvernement est pour ainsi dire anonyme, on ne sait à qui s'adresser pour avoir raison de ces bandes essentiellement ingouvernables, et il est presque certain qu'on aura à lutter avec elles lorsqu'on voudra, par l'Oubangui, pénétrer au nord de ces vastes régions que leur commerce exploite.

Mais il doit être bien entendu que c'est là un pays de commerce et non de colonisation, que les indigènes seuls peuvent s'y livrer à la culture. Il faut donc les transformer en travailleurs producteurs et consommateurs. C'est une œuvre qu'il faut poursuivre avec ténacité et un programme bien arrêté, mais dont il ne faut pas espérer un résultat immédiat et considérable.

CHAPITRE XVI

Le Bas-Niger. Historique de l'occupation du Bas-Niger par les Européens. Les factoteries. La Benoué, son importance. Stations principales. Conclusions.

Jusqu'à ces dernières années, le Niger n'était guère connu en France que par les récits de quelques rares voyageurs. Cependant les Anglais se sont installés à la partie inférieure de son cours depuis une trentaine d'années. Ils ont remonté peu à peu le cours du fleuve, jalonnant leur route par de nombreux établissements.

Les diverses compagnies anglaises, qui avaient des intérêts au Niger, se fondèrent vers 1880 en une seule société, au capital de dix millions de francs, qui prit le nom de *Compagnies africaines réunies*.

La même année une expédition française, dirigée par le comte de Semellé, débarquait au Niger et fondait divers établissements ou factoreries. Lokodja, Igbébé, Onitsha, Abbo, sur le Niger, Loko sur le Benoué. Ce beau début coûta la vie au chef de l'expédition, mort de maladie et de fatigue sur le vaisseau, qui le ramenait en France, vers la fin de l'année.

A la fin de 1883, nous possédions trente-trois établissements. La Compagnie anglaise, devant l'influence toujours croissante de l'élément français, s'érigea, en 1882, en compagnie nationale au capital de 25 millions de francs. Désespérant, malgré le développement de ses moyens d'action, de venir à bout de la concurrence française, elle offrit à nos négociants de leur acheter leurs établissements avec tout le matériel des factoreries. Ceux-ci y consentirent et maintenant l'Anglais règne en maître sur toute la partie inférieure de l'immense fleuve du continent africain. Toutefois, cette vente n'est qu'un contrat particulier et n'infirme pas le droit de la France d'y créer des établissements.

Après ce rapide exposé de l'historique de la question, nous allons étudier la physionomie et l'importance du fleuve et du pays.

« Le Niger, à son point de rencontre avec l'Océan dit Ed. Wiard, forme un immense delta dont les eaux sales et tourmentées, constamment refoulées vers l'Océan ou vers l'intérieur des terres, selon qu'elles subissent l'action du flux ou du reflux, ont fini par s'ouvrir un passage à travers les terres qui les environnent. C'est ainsi qu'elles ont transformé les parties basses du sol en canaux naturels qui, s'allongeant de plus en plus, leur ont permis de joindre les eaux des rivières voisines. Brass est une de ces rivières voisines du Niger reliée à ce fleuve par un de ces canaux et, c'est sur une des rives de la rivière Brass, une des moins malsaines de la contrée, que s'est installé, presqu'à l'embouchure, un groupe de négociants européens. »

Brass, située sur la rivière du même nom, est le siège d'une dizaine de maisons européennes. La rive gauche, où sont établis les blancs, est constamment rongée par le fleuve que l'on combat en élevant de fortes palissades.

La rivière, ses nombreuses criques et ses canaux, sont les seules communications de factorerie à factorerie. Le climat est très malsain pour les Européens. Les pluies durent du mois de juin au mois de décembre. Du mois de janvier au mois de mai, un soleil des plus ardents darde ses rayons sur ce coin de pays, empesté de fièvres, qui sont là plus fréquentes et plus fortes, que dans n'importe quel point de l'intérieur. La chique est un insecte des plus redoutés.

Famille de Gazelles

Les grands steamers s'arrêtent à Bonny, quelques-uns, construits exprès, peuvent entrer dans la rivière de Brass, qui se relie au Niger par Akassa-Creek, franchissable à marée haute, trois heures de marche. Au village d'Akassa sont installés des établissements de la Compagnie anglaise. On peut atteindre également le Niger par le haut de la rivière Brass, aux environs d'Abbo. La route est moins sûre à cause des peuplades qui bordent les rives. De Brass à Bonny, par les criques, il faut huit heures. Obolonna, à six heures du marché de Brass, résidence du roi de la rivière, six mille habitants ; chaque factorerie lui paie une redevance annuelle d'environ 1,000 francs.

En remontant le fleuve on trouve Léambré, Akedo, Apopuroma, Andjama, Otouha, Assassi, Ekolé, Brass-Market, Kpotema, Baramberi, Gamatou, Kayama, Ofisula-Imblama.

Aucun Européen ne s'est encore établi dans ce pays. « Il est vrai, dit Ed. Viard, que les indigènes n'encouragent pas du tout les tentatives à faire dans ce sens : J'ai rarement rencontré des noirs aussi hostiles aux Européens que ceux-là. Je soupçonne que cette grande hostilité à notre égard est soigneusement entretenue par les chefs de Brass, qui comprennent très bien que leur rôle d'intermédiaires cesserait si les naturels s'abouchaient directement avec nous. »

Les principaux articles de commerce consistent en tabac, gin, sabres et quelques pièces de madras.

Ces peuplades vivent dans un état d'isolement, qui rend leur position encore plus lamentable.

En remontant le Niger on entre sur le terrain d'action du commerce européen. « Le pays alors s'est relevé, nous ne sommes plus dans les bords du delta. Une végétation plus variée et moins sombre de nuance orne les rives. Là se sont installées des factoreries européennes. »

Le premier groupe important de population que l'on rencontre en remontant le fleuve est le royaume de Nupé, dont la population peut être évaluée à une vingtaine de millions d'habitants.

« Les centres commerçants les plus importants du Bas-Niger, nous dit M. Viard, sont Abbo, Onitsha, Idda, Lokodja et Egga, mais entre ces points principaux, il y en a d'autres intermédiaires d'une grande richesse végétale. Tout le sol du Bas-Niger disparaît sous une puissante végétation. Dans la partie basse du fleuve, aux abords des marécages du delta et sur les rives régulièrement inondées par le flot, les palétuviers aux feuilles d'un vert sombre dominent; à peine, de place en place, parmi eux, quelques groupes de palmiers et de cocotiers, çà et là quelques bananiers. C'est aux endroits où se trouvent ces quelques arbres, que sont venues s'installer les misérables peuplades du Bas-Niger, formant ainsi autant de villages qu'il y a de ces groupes d'arbres fruitiers. Un peu avant Abbo, l'action du flot cessant de se faire sentir, le palétuvier disparaît; à leur tour les palmiers, les cocotiers et les bananiers dominent, aux environs d'Onitsha, puis viennent se joindre à eux le cotonnier et l'indigotier, et un peu plus haut, vers Lokodja, c'est le tour de l'arbre à beurre végétal, et enfin, à partir de là, le pays n'est plus qu'une immense serre, où aux arbres déjà cités, se joignent le citronnier, l'oranger, le baobab et bien d'autres espèces encore, sans parler du nopal ou plante à cochenille, du maïs, de l'igname, de la patate douce et du mil dont l'abondance assure pleinement les besoins des habitants.

« A Brass même, on trouve le caféier, le poivrier et la

canne à sucre. Près de Lokodja, j'ai vu l'arbre à caoutchouc. »

Les populations actuellement commerçantes, sont établies immédiatement sur les rives du fleuve, mais celles qui sont un peu dans l'intérieur des terres, n'ont que rarement de rapports avec les blancs et tout ce que la nature produit au-delà de ce qu'elles peuvent consommer est absolument perdu pour tous, car le noir n'emmagasine pas.

On trouve ensuite, sur le fleuve, Ida, juchée au haut d'un rocher qui forme, du côté du fleuve, une muraille verticale d'une dizaine de mètres de hauteur. La population d'environ 10.000 âmes, est des plus turbulentes. Puis Lokodja, très agréablement situé au pied d'une montagne, sur l'autre rive, et en face, est Igbebé. Les deux bourgades vivent aujourd'hui en bonne intelligence.

On arrive ensuite au centre le plus important du Bas-Niger, comme population et aussi comme commerce : Egga. Sa population est d'environ 25.000 habitants. Elle est très active, cinq factoreries s'y disputent le commerce de la contrée, qui consiste en : poteries assez jolies, étoffes estimées, cuirs teints et ornés de dessins, armes aux fines ciselures, broderies en soie, et métal. Les habitants d'Egga servent d'intermédiaires, entre les factoreries et les noirs de l'intérieur.

Les pays au-dessus d'Egga jusqu'à Bidda, produisent en abondance l'huile de palme, et le beurre végétal. Le rendement de toute cette contrée est prodigieux, mais les gros steamers ne peuvent plus remonter le fleuve. Actuellement, on ne trafique que sur 160 lieues du fleuve. Les Européens vont jusqu'à Bidda, capitale du Nupé. La navigation du Niger est difficile, surtout pendant les crues ; il est encombré de pieux, rochers, bancs de sable, îlots.

RÉCOLTE DE LA CANNE A SUCRE

Depuis l'Océan jusqu'à Egga, des bateaux calant six pieds, peuvent naviguer dans les mois de juin, juillet, août, septembre, octobre et novembre. Lorsque la crue est forte (elle est de dix mètres en moyenne), le fleuve permet la navigation à des bateaux calant dix à douze pieds, mais seulement pendant août et septembre.

D'Egga à Rabba, le fleuve diminue de fond, il n'a que cinq pieds au plus, et de Rabba à Bidda, les steam-launch seuls peuvent naviguer. A partir de ce dernier point, le fleuve présente un fond de roche qui n'en permet plus le parcours aux bateaux. Pour aller plus loin, il faudrait creuser un canal, afin de regagner le point où le Niger est de nouveau navigable.

Le courant du fleuve est d'environ quatre nœuds, sa largeur, aux environs du delta, est de 2 à 300 mètres, à partir et au-dessus d'Onitscha, elle atteint près de 2000 mètres. Neuf missions protestantes sont réparties sur le territoire compris entre l'Océan et Egga. Elles sont placées sous l'autorité d'un évêque noir, Mgr Kroder, qui a sa résidence à Lagos. Un navire à aubes, de 200 tonnes environ, est affecté au service des missions ; chacune d'elles, se compose d'une maison d'habitation, d'un temple et d'une école. On y apprend aux nègres à parler anglais, à lire, à écrire à chanter. Elles semblent obtenir des résultats satisfaisants.

Un peu au dessus d'Igbébé, le Niger reçoit sur sa rive gauche le Benué (Tchadda, Zanfira ou Kororofa), très peu connu encore, et qui court parallèlement à l'équateur. Les premières explorations du Benué, remontent à 1854, depuis, plusieurs explorateurs nous ont fait connaître l'importance de cette rivière.

Par le Benué, on gagne les riches pays du Baghirmi, du Bornou, et de l'Adamaoua. Les Européens n'occupent fortement qu'un point sur la rive nord de cette rivière : Loko, situé à 20 lieues environ de Lokodja, population peu nombreuse, mi-partie fétichiste, mi-partie musulmane. C'est le point où viennent aboutir une partie des marchands d'ivoire de l'Adamaoua. A la fin de 1883, il y avait trois factoreries.

Entre Loko et Yola, capitale de l'Adamaoua ou du Fianmbina, il existe plusieurs peuplades musulmanes, qui dépendent du Sokoto. Les populations du Benué sont hospitalières, au moins jusqu'à Yola, à l'exception des Mitchi et des N'goulah, nègres cannibales des plus redoutables, par leur audace et leur cruauté.

De juillet à octobre, le pays est en partie inondé. C'est pendant cette saison que cette rivière est navigable pour les petits navires d'un certain tonnage. L'ivoire vient de la province de l'Adamaoua. Les caravanes suivent, par terre, la rive sud du Benué ; arrivées à Amebhehou, elles passent la rivière et se divisent : les unes longent la rive nord du Benué, pour venir à Loko, les autres s'enfoncent dans l'intérieur et se dirigent vers Tembouctou, Sokoto et le Nupé, et arrivent ensuite à Egga. Les caravanes mettent 30 jours pour venir du fond de l'Adamaoua à Yola, et à peu près quarante de Yola à Loko ; elles se composent chacune d'environ cent cinquante individus.

En remontant le Benué, on trouve : Akoïko, Aguéma, Djono, Dogo, Ayolo. La population semble bienveillante. On traverse les Mitchi, Appa, Adjogo, Amoua, Akhouangha, Koito, Ajembla, Ankoi, Aboucé, Lehou, Akouaki, population hostile, Paquocot, Arouçot et Moutoum, habitants affables et hospitaliers ; Nuchi, très bon accueil ; Agathou, Atimégué, Dausofa.

Dans tous ces villages, il y a un commencement de culture et d'industrie. Les règnes animal et végétal y étalent une multitude d'espèces. Le Benué est très riche en métaux et minéraux, cuivre, antimoine, argent, or, surtout à Yola, cristal blanc et jaune, quartz colorés, c'est le pays de l'ivoire par excellence, et la route naturelle qui conduit au cœur du Soudan. La rive sud de la rivière est seule habitée.

En résumé, dit M. Viard, le Bénoué est une rivière dont le parcours n'offre que des difficultés parfaitement surmontables.

Il est certain que si l'Européen commerçant se lançait

ÉLÉPHANTS AU LAC TCHAD

dans cette rivière, il y amènerait une activité et un stimulant, qui modifieraient profondément le caractère et la manière actuelle de vivre des habitants. »

Le protectorat anglais, dit le *Bulletin de la Société de géographie* (1ᵉʳ trimestre 1886), couvre les deux rives du fleuve (Niger) de son embouchure à Lokodja, vis-à-vis du confluent du Bénoué et s'étend sur cette rivière jusqu'à la ville d'Ibi, en Kororofa, province de Sokoto, à 265 kilomètres du confluent.

Nous rappellerons ici que la « *National Africain*

Company », représentant le gouvernement britannique dans ces parages, a dû pour s'y établir, racheter les nombreuses factoreries françaises qui y avaient été fondées. Aujourd'hui la compagnie anglaise déploie une grande activité. Les comptoirs au nombre d'au moins soixante, s'échelonnent sur les deux rives du Niger et du Benoué. » Elle dispose d'une flotte de vingt-cinq vapeurs. Tout dernièrement elle a acquis le protectorat des royaumes de Bidda et du Nupé.

En résumé le delta du Niger est triste et sombre d'aspect, le cours est bordé de palétuviers, qui forment barrage et transforment l'embouchure en marais fangeux, d'où s'échappent des miasmes pestilentiels. C'est un labyrinthe de bras entre-croisés dont le fond se modifie à chaque instant par l'apport de terres d'alluvions. Des bancs de sable, des îles se forment et disparaissent par la violence du courant. Peu de fleuves offrent une navigation plus difficile et plus périlleuse. De longtemps le Bas-Niger ne sera pas susceptible de rendre de grands services comme moyen de transports. Au contraire le Benoué et le Niger entre son confluent et Tombouctou sont des voies praticables et faciles, par lesquelles tout le commerce du Soudan, des grands lacs à Tombouctou doit trouver un moyen facile de circulation.

La nation, qui s'établira solidement au confluent de ces deux grands cours d'eau sera, maîtresse de tout ce commerce en même temps qu'elle sera sûre d'avoir la plus grande facilité de transporter ses moyens d'action d'un bout à l'autre du continent africain. C'est la position privilégiée.

CHAPITRE XVII

Le Sénégal. Nécessité de la construction de chemins de fer. Impossibilité de construire des routes. Nécessité de joindre les efforts de l'Algérie à ceux de la colonie du Sénégal pour assurer la pénétration du Soudan.

La route que nous offre le cours du Sénégal peut paraître meilleure que celle du Niger. D'abord nous y sommes installés depuis de longues années et nous y avons obtenu déjà quelques résultats. La marche en avant présentait assurément de grandes difficultés. L'embouchure du fleuve offre si peu de sécurité aux bâtiments que nous avons été obligés de chercher ailleurs un port, Dakar, à une distance de 260 kilomètres a été choisi. De plus le Sénégal n'est navigable que jusqu'à Mafou pendant la saison sèche, c'est-à-dire de novembre à juin, soit huit mois de l'année pour les avisos. A partir de ce point, on est réduit à employer des chalands de commerce qu'il faut traîner et qui mettent souvent un mois pour gagner Médine.

Pendant l'hivernage, au contraire, le Sénégal sort de son lit, qui n'est plus alors reconnaissable et il couvre à grande distance, les immenses plaines qu'il traverse. Le climat devient alors extrêmement malsain pour les Européens.

On comprend facilement, qu'il est à peu près impossible de construire des routes dans ce pays plat, bas et inondé pendant huit mois de l'année. Elles y sont submergées, par conséquent ravinées et pour leur donner quelque durée il faudrait forcément les construire en chaussées insubmersibles.

En somme, le fleuve ne peut servir aux transports que sur une faible partie de son cours, barré par des cata-

OUOLOF DE ST-LOUIS (SÉNÉGAL)

ractes, comme celle de Gouina On a été naturellement amené à l'idée de faire des chemins de fer à la place de routes. Leur construction est d'autant plus nécessaire que tant que nos postes de Médine, Bafoulabé, Kita, n'auront pas été réliés à Saint-Louis par un moyen de communication sûre, notre situation dans le Haut-Pays sera toujours très précaire, nos garnisons en danger et à la merci de la moindre complication. Mais ces chemins de fer, dans un pays où les rivières ont, pendant l'hivernage, une largeur considérable, où chaque ravin est, lui aussi, un obstacle important, exigent une multitude de travaux d'art, de ponts, de remblais et par suite une mise de fonds énorme.

Or, la base commerciale du Sénégal à la côte est peu importante. La réputation d'insalubrité, les difficultés de la navigation ont entravé le mouvement des négociants européens et il est à craindre qu'il en soit sinon toujours, du moins encore longtemps ainsi.

Quelles que soient les productions du Haut-Niger, quelles que soient les richesses métallurgiques des mines d'or, quelque nombreuses que soient les populations, c'est une dépense tellement considérable que l'on peut se demander si jamais l'établissement commercial sera assez important à la côte pour rembourser à la France les énormes dépenses a faire.

Cette question du Haut-Sénégal à été posée pour la première fois par le gouverneur de la colonie, dans la la lettre qu'il écrivait à M. Mage, lieutenant de vaisseau le 7 août 1883. Les idées exprimées sont :

1° La jonction du Haut-Sénégal au Niger.

2° La possibilité de faire passer par cette voie les objets d'importation européenne pour en faire le commerce sur le Niger et retour, par la même voie, des matières riches.

3° L'impossibilité de songer à cette même voie pour les marchandises encombrantes des bords du Niger, et l'importance qu'il y aurait à voir si on ne pourrait utiliser à cet effet l'embouchure de ce fleuve.

Chef bambara (Haut-Sénégal)

Quinze ans plus tard, M. de Freycinet, ministre des Travaux Publics, à propos d'une brochure publiée le

26 avril 1879, par M. Duponchel, ingénieur en chef des ponts et chaussées, relatives aux voies de communication entre nos possessions africaines et le Soudan, adressait le 12 juillet 1879 un rapport au Président de la République. La commission saisie de ce rapport concluait :

I. Qu'il existe dans le Soudan des populations nombreuses, un sol fertile et des richesses naturelles inexploitées ; qu'il y a un grand intérêt à leur ouvrir des débouchés commerciaux, vers les possessions françaises, les mieux placées pour les recevoir.

Qu'il est bon que la France à l'exemple de l'Angleterre, fasse de son mieux pour, à l'intérieur de l'Afrique, s'opposer à la traite, qui se pratique par les caravanes à la limite de son territoire et à travers des pays qui étaient reconnus comme dépendant de l'action des pachas d'Alger, dont elle tient tous les droits.

II. L'ouverture d'un chemin de fer, reliant nos possessions d'Algérie au Soudan, est nécessaire pour arriver à ce double résultat.

III. Il est nécessaire de relier également le Sénégal au Niger.

IV. Les explorations ou études à entreprendre doivent être dirigées simultanément du Sénégal et de l'Algérie et les projets de loi doivent embrasser les deux directions.

A la suite de ce rappport une grande commission dite *Commission supérieure pour l'étude des questions relatives à la mise en communication par voie ferrée de l'Algérie et du Sénégal avec l'intérieur du Soudan,* comprenant des membres du parlement et divers spécialistes, était nommée par le Président de la République.

Dans cette commission qui avait pour objet principal le chemin de fer transsaharien, dont la ligne projetée du Sénégal ne devait être qu'un prolongement, il s'opéra un revirement remarquable, sur les observations présentées par M. Legros, au nom du ministre de la Marine, l'amiral Jauréguiberry, et le transsoudanien prit une place indépendante à côté du transsaharien.

Le 25 septembre 1879, le ministre de la Marine et des Colonies, présentait au Président de la République un rapport dans lequel il demandait :

1° L'établissement d'un poste fortifié à Bafoulabé.

2° La construction d'une route entre Médine et Bafoulabé. Après que l'occupation de ce dernier point fût devenue un fait accompli et que l'essai de construction d'une route eût donné un résultat négatif, l'amiral Jauréguiberry déposait le 5 février 1880, un projet de loi et disait dans l'exposé des motifs :

« Le but, qu'on se propose aujourd'hui, est de relier par une voie ferrée, d'une part, Dakar à Saint-Louis, de l'autre, Saint-Louis à Médine ; cette dernière ligne se prolongeant par Bafoulabé jusqu'au Niger. »

L'établissement de cette grande voie se divise en trois parties :

1° *Ligne de Dakar à Saint-Louis*, d'une longueur de 260 kilomètres, à concéder moyennant une garantie d'intérêts.

2° *Embranchement entre cette ligne et Médine*, 580 kilomètres, également à concéder.

3° *Ligne de Médine au Niger*, 520 kilomètres à construire aux frais de l'État. La dépense est évaluée à 120 millions. »

Ainsi donc en 1863, le général Faidherbe indiquait, que la jonction du Haut-Sénégal et du Haut-Niger, était nécessaire au développement de notre influence et de notre commerce en Afrique. — En 1879, l'amiral Jauréguiberry proposait au parlement les voies et moyens propres à opérer cette jonction. Le 29 juin de l'année suivante, M. Blandin, député, rapporteur du projet de loi, déposé par l'amiral, s'exprimait ainsi :

« Les nations de l'Europe tournent de plus en plus les yeux vers le continent africain, désireuses de le pénétrer, espérant y trouver des débouchés pour leur commerce et des éléments pour leur trafic international. A juste titre, la France n'entend pas rester étrangère à ce mouvement et ses possessions de l'Algérie et du Sénégal peuvent lui fournir d'utiles moyens de devancer ses rivaux.

« Mais l'expérience paraît avoir démontré, qu'il serait inutile et même dangereux de persévérer dans l'idée première de construire une route ; les pluies très abondantes en certaines saisons détériorent la chaussée, puis la végétation surexcitée par l'humidité du sol et par le soleil ardent, succédant aux pluies, fait disparaître le tracé déjà fait.

« Il a semblé à M. le ministre, qu'il serait préférable de substituer un chemin de fer à une route exposée à ces inconvénients et à ses dangers.

« Nous ne vous cacherons pas, que votre commission du budget, à laquelle le projet fut renvoyé, sur la demande du ministre, éprouva quelque surprise de la nouveauté, de la hardiesse, de l'ampleur du projet et aussi de l'insistance mise à obtenir un vote presque immédiat.

« Bien qu'elle comprît tout l'intérêt économique, commercial et patriotique, qui avait inspiré le projet, malgré tout le désir qu'elle a pu ressentir de s'associer aux vues du ministre, d'en préparer et d'en faciliter la réalisation, elle a pensé cependant, qu'il ne fallait se lancer dans cette œuvre nouvelle et hardie, qu'avec réflexion et maturité, qu'après l'avoir étudiée sérieusement, sous tous ses aspects.

« Après un premier examen, elle se demanda si les trois sections de ce projet présentaient le même degré de nécessité et d'urgence. — Il lui sembla que la ligne de Saint-Louis à Médine pouvait être au moins provisoirement négligée. En effet, cette ligne doit courir parallèlement au fleuve, le Sénégal, et sur sa rive gauche, bien que la navigation sur le fleuve ne soit assurée complètement que pendant la saison des pluies, de

UN MARCHÉ

juillet à novembre, bien que pendant le reste de l'année, elle soit presque absolument impraticable, votre commission a pensé, qu'il pouvait cependant y avoir économie, à se servir provisoirement de cette voie d'eau et à attendre que des besoins impérieux vinssent à se manifester pour lui substituer une voie ferrée.

« Elle résolut donc de détacher du projet la ligne de Saint-Louis à Médine.

« Restaient les lignes de Dakar à Saint-Louis et de Médine au Niger.

« C'est sur la seconde des lignes conservées à son étude, que se sont reportées toutes les préoccupations de votre commission, comme présentant le plus grand intérêt immédiat, comme pouvant le plus promptement réaliser le but proposé, mettre en communication le port de Saint-Louis avec le Niger, par le Sénégal et la voie ferrée. »

Le 13 novembre suivant, le ministre de la marine, amiral Cloué demandait un crédit de 8,552,751 francs, pour la construction d'une voie ferrée entre Médine et Bafoulabé.

Le 31 décembre, le rapporteur de la sous-commission des explorations, disait : « Au point où en sont aujourd'hui les études, M. le ministre de la marine ne pouvait persister dans son premier projet et vous proposer de décider qu'une longue ligne ferrée serait construite par l'État, de Médine au Niger. Il vous demande seulement les crédits nécessaires pour construire une section de cette ligne de *Kayes à Bafoulabé*.

« En effet jusqu'à Kayes ou à Médine nous avons le fleuve du Sénégal, voie imparfaite, qui n'est pas praticable en toutes saisons, mais qui est susceptible de certaines améliorations. Au-delà de Médine le fleuve n'est plus praticable, et nous manquons absolument de voies de communications avec Bafoulabé, notre dernier poste dans l'intérieur, et entre ces deux postes il y a 156 kilomètres.

« Il serait certainement dangereux de laisser ainsi le poste de Bafoulabé sans appui, mieux vaudrait l'abandonner. Il faut donc assurer ses communications avec Médine. La seule chose à faire pour atteindre ce but, c'est de construire une voie ferrée, dussions-nous ne pas aller plus loin. Ce serait toujours une avance, une pénétration de 136 kilomètres et la possibilité, la facilité de rayonner, sur une plus grande étendue, d'un pays fertile, peuplé d'habitants capables de travailler et d'arriver à la civilisation.

« Nous avons donc l'honneur de vous proposer de bien vouloir accepter le projet de M. le ministre de la marine et des colonies et d'autoriser la construction de Kayes à Bafoulabé. »

On voit, que de tout le projet proposé par l'amiral Jauréguiberry, il ne restait plus que la voie ferrée de Kayes à Bafoulabé et que la question du principe de la continuation de la voie est absolument réservée.

Aujourd'hui la question à fait des progrès sensibles, le chemin de fer de Kayes à Bafoulabé est terminé et cette année, un fait d'une importance majeure, dont nous ne pouvons encore connaître les résultats, s'est produit.[1] Une canonnière française, a descendu le Niger et est arrivée à Tombouctou, prouvant ainsi la navigabilité de ce fleuve.

De plus, des expéditions militaires énergiquement conduites, de nombreuses reconnaissances ont parcouru le pays et ont étendu l'influence de la France sur des populations considérables, de grands travaux de voirie ont été accomplis.

Tout cet ensemble de progrès, à permis de concevoir de grandes espérances et de se faire aussi quelques illusions. Le nom de *Soudan français* donné à ces possessions dénote peu d'ambition de la part de la France ou beaucoup de prétentions de la part de ses parrains. Le Soudan s'étend sur tout le continent africain de l'est à l'ouest et le point important, celui qui domine toute

---

[1]. Une publication récente faite dans la *Revue scientifique* par M. Lechâtelier à la suite d'un voyage peint sous des couleurs peu favorables la situation de ce chemin de fer et des pays qu'il traverse et ne donne pas grand espoir de ce côté.

la situation est le royaume du Haoussa et le Bornou, qui s'étendent jusqu'au confluent du Niger et du Benoué, parce que du confluent de ces deux voies fluviales, on est maître de remonter par l'eau dans la direction des grands lacs, par l'autre, au Sénégal. C'est le pays qui mérite le nom de *Soudan français* et c'est à sa conquête que nous faisons tous nos efforts pour convier notre pays.

Nous voyons bien, que l'on espère descendre du Niger avec les cannonières jusqu'aux cataractes. En admettant les voyages exécutés et des traités conclus avec les populations qui bordent le Niger, ce ne sera encore qu'une reconnaissance et un jalon.

Nous ne pouvons pas douter, d'après le passé, que plus nous pénètrerons, plus nous rencontrerons d'hostilité dans l'élément musulman. Là aussi, nous aurons affaire aux traitants, dont nous gênerons le hideux négoce. Le commerce ne sera pas créé le long de tout ce vaste parcours, par la simple allée et venue des canonnières. Ce qu'il faut pour que le commerce grandisse, c'est que les capitaux affluent à la côte, que l'argent y abonde... Jusqu'à présent, la base commerciale du Sénégal est peu importante, elle grandira assurément en proportion des efforts faits pour créer des facilités de transport et élargir le champ des opérations, mais longtemps encore, l'organisation de la colonie, sa puissance militaire, ses capitaux seront bien faibles en présence de l'immense territoire à garder et à exploiter et le commerce ne sera guère que la traite des noirs. Nous n'avons nullement l'intention de rapetisser la tâche accomplie, l'intelligence qui a présidé aux efforts, les résultats obtenus ; bien au contraire, nous en désirons vivement la continuation. Nous faisons des vœux sincères pour que la France multiplie dans cette direction ses moyens d'action. « Ces contrées sont un magnifique domaine,

FEMME REVENANT DE LA FONTAINE. (*Missions Catholiques.*)

nous a dit M. le commandant Gallieni, pour la nation européenne, qui parviendrait à s'établir sur le beau cours d'eau et à mettre en œuvre, non seulement cette terre féconde, mais encore les richesses métallurgiques qu'elle renferme. »

Mais nous croyons aussi et nous ne sommes pas les seuls (voir colonel Frey, *Revue française*, 1ᵉʳ juin 1888), que le Sénégal seul avec ses faibles ressources, sa côte insalubre, son mauvais renom sanitaire ne viendra pas à bout de sa tâche et que le Gouvernement français s'il veut la solution, doit venir à son aide en utilisant les forces vives de l'Algérie, merveilleusement placée pour étendre son action du lac Tchad au Sénégal. Certes, il faut continuer à travailler, à agir par le Sénégal, mais il faut aussi profiter des moyens et des ressources de l'Algérie et réunir, pour tendre vers le but commun, les deux actions.

Depuis le désastre de la mission Flatters, nous avons reculé avec effroi devant les difficultés des routes de terre et nous n'avons plus rien essayé. C'est à notre humble avis une faute considérable. Ce désastre était un accident comme on en rencontre inévitablement dans toute entreprise humaine. Combien de vaisseaux perdus, combien d'équipages morts dans les voyages de découvertes! Est-ce que pour cela on y a renoncé? Quelle grave affaire est-ce donc pour la France que cette mort de quelques personnes à la recherche des routes du Soudan? Comment cela peut-il la terrifier au point qu'elle renonce aux résultats immenses, que promet la pénétration de ces pays.

Nous avons peur du sable, peur des Touaregs. Vus de près, c'est bien peu de chose. Quelques centaines de kilomètres à franchir — quelques malheureux armés d'arcs, de flèches ou de mauvais fusils. — Mais est-ce que la mission Gallieni n'a pas, elle aussi, subi de désastre à Dio ? Et cela aurait-il été une raison suffisante pour ne pas persévérer à marcher sur le Niger ? Alors il faut être conséquent, pourquoi cela empêche-t-il d'avancer par l'Algérie ? N'est-il pas utile de marcher au Soudan par les routes de l'Algérie ? Il y en a trois ou quatre qui sont très praticables. Malgré tous les récits mensongers il y a de l'eau partout et les routes ne sont pas plus difficiles à parcourir que celles qui vont du Sénégal au Niger. Si elles offrent moins de ressources, elles n'opposent au voyageur ni l'insalubrité, ni les maladies, ni l'hivernage.

Il n'y a à combattre qu'une seule population, les Touaregs. Ce sera l'affaire, s'il faut absolument se battre, d'une simple correction, facile à infliger avec notre discipline et nos armes perfectionnées.

Ayons donc le courage de nous décider et si le Soudan en vaut la peine, hâtons-nous et ne nous laissons pas arrêter par tous ces fantômes de difficultés sahariennes.

Toutes les nations européennes font les plus grands efforts pour pénétrer ces contrées et avoir leur part de leur commerce. D'un autre côté, il est évident pour tous que la France a le plus grand besoin d'utiliser ses facultés colonisatrices. Il faut qu'elle joue son rôle dans ce grand mouvement d'extension coloniale qui se prépare et qui finira par étendre la civilisation sur toute la surface du globe. N'oublions pas qu'il y a là dans le centre du mystérieux continent, comme on l'a judicieusement appelé, des millions d'êtres qui gémissent sous le joug et qui jalonnent de leurs blancs ossements les routes que suivent seules les caravanes des négriers.

Il est honteux pour les peuples civilisés de tolérer des

faits aussi révoltants et c'est une question d'honneur, autant que d'humanité, pour toutes les grandes nations, d'employer leurs forces à faire cesser cet ignoble trafic de nos semblables.

CHAPITRE XVIII

Le Nil. Difficultés de parcours créées par les Musulmans contre les Européens. Productions du sol.

Le Nil semble, par l'immensité de son bassin, qui s'étend jusqu'à l'équateur, par la masse de ses eaux, être une des routes les plus favorables pour communiquer avec le centre de l'Afrique et des plus avantageuses au commerce. Son cours d'une étendue de 3500 kilomètres, le nombre et l'importance de ses affluents, l'Atbara, le Nil Bleu, le Bahr el-Ghezal, le Sobat en font assurément un des fleuves les plus grands du monde. Aussi, l'Égypte, située à son embouchure, a-t-elle été jadis une nation riche et puissante, qui a tenté l'ambition des conquérants. Aujourd'hui l'ouverture du canal de Suez a plus que jamais grandi son importance et sa valeur, en ce qu'il en a fait la route de l'Asie, celle par laquelle les peuples européens font passer tout leur commerce avec les Indes, la Chine, le Japon, etc.

Cette importance majeure du canal de Suez prime assurément l'antique importance du Nil, au point de vue du commerce intérieur de l'Afrique, qui jusqu'à présent, a été, il faut bien le reconnaître, relativement limité.

Dans les temps connus de nous, l'Égypte n'a eu que des relations peu importantes avec ces contrées, que les voyages de Speke, de Baker, de Schweinfurth, etc. ont seuls fait connaître et nous ont montrées, comme étant les plus riches du monde, au point de vue de l'abondance des eaux et de la puissance de la végétation.

La valeur du Nil n'est donc pas limitée à l'Égypte, elle s'étend bien au delà et les efforts faits par l'Angleterre pour étendre son action sur le Soudan égyptien en sont une preuve irrécusable.

Une armée anglaise considérable s'est trouvée là en présence de l'élément musulman, qui est en possession du trafic dans tout le centre africain, avec lequel la Société internationale belge a à lutter dans le nord du Congo, avec lequel nous luttons nous-mêmes au Sénégal et dans le sud algérien, et l'Angleterre a cédé le terrain et a reculé, après que Gordon, assiégé dans Khartoum, eut perdu la vie. Certainement les difficultés d'une expédition de ce genre ont été considérablement augmentées par les habitudes de l'armée anglaise. L'inhabilité dont le commandement a fait preuve dans la direction, et la tactique étrange des troupes ont aussi eu leur part de l'insuccès. Peut-être aussi, le gouvernement anglais n'était-il pas absolument décidé à atteindre coûte que coûte le but. Mais il n'en reste pas moins démontré, que le Nil n'est pas un chemin facile et qu'avant qu'il le devienne, il faudra bien du temps et de l'argent. Si le Mahdi a paru être au début un chef national, combattant au nom de la religion et de l'indépendance, il a été bien évident par la suite que le fanatisme musulman n'était pas le seul facteur de la lutte et que sous son étendard s'étaient rangés les intérêts mercantiles, c'est-à-dire, ceux des commerçants d'ivoire et surtout ceux des marchands d'esclaves. Ce sont ces mêmes obstacles, qui se dresseront devant tous ceux qui voudront pénétrer ce continent.

Sur tout le cours du Nil Blanc, on est en contact avec cette race, qui ravage le pays, massacrant sans pitié les hommes et emmenant pour les vendre, les femmes et les enfants. Dans tout l'intérieur, le Musulman, l'Arabe appelle cela commerce. En effet, il fait du commerce en ce sens, qu'après avoir tout ravagé, tout détruit, après

UN MAHDISTE. SOUDAN. (*Missions Catholiques.*)

avoir dispersé et chassé les populations, il charge les survivants de l'ivoire qu'il a volé et traîne le tout enchaîné à la côte pour en faire argent. Ainsi expliqué et compris, il est clair que le commerce n'est pas un moyen de civilisation pour les pauvres nègres.

Le fait n'est pas douteux. — Il est raconté par tous les voyageurs. Speke, le premier qui ait remonté le Nil, de ses sources à Gondokoro, a trouvé là une bande qu'il a nommée les Turcs de Debono, commandée par un certain Mohammed. Ce qu'il a raconté de leurs expéditions ne peut laisser aucun doute. Baker, lui aussi, en a fait un récit qui fait frémir.

En face de l'élément arabe, rien n'est possible ; en face de la traite toute puissante, il n'y a que mort et destruction, sans aucune place pour l'espérance.

Aussi les chefs turcs, qui ont tous intérêt à ce que cet état se perpétue, entourent-ils de difficultés sans nombre tous les Européens qui essaient de pénétrer ces régions, et d'un autre côté, les populations riveraines, toujours en danger de subir des razzias soudaines, fuient-elles au loin, augmentant tous les jours le désert, qui les sépare du point de départ, des bandes dévastatrices. La crainte les a rendues féroces, et elles ont une tendance bien naturelle à traiter en ennemis, tous ceux qui essaient de pénétrer chez elles. Elles ne croient plus au commerce honnête et aux intentions inoffensives des voyageurs.

Le Nil, au sud de Khartoum, est un cours d'eau, dont la navigation est des plus difficiles. Le Nil Bleu, l'Atbara, sont des affluents sans valeur, au point de vue de la navigation. Le Bahr el-Ghezal a peu ou point d'eau pendant une partie de l'année, en dehors des crues. Le Nil Blanc seul a un cours de 150 mètres de large, sur 20 à 25 pieds de profondeur. Les bords délayés, lors des grandes crues, sont mal définis, couverts de roseaux et extrêmement marécageux. Le courant change à chaque instant de direction. « Le pays, qui s'étend sur le bord du fleuve, dit Baker, depuis Khartoum (c'est-à-dire pendant trente-deux jours de marche) jusqu'à Abou-Kouké, est le plus affreux dont j'aie jamais ouï parler. C'est une rivière affreuse, sans

Navire négrier. (Firmin-Didot.)

un seul mérite, et je ne m'étonne plus que toutes les expéditions antérieures aient échoué ici. Pas de gibier, pas d'oiseaux, pas même de crocodiles. On ne trouve pas une créature vivante, excepté les moustiques, qui obscurcissent le jour, à travers le labyrinthe d'un marais sans fin.

« Les populations nègres sont misérables, absolument sauvages, aucun produit, aucune culture, elles se bornent à disputer aux fourmis leurs approvisionnements, ou à déterrer les rats et les mulots.

« C'est là qu'était une des stations, aujourd'hui abandonnées, des missionnaires autrichiens. Elle a été absolument inutile. Les missionnaires ont travaillé bien des années sans obtenir aucun résultat, et sont morts à la peine. Aujourd'hui, ils ont été remplacés par des marchands d'esclaves. Gondokoro, à sept jours d'Abou-Kouké, est un pays malsain, repaire de bandits. C'est un véritable enfer. Les autorités égyptiennes feignent d'ignorer ce qui s'y passe, les camps y regorgent d'esclaves. J'y ai trouvé une bande de six cents soldats des trafiquants, rebuts de la société. Ces misérables passaient leur temps à boire, à se disputer, à maltraiter les esclaves. Constamment ivres, leur habitude invariable était alors de tirer des coups de fusil au hasard. Depuis le matin jusqu'au soir, les armes à feu partaient de tous côtés, et les balles sifflaient dans toutes les directions. Quand quelqu'un est tué ou blessé, personne ne s'en occupe ni ne recherche le coupable, de sorte qu'on est toujours en danger d'être assassiné. La force brutale est la seule loi de ces régions sauvages, la vie humaine n'y compte pour rien, et toute la population se ligue contre l'Européen, qu'elle accuse d'y venir dans le seul but d'empêcher son commerce. »

En avançant plus au sud, on trouve des populations plus nombreuses, plus vigoureuses et plus intelligentes. La végétation est aussi plus puissante. Les marais sont encore nombreux, mais il y a aussi, de distance en distance, de belles forêts. Le pays est en partie cultivé, il est riche en troupeaux. Le fleuve est encombré de chutes et de nombreuses cataractes qui rendent toute navigation impossible. De plus, les transports par voie de terre, ne peuvent être faits qu'à dos d'homme ; il

BATEAU CHARGÉ DE GRAINS. (*Firmin-Didot.*)

n'existe dans le pays aucune bête de somme, ni ânes, ni chameaux, ni mulets, ni chevaux. Le bœuf seul peut y rendre quelques services.

La population, scindée en petites tribus hostiles les unes aux autres, est sans défense contre les expéditions des marchands d'esclaves, qui aujourd'hui ont pénétré jusqu'aux grands lacs et au delà. Tout le pays, à grande distance du fleuve, est ruiné par la traite, et les tribus

Sur le Nil blanc. (*Firmin-Didot.*)

nègres, toujours en guerre entre elles, aident elles-mêmes à la destruction de leurs voisins, jusqu'à ce que leur tour soit arrivé. Cependant, dans l'Ounyoro, on rencontre des populations moins brutes que sur la route de Gondokoro. Elles ne sont pas absolument nues, se couvrent de quelques étoffes, d'écorces d'arbres et de peaux de chèvres, cultivent le sol, qui devient de plus en plus fertile, et possèdent quelques ustensiles qu'elles fabriquent.

Il est difficile de croire qu'un pays d'une étendue aussi immense soit destiné à rester à jamais à l'état sauvage. Mais les populations y sont clairsemées, la température ne convient pas aux Européens, il n'est pas possible de

Type de sorcier. (*Missions catholiques.*)

songer à coloniser. Quant au commerce, ces contrées sont si éloignées de la côte, qu'il serait impossible d'y importer ou d'en exporter quoi que ce soit, excepté des marchandises d'une valeur extrême. Les produits naturels sont nuls aujourd'hui, à l'exception de l'ivoire.

Éloigné de toute civilisation, le pays est devenu le théâtre d'atrocités inouïes, la hideuse traite des noirs le dépeuple et agrandit tous les jours le désert.

Cependant le sol est riche, toutes les plantes des tropiques pourraient s'y développer. Le coton, le café, la banane, la canne à sucre y sont indigènes ; la patate, le manioc, l'igname, la sésame, l'arachide, le tabac y poussent à l'état sauvage. L'acacia abonde dans les régions de Khartoum où il sert à construire les barques. Elles fournissent aussi en abondance des gommiers de qualité inférieure, mais qui ont cependant une certaine valeur commerciale.

Le règne animal y est largement réprésenté, mais le commerce des peaux et des fourrures peu développé.

Les Niams-Niams ont une certaine habileté à fabriquer des poteries d'une régularité parfaite, décorés avec beaucoup de goût. Leurs forgerons excellent dans la fabrication des armes dont ils se servent, lances, javelots, flèches, etc.

Le cuivre et le fer sont à peu près les seuls métaux que l'on rencontre dans ces pays. Le cuivre est tiré du Darfour. Il sert de monnaie d'échange sous forme de lingots de divers poids et d'anneaux de toutes les dimensions. Le fer se rencontre dans plusieurs endroits, particulièrement chez les Mbottous.

En résumé, la route du Nil conduit dans des pays dont la richesse de végétation ne peut faire l'objet d'un doute, mais le parcours est des plus difficile.

Le Nil, en un mot, traverse d'affreuses solitudes, plus malsaines que n'importe quelle autre contrée, et c'est pour la civilisation un chemin impraticable entre tous. Elle descendra peut-être un jour des grands lacs vers l'Égypte, mais ne remontera pas de l'Égypte aux grands lacs.

CHAPITRE XIX

Difficultés de fonder des colonies. Etendue. Population du Soudan. Voyageurs qui l'ont parcouru. Populations intermédiaires. Importance des Beni Mzab.

En Algérie, nous avons, pendant de longues années, été occupés à conquérir, pacifier, puis à occuper cette immense colonie dont la prospérité depuis quelques années va toujours croissant.

Depuis longtemps déjà, un certain nombre de personnes se sont préoccupées de son extension vers le sud, de créer des relations avec le Soudan. Mais d'un côté le territoire conquis et la nécessité de sa mise en rapport absorbaient tous les moyens et de plus, à première vue, les difficultés paraissaient excessives; le désert à traverser, des espaces immenses sans eau, sans population, sans ressources, le sable partout. En un mot, beaucoup de risques à courir pour des résultats très douteux. On a, il est vrai, toujours à lutter contre des difficultés considérables, toutes les fois que l'on se trouve en face de pays neufs, dans lesquels la civilisation n'a pas encore pénétré, où le travail et l'industrie n'existent pas. — L'absence de routes et de moyens de transport, l'insalubrité du climat, l'hostilité des populations décuplent les obstacles. Les valeurs considérables que recèlent ces pays dans leur sein sont annulées par les frais énormes que nécessite leur transport.

Cela est vrai partout, au Sénégal, au Congo, au Bas-Niger, au Tonkin, et les colonies qui enrichissent aujourd'hui leur métropole ont coûté bien des sacrifices de sang, d'argent et de temps. C'est la loi humaine. Le travail seul donne la richesse aux nations. Découvrir, comme l'Espagne autrefois, des mines d'or et de diamants est un rêve, et s'il se réalisait, il serait plus nuisible qu'utile à la nation qui en récolterait les riches produits, en ce sens que cette fortune trop facile tuerait chez elle tout travail.

L'industrie et le commerce français n'ignorent pas cette loi. Cependant, entraînés par l'ardeur du gain, ils ont concentré leurs efforts sur les marchés du vieux monde, où ils ont eu longtemps le dessus sur la concurrence étrangère. Leurs procédés supérieurs de fabrication, leur génie artistique, les productions d'un climat privilégié, leur assuraient un écoulement certain et avantageux de leurs produits. Mais les progrès de la science ont amené les chemins de fer, les télégraphes, le mélange des nations. Les étrangers sont venus dans nos manufactures, à nos expositions, étudier nos outillages, nos procédés de fabrication, et comme chez eux la main d'œuvre est moins chère, ils fabriquent à meilleur marché. On dit même que le commerce étranger provoque, soudoie nos grèves dans le but de pousser à l'augmentation des salaires, afin de précipiter le mouvement de recul de nos produits sur les marchés du vieux monde civilisé. En résumé, la concurrence restreint, peu à peu, tous les débouchés par lesquels s'écoulaient nos produits de toute nature, et nous aurions tort de croire à des jours meilleurs, d'espérer désormais pouvoir fabriquer à meilleur marché que l'Anglais, l'Allemand et l'Américain.

La conséquence de tout ce que nous venons de dire est simple et facile à déduire. Nous devons chercher en dehors du vieux monde et trouver coûte que coûte des marchés neufs sur lesquels une protection bien entendue nous assurera la priorité de vente. L'idée a déjà été admise. Les expéditions du Tonkin, de Madagascar, en sont des manifestations. Ce ne sont peut-être pas des choix fort heureux. Le Tonkin surtout est séparé de nous par le canal de Suez, qui peut se fermer au jour du besoin et, de plus, nous y sommes en contact avec le peuple chinois, commerçant par excellence, dont la concurrence est des plus redoutable. A notre

PORTE DE THEOUT. (*Dessin de M. L. Piesse.*)

avis, il eût mieux valu faire effort du côté du Soudan. C'est une vaste contrée, qui n'embrasse pas moins de 250 lieues du nord au sud, ni moins de 800 de l'est à l'ouest, soit cinq ou six fois l'étendue de la France. La population y est très dense, on la porte à 100,000,000 d'habitants. Quelques rares voyageurs ont pu y pénétrer et leurs récits nous ont appris qu'il y avait de l'eau en grande abondance, une fertilité exceptionnelle, des produits de toutes sortes et une population hospitalière et sur beaucoup de points, laborieuse. Une contrée aussi immense, centre d'un continent tout entier, a naturellement depuis longtemps excité la cupidité des commerçants et dès les temps les plus reculés, les Européens ont tenté d'y créer des établissements. Malheureusement la hideuse traite des noirs a longtemps donné des bénéfices tels qu'elle a absorbé l'activité commerciale et accrédité la croyance qu'elle était le seul commerce possible de ces contrées. A coup sûr, si cela était la vérité, il vaudrait mieux renoncer à toute entreprise que de contribuer en quoi que se soit à la continuation de ces chasses à l'homme que font aujourd'hui les Musulmans. Nous sommes les représentants d'une civilisation supérieure, et si nous voulons la pénétration du Soudan, c'est pour améliorer son état, c'est, en un mot, pour le civiliser. Mais en dehors des nègres, il y a de nombreux et riches produits ; aussi les efforts ne cessent pas et tous les peuples, malgré les difficultés et les obstacles, persistent, s'acharnent à vouloir tirer parti de cette énorme agglomération de ressources et de population. Jusqu'à présent partout l'obstacle à résisté. L'Anglais, jaloux de ses intérêts, comme toujours est à la meilleure place, aux bouches du Niger. Il a fait de nombreux efforts pour remonter le fleuve, mais il est arrêté par l'insalubrité, par les rapides, les chutes, les crues énormes, irrégulières et inattendues du fleuve, et sur les bords par des populations sauvages, féroces, absolument abruties par leurs relations avec les traitants, ne sachant faire qu'une seule chose : se battre et se vendre.

Pour triompher de ces difficultés, son voyageur, le docteur Barth, a fait avec le sultan du Bornou un traité dans lequel il lui promet des canons et des fusils, à condition qu'il emploie ses forces à la conquête des territoires qui séparent Kouka, sa capitale, du Benoué, le grand affluent du Niger : « *Cessez, dit-il, vos razzias et vos chasses au nègre, faites des expéditions en vue de conquêtes plus durables.* »

En d'autres termes, nous ne pouvons remonter le Niger ; conquérez ce territoire pour arriver jusqu'à nos

Place d'El Aghouath (place Randon). (*Missions catholiques.*)

vaisseaux et nous ouvrir le commerce du Soudan. « Ce fut, dit le docteur Barth, dans cette circonstance qu'il se produisit, après le départ des invités vulgaires, entre nous et le vizir, un entretien très sérieux sur les voies et moyens d'une restauration du Bornou dans sa puissance et sa splendeur passées. Je ne manquai pas de faire remarquer que, pour cela, les funestes chasses aux esclaves devaient, par un bon système de gouvernement, faire place à des expéditions militaires destinées à opérer des conquêtes durables. Je soutins surtout que le Bornou devait chercher d'autant plus à s'assurer, par la possession du Benoué, une voie vers l'Atlantique et l'Europe, que les communications vers le nord étaient occupées par les Turcs ennemis. Le docteur Overweg s'éleva alors avec chaleur contre la traite des esclaves, mais le vizir lui objecta qu'il n'y avait que ce moyen *de se procurer des armes à feu.* Je lui démontrai à mon tour que son pays renfermait encore d'autres produits, au moyen desquels il pourrait obtenir, par des opérations commerciales honnêtes et régulières, cet article si recherché. Après de longs débats il se montra enfin disposé à signer l'abolition de la traite des noirs, clause jusqu'alors réservée dans la rédaction du traité de commerce, à la condition que le gouvernement britannique lui donnât 1,000 fusils et 4 canons. *L'envoi de ces armes était chose facile, pourvu que les maîtres du Bornou puissent s'ouvrir une voie vers le Bénoué.* »

Le sultan a essayé, mais ses troupes, sans organisation, mal conduites, incapables de tenir longtemps la campagne et de renoncer à de vieilles pratiques, chassent encore le nègre et n'ont pu conquérir ces contrées ni même les traverser. Cependant certains indices doivent faire supposer que l'Angleterre entrevoit des chances de succès, car elle a acheté, il n'y a pas bien longtemps, les établissements commerciaux fondés par le comte de Semellé sur le Bas-Niger et le Benoué, afin de rester maîtresse de ce débouché. C'est pour nous un malheur et c'est aussi une grande faute que de n'avoir pas énergiquement soutenu ces établissements et de les avoir laissés tomber entre ses mains. Nous en avons eu la preuve promptement.

A la conférence de Berlin, l'Angleterre a demandé avec instance la concession de ce territoire et n'a pu réussir. Elle n'a pas pour cela reculé et *elle vient de déclarer, quand même, son protectorat sur le Bas-Niger et le Benoué.*

La France est installée depuis peu au Congo. Nos nationaux y poursuivent des voyages d'exploration et cherchent déjà les communications avec le bassin du Niger, avec son affluent, le Benoué. Nous subissons la même attraction vers l'intérieur ; c'est là que sont les pays riches et producteurs.

Un Kabyle

Dans ces derniers temps, il a paru des publications affirmant que le commerce du nord de l'Afrique avec le Soudan est nul et ne vaut pas la peine que la France s'en occupe. Ce n'est pas la question vraie. Notre conquête algérienne, les prédications des Senoussya, l'anarchie, les guerres intestines, surtout la *suppression de la traite des nègres* ont à peu près, il est vrai, fait dévier à l'est et à l'ouest de nos possessions les relations avec l'intérieur. Il est absolument vrai qu'il s'est interposé entre nous et le Soudan des obstacles qui barrent la route. Mais la question à poser est celle-ci.

Les produits du Soudan sont-ils assez importants, ont-ils assez de valeur pour que nous ayons le devoir de rompre ces obstacles?

Si nous prouvions cela clairement, il est certain qu'il n'y aurait plus à hésiter, qu'il faudrait passer à l'exécution. Malheureusement il n'y a que bien peu de voyageurs qui aient pénétré ces contrées, et nous sommes obligés de nous en tenir à des données très générales et peu contrôlées.

Le major Laing, René Caillé n'ont vu que le Soudan occidental, Nachtigal a visité le Soudan oriental. Son livre établit que les eaux sont extrêmement abondantes, que la population est dense, laborieuse, que les travaux de l'agriculture sont en honneur sur les bords du lac Tchad et même que dans un certain nombre de villes il y a des rudiments d'industrie. Richardson, Overweg D. Beurmam et tant d'autres sont morts à la peine; reste le docteur Barth. Il a eu la bonne fortune de pouvoir y séjourner longtemps, de les parcourir sur une grande surface, d'en revenir sain et sauf et d'en rapporter ses notes et documents. Il a publié ses observations dans un travail des plus complets, qui abonde en détails du plus haut intérêt. Il serait trop long de citer tous les passages qui éclairent le sujet. Nous nous bornerons à un seul qui concerne la ville de Kano.

«Kano, dit-il, *page* 24, est une ville de 60,000 âmes, industrielle et pleine de vie, dont les manufactures approvisionnent une grande partie du continent africain. Les transactions qui s'y opèrent ont pour objet les fabrications indigènes et spécialement les articles de coton, que l'on tisse dans la ville même et que l'on teint au moyen de l'indigo récolté dans le pays; les sandales, djebiras, sacs et autres objets en cuir, qui s'importent dans l'Afrique septentrionale. » Il ajoute à cela une nomenclature de tous les objets que l'on trouve sur le marché à Kano.

« Sandales, djebiras, sacs de cuir de toutes les dimensions. Armes, plats en bois, vêtements de coton, vêtements de laine, burnous, gandouras, objets de sellerie en cuir, cuivre des mines d'El-Hofra et articles de forgerie. Tapis en laine, ivoire, cornes de rhinocéros, pierres précieuses, plumes d'autruche, copal, cardamome, antimoine, or, natron, beurre végétal, gomme, cire, assa fœtida, indigo, encens, épices, blé, vignes, café, thé, coton, sarrazin, riz, noix de gouro, tabac, banane, oignons, igname, canne à sucre, etc., etc. »

Enfin il affirme l'existence dans le Wadaï, le Ba-

VUE DE NEFTAH
(Dessin de M. O'Callaghan, d'après une photographie de M. Baronnet.)

ghirmi, le Bornou d'une magnifique race de chevaux, d'une richesse immense en troupeaux pouvant fournir une immense quantité de viande de boucherie. On y trouve également une race d'ânes très vigoureux et très recherchés. Les autres représentants du règne animal qu'il cite sont : l'éléphant, le rhinocéros, l'hippopotame, les antilopes, les sangliers, etc.

« Quant au commerce étranger, il arrive à Kano sous forme de tissus de coton bleu, écrus et imprimés à Manchester, de soieries françaises, de toile rouge de

Saxe et Livourne, soies communes, bonnets rouges, perles de Venise, papiers ordinaires, glaces, aiguilles, mercerie de Nuremberg, lances d'épées de Solingen, rasoirs de Styrie, sucre de Marseille, bougies, allumettes, etc. »

Nous ne recherchons pas si cette nomenclature est complète; mais ce qu'il y a de certain c'est que Kano n'est qu'un point dans cette vaste contrée et qu'il est une branche de commerce dont l'exploitation serait certainement fructueuse, celle des armes à feu.

Barth conclut (p. 107, 4ᵉ vol.):

« Il y a là un champ d'exploitation immense pour l'activité européenne. Mais outre les difficultés considérables que présentent les distances et l'absence de gouvernement régulier du pays, les rivalités des nations civilisées, surtout de la France et de l'Angleterre, rendent encore plus inaccessibles ces régions entourées déjà de tant d'obstacles par la nature. »

Ainsi donc le voyageur le plus compétent affirme clairement la richesse de ces contrées et ne met pas en doute qu'elles remunèreront largement les efforts de ceux qui y pénètreront, mais il faut vouloir et c'est une question d'influence et de prestige à répandre au loin. C'est le seul abri sous lequel nos nationaux pourront étendre leur rayonnement.

Quand nous parlons de commerce, nous n'entendons pas que nos nationaux pourront, à bref délai se mettre en route pour Tombouctou et Kano, et y vendre eux-mêmes leurs draps, leurs cotons, leurs bougies ou leurs armes, etc. Nous n'entendons pas non plus, qu'ils engageront bientôt des capitaux, pour y envoyer des caravanes. Non, c'est à plus longue échéance, qu'il faut espérer un profit quelconque. Nous entendons seulement que notre commerce bénéficiera dans une certaine mesure que personne ne peut déterminer, de la pacification du Sahara, de la fin de toutes ces luttes, de toutes ces razzias et de la transformation de nos Chambas et des Touaregs pillards en populations paisibles, s'occupant de la culture de leur pays, de l'élève de leurs troupeaux et de convoyer le commerce de l'Algérie au Soudan. Alors si vraiment l'agriculture leur donne des

RUE DE BOU SAADA
(Dessin de M. O'Callaghan.)

moyens d'existence, si le commerce est rémunérateur, au lieu de s'entretuer et de se détruire, ils augmenteront en nombre et en ressources et il ne nous est pas défendu d'espérer que ce peuple, aujourd'hui disséminé, ne se concentre, ne se développe et ne finisse par donner de l'importance à ses transactions et à ses convois.

Nous avons déjà dans les populations des Beni-Mzab des intermédiaires extrêmement importants qui ont, tout le monde le reconnaît, le génie commercial à un haut degré. Parfaitement placés sur la route entre Alger et les Touaregs, ils exploitent depuis longtemps toutes les branches du commerce et ont, de tout temps, eu des leurs à Tombouctou même. Ils possèdent des capitaux importants, un crédit considérable. Si nous leur ouvrons la route, il est certain qu'ils se serviront de tous les avantages. Notre seul rôle, sera de profiter, sans courir de risques, du surplus qu'amènera forcément dans les ports de la côte les transactions qu'ils établiront avec l'intérieur. Nous devons donc nous hâter de faciliter le transport des marchandises qu'ils achètent à la côte, car plus ils gagneront, plus ils seront ardents à la besogne et plus ils donneront de bénéfices à nos commerçants. Plus aussi ils pourront lutter contre la concurrence anglaise établie par les routes du Maroc et de Tripoli, c'est-à-dire qu'il nous faut pousser en avant aussi vite que possible le chemin de fer de Biskra à Tuggurth, puis à Ouargla et y rattacher le Mzab. C'est un des besoins les plus pressants du commerce algérien et aussi c'est un des plus utiles au point de vue militaire. On peut dire que son établissement s'impose depuis longtemps.

La construction, du reste, présente peu de difficultés. Il est partout en plaine sur un terrain solide et de plus il suffit de lui donner une largeur réduite de $0^m,90$ qui permettra de lui donner plus de flexibilité. Inutile de chercher sur une voie pareille à obtenir de fortes vitesses. Pendant longtemps il n'y aura pas abondance de voyageurs et les marchandises n'exigeront pas non plus un grand nombre de trains. Les dépenses de construction seront donc aussi faibles que possible.

Le chemin de fer du Sud Oranais, construit dans ces conditions fait preuve d'une puissance de transport suffisante.

On peut, il est vrai, prétendre que l'établissement de ce chemin de fer saharien précéderait les besoins commerciaux, et que généralement on établit les voies ferrées pour l'écoulement de produits existants. En Algérie, tous ceux qui ont été construits, l'ont été pour donner la vie aux pays traversés, pour y développer la culture et le travail, et partout, leur construction a précédé les besoins des populations.

VUE DE BADÈS
(Dessin de M. Louis Piesse.)

On objecte que les transports des produits de pays aussi lointains absorberont tous les bénéfices, et même que peu de marchandises pourront supporter une pareille surélévation de prix. Ce n'était point un obstacle insurmontable du temps où se tenait annuellement le grand marché d'Amadghor et si nous réussissions à pacifier tout ce pays, et à substituer notre influence à celle des Senoussya et des traitants, nous aurions à poursuivre par tous les moyens, la résurrection de cet ancien marché. Assurément, cette résurrection ne peut être l'œuvre de quelques jours. Mais la présence d'une force suffisante sur la route d'Amadghor serait pour tous une garantie de sécurité. Elle rendrait possible pour tous les intéressés des pourparlers, des arrangements, qui seraient le point de départ de relations, impossibles sans elle.

Il est, du reste, dans les habitudes traditionnelles de ces populations de tout traiter dans des assemblées (miads) où tout le monde a droit de discussion.

Les résolutions prises ainsi en commun sont généralement respectées, et ont force de loi. Ce serait un spectacle intéressant et utile de faire tenir là un grand miad où nous ferions poser par nos amis les questions qui nous intéressent ; la liberté des routes et des transactions, protection de ces routes, pacification, sécurité, police du Sahara, etc. Si nous parvenions à y amener des représentants de nos populations du sud de l'Algérie, des ordres religieux Tedjinya et autres, les chefs des Touaregs Asdjers, etc., nous aurions bien des chances de préparer en notre faveur bien des modifications à l'ordre de choses actuel.

Si toutes les populations qui jalonnent la route se faisaient laborieuses et commerçantes, si les produits s'échangeaient de proche en proche, les prix de transport seraient vite réduits et nous ne nous contenterions pas longtemps de transports à dos de chameau. Pour améliorer la situation, on n'est pas obligé d'entreprendre d'emblée, les 1800 kilomètres qui nous séparent de ces pays, comme il semblerait qu'on l'a rêvé un instant. Il y a bien des étapes d'Alger à Kano, Katsenna, Tombouctou ou Kouka, et la chaîne qui les liait autrefois existe encore. Elle se composait des Kel-Owi et Aouelimidden, frères des Asdjers, de ceux-ci, des Chambas et des Beni-Mzab. Les chaînons désunis peuvent être rattachés.

Dire d'emblée que le Soudan n'a pas de valeur com-

LE MIRAGE. (Firmin Didot.)

merciale, c'est dire une chose fausse. Quand l'Angleterre a débarqué ses premiers colons sur les rivages de la puissante et riche Amérique, c'était un pays de sauvages, qui n'avait pour richesses que des forêts et ses grands cours d'eau. Que deviendra le commerce des pays du sud saharien, c'est difficile à prévoir, mais il offre aux peuples européens un terrain fertile, riche de produits précieux. Ce serait une faute grave, que de se laisser arrêter par la légende saharienne, comme ce serait une utopie de rêver la conquête de ces pays et leur colonisation, on y userait ses forces et sa fortune. Il faut seulement arriver à ouvrir avec eux des relations, et à les guider dans les voies de la civilisation. Il faut surtout mettre des limites aux progrès des autres nations et ne pas les laisser s'emparer de tout le Soudan. Elles y marchent à grands pas.

CHAPITRE XX

Conclusions. Chemins de fer russes. Force d'expansion des populations arabes, indigènes. Importance d'Amguid.

Des nombreuses routes formant les quatre faisceaux que nous avons décrits, une seule nous est ouverte, celle d'Amadghor. Le premier groupe est au Maroc. Le second, s'il n'est pas tout à fait marocain est près de le devenir. Les routes de R'hât et de Bilma sont devenues turques ou senoussya, sous nos yeux, sans que nous ayons rien fait pour l'empêcher. Celle d'Amadghor, la seule qui nous reste, heureusement présente de très bonnes conditions. Elle aboutit au centre du Soudan à l'objectif cherché, le royaume de Haoussa. De plus elle offre à notre portée des positions magnifiques, d'abord Temassinine et plus loin Amguid. Hâtons-nous d'y prendre pied, sinon nous y verrons bientôt les Turcs, et alors l'Algérie sera emprisonnée et séparée de ces empires du Soudan, but et objet de toutes les convoitises actuelles en Afrique.

Les conclusions de ce long travail sont de plusieurs sortes.

1° Organiser défensivement les côtes de nos possessions algériennes et leurs frontières du côté de Tripoli.

2° Mettre en culture la bande fertile qui longe le bord nord du Sahara. L'abondance de ses eaux, la fertilité de son sol, la certitude d'écouler ses produits doivent nous engager à y porter nos efforts. Il en découle l'obligation de pousser promptement en avant nos chemins de fer, à travers cette zone.

3° Les routes fluviales du continent africain ne sont pas préférables aux routes de terre et exigent aussi, pour assurer le transit, la construction de chemins de fer. Par conséquent, si nous voulons avoir notre part de ce vaste territoire, il faut y pénétrer par nos routes de terre, celles qui partent de l'Algérie. Elles sont loin d'être dépourvues d'eau et de ressources, comme nous le croyons généralement; on peut dans un avenir lointain, il est vrai, les voir jalonnées d'oasis et de groupes importants de populations.

Si la grandeur de l'œuvre effraie, nous croyons pouvoir rappeler que les Russes ont accompli en quelques années en Asie une œuvre plus difficile, en ce sens qu'il leur a fallu amener à Géok-Tépé une force de dix mille hommes pour triompher de la résistance et que nous sommes loin d'avoir besoin d'une force pareille, pour venir à bout des obstacles que les populations du Sahara peuvent nous opposer.

On a souvent comparé la marche des Russes vers l'Asie centrale aux opérations que nous pourrions entreprendre dans le Sahara. C'est qu'en effet il y a beaucoup d'analogie entre la région transcaspienne et nos possessions sahariennes du nord de l'Afrique au point de vue de la nature du pays, de l'aridité, des mœurs des habitants et de l'importance que prend dans ces contrées la préparation des opérations militaires.

La région de l'Amou Daria à la mer Caspienne a beaucoup de ressemblance avec le Sahara africain. Semblable à une mer de sable, la traversée en est des plus difficiles, les oasis y sont très clairsemées. C'est le désert des Turkmènes. La partie voisine de la mer Caspienne, jusqu'aux environs de Kysil-Arwat (250 kilomètres de Mikaïlowski) est peut-être la plus difficile ce sont les déserts de Molla-Kary, les sables sont couverts de plantes qui forment de véritables forêts, l'eau fait presque totalement défaut.

SOURCE DANS LE DESERT. (*Firmin Didot.*)

Au-delà de Kysil-Arwat l'eau devient plus abondante, elle est fournie par les ruisseaux qui coulent au nord du Topek-Dagh, chaîne de montagnes qui sépare ce pays de la Perse. C'est là que se sont élevés les villages des Turkmènes qui jalonnent le chemin de fer transcaspien avec l'oasis d'Akkal et de Géok-Tépé. Puis on rencontre les vallées supérieures de l'Iberi-Reed et du Mourgol, avec la grande oasis de Merv (850 kilomètres de Mikaïlowski) c'est la contrée la plus fertile et le centre du pays transcaspien. Mais au delà, en allant vers l'est, les ruisseaux font, de nouveau, totalement défaut. Les quelques puits que l'on rencontre sont parfois éloignés de 80 à 90 kilomètres. Ils ne donnent qu'une quantité d'eau très limitée et souvent elle est salée. Les sables ont le même caractère que dans le voisinage de la mer Caspienne.

Tout le pays est parcouru par des populations deminomades auxquelles on donne le nom général de Turcomans. Ils vivent de pillage, dévastent le pays, enlèvent les habitants, qu'ils vont vendre comme esclaves sur les marchés de l'Afghanistan et de la Boukharie, comme le font les marchands d'esclaves du Soudan.

La partie la plus civilisée de la population habite la région la plus rapprochée de la mer Caspienne, ce sont les Akkal-Téké, leur nombre peut être évalué à 40 000 tentes. Les villages sont habités par quelques agriculteurs sédentaires, ils sont fortifiés et servent comme les ksours du Sahara, de places de sûreté aux nomades. Merv est une ville naissante, appelée comme Khiva, à un grand développement.

En somme, le pays est pauvre et la population très clairsemée. La manière de vivre et de combattre de ses habitants ressemble beaucoup à celles des Arabes du

LA PRIÈRE DU SOIR. (D'après un tableau de M. Guillaumet.)

sud de l'Algérie. Cavaliers infatigables, ils savent aussi résister derrière les murailles de leurs ksours.

Les expéditions dans ces pays ont, par suite, beaucoup d'analogie avec celles du sud de l'Algérie. Dans les unes comme dans les autres, la préparation est la partie la plus longue et la plus difficile. L'expédition de Skobelew (1880 à 1881) a demandé plus d'une année de préparation.

Le général avait compris que l'insuccès éprouvé les années précédentes par le général Lomakine était dû en grande partie au défaut de préparation et à l'insuffisance des approvisionnements. Aussi ne négligea-t-il rien de ce côté. Il n'hésita pas à entreprendre, malgré des des difficultés inouïes, la construction du chemin de fer de Krasnovodosk à Kysil-Arwat, et Banie, sa base de réapprovisionnement, et cependant il lui fallut recourir à un convoi de plus de 30000 chameaux, soit près de trois chameaux par homme comptant à l'expédition, et

SOUS LES PALMIERS
(Dessin de Mlle M.-L. Philebert.)

il eut les plus grandes difficultés à maintenir son convoi à cet effectif, par suite de la maladie effrayante qui sévit sur les animaux, l'expédition coûta près de 10 000 000 de roubles.

L'œuvre la plus grandiose, accomplie par les Russes dans ce pays, est certainement la construction du chemin de fer, commencé par Skobelew, et qui maintenant le traverse de l'ouest à l'est. Il mesure 1100 kilomètres, de la mer Caspienne à l'Amou Daria, et n'atteindra pas moins de 1500 kilomètres, lorsqu'il sera prolongé jusqu'à Samarcande. Les principaux points qui le jalonnent sont *Kysil-Arwat* (250 kilomètres de Mikaïlowski) Askabad (200 kilomètres de Kysil-Arwat). Douchak (200 kilomètres d'Askabad). Merv (180 kilomètres de Douchak) Tchardjoui (230 kilomètres de Merv). Boukhara (150 kilomètres de Tchardjoui). Samarcande (250 kilomètres de Boukhara).

Devant une entreprise aussi colossale, on est émerveillé du succès, et l'on peut affirmer en toute confiance qu'une expédition française, conduite jusqu'au centre du Sahara africain, aurait beaucoup de chances de réussite. Les difficultés à vaincre seraient assurément moins grandes.

Quel que soit le but poursuivi par les Russes, ils ramèneront la civilisation dans ces contrées dévastées par les incursions des Mongols. Grâce à eux, le trafic des esclaves disparaîtra prochainement du centre de l'Asie, et l'on est obligé de reconnaître les services qu'ils rendent à la grande cause de l'humanité.

La France en se plaçant au même point de vue a un rôle semblable à jouer dans le Soudan.

Elysée Reclus a dit : « La colonisation est pour la France une question de vie ou de mort. Ou la France deviendra une grande puissance africaine ou elle ne sera dans un siècle ou deux qu'une puissance européenne secondaire ; elle comptera à peu près dans le monde comme la Grèce ou la Roumanie compte en Europe. »

Ce savant géographe a résumé en quelques mots l'idée qui nous a poussé à écrire ce livre. Le territoire de la France est trop petit, sa population trop peu nombreuse quand on la compare à celles de l'Amérique, de la Russie, de l'Allemagne, de la Chine, etc., pour conserver le rôle prépondérant qu'elle a joué dans les derniers siècles. Les productions de son industrie subissent les conséquences du renchérissement de la main-d'œuvre et elle voit diminuer ses ressources et ses richesses. Il faut absolument trouver des contrées nouvelles qu'elle civilise et qui lui rendent plus tard, abondance de population, richesse de produits. Le centre africain seul peut remplir ce rôle, seul il est à portée ; mais il faut se hâter. L'Anglais, l'Allemand, tous les peuples civilisés convoitent ces teritoires. Déjà le musulman les pénètre et en détruisant les populations en change la nature. Nous n'avons encore fait aucun effort sérieux. A peine dans l'Ogowé, depuis quelques années avons-nous préparé la reconnaissance du pays.

Au Sénégal, que nous occupons depuis de longues années nous sommes restés longtemps sans rien désirer et sans rien tenter. Depuis quelque temps seulement nous avons fait des efforts et quelques réels progrès, mais le Sénégal, comme nous croyons l'avoir démontré, est excentrique, il est à une extrémité du Soudan et est une mauvaise base commerciale.

C'est au centre qu'il faut prendre pied, alors on étendra la main des grands lacs à l'Océan et les routes de terre seules peuvent nous y conduire.

Nous n'avons pas grand espoir que notre pays nous écoute, nous avons cru cependant utile de remettre en lumière autant qu'il est en notre pouvoir, ces questions agitées au début de notre carrière. L'autorité militaire, qui dirigeait alors les destinées de l'Algérie les avait mises en tête de ses travaux et nous avons la ferme conviction que, si la direction lui avait été conservée quelque temps, elle leur aurait fait faire un grand pas en avant ; si même, elle n'était pas arrivée à la solution complète.

C'est donc pour payer au maréchal Randon et au général Margueritte un tribut mérité de reconnaissance que nous avons écrit ce travail, et mis au jour les études commencées sous leur direction.

DEUX ARABES
(Dessin de M. O'Callaghan.)

En vérité, et c'est avec douleur que nous sommes obligé de le reconnaître, nous avons reculé depuis cette époque et nous étions alors plus près du résultat qu'aujourd'hui.

Il est temps de prendre courageusement notre parti et de reprendre la marche en avant.

La route d'Amadghor qui nous reste ne nous expose à aucune difficulté avec les nations européennes. Elle traverse le pays des Touaregs, et nous n'aurons affaire qu'à ces peuplades ; c'est bien peu de chose, une fois domptées, la route sera nôtre, sans partage.

L'expédition Flatters (quatre-vingt-dix hommes armés) malgré son désastre prouve clairement qu'il est facile de traverser ce territoire et que les Touaregs n'auraient pu le vaincre par la force. On peut être sûr, du reste, qu'en face d'une force plus respectable, ils n'oseront rien et que beaucoup se rallieront à nous, puisque déjà nous savons qu'un parti important est nôtre.

Enfin qu'il nous soit permis avant de terminer, de faire valoir une dernière considération.

Lorsqu'on compare les recensements faits en Algérie on voit que l'Arabe a une capacité de reproduction considérable. Il pullule.

Les statistiques de 1876 donnaient le chiffre de 2,476,941, celles de 1886 donnent le chiffre de 3,284,762, soit en dix ans une augmentation d'un tiers environ. Les causes de cet accroissement sont faciles à découvrir : ce sont l'ordre et la paix succédant à une longue période de guerres. Si cette période de paix dure comme nous devons le désirer, pour le succès de notre colonie, nous verrons certainement s'accroître encore cette population. Dans tout autre milieu il y aurait lieu de s'en réjouir et de s'en féliciter, car ce serait l'augmentation des éléments de travail et de production. Mais ici tout le monde pense que la puissance du travail de l'élément arabe nomade, tout au moins est à peu près nulle, et que les aptitudes qui manquent à cette partie de la population ne se développeront pas. De plus tout le monde sait cet élément très mobile et toujours prêt aux luttes, aux révoltes. Sa paresse et son humeur inconstante, autant que le fanatisme, le rendent inhabile à conserver la fortune acquise et plus encore à la produire.

Telle elle est, telle elle restera, heureuse et satisfaite de ses habitudes séculaires, danger pour la sécurité et la prospérité de la colonie, danger d'autant plus grand, qu'elle sera plus nombreuse, plus malheureuse et que le développement de nos industries, de nos productions et de notre agriculture réduiront de plus en plus ses terres de parcours et ses moyens d'existence.

UN COIN DU MONDE AFRICAIN (*Missions catholiques.*)

Il faut trouver un moyen de limiter cet accroissement de population, ou lui ouvrir un champ d'activité nouveau, l'occuper à une œuvre qu'elle puisse mener à bien.

Cette race, si elle n'est pas bien douée, au point de vue du travail et des habitudes d'ordre, l'est merveilleusement à d'autres points de vue, tels que : la sobriété, la résistance à la fatigue, le goût des aventures, des luttes individuelles... Ce sont précisément les qualités nécessaires pour vivre dans le Sahara...

Avec les moyens d'organisation et de direction dont nous disposons, il est facile de faire servir cette population à la pénétration de ces vastes régions que nous pouvons rendre habitables en y forant des puits, en y construisant des barrages de rivières, des citernes, etc. Nous créerons là de vastes espaces où le nomade trouvera encore à faire paître ses troupeaux, alors qu'il reculera devant le mouvement en avant de nos colons.

Nous éloignerons ainsi le danger de jour en jour et nous peuplerons le Sahara. Pour atteindre ce but il ne faut que quelques cadres. Ils ne manqueront pas pour mener à bien une œuvre de ce genre. Elle s'exécute du reste, tous les jours peu à peu et comme malgré nous, car tous les jours, nous faisons quelques pas en avant, et si petits qu'ils soient, ils n'en démontrent pas moins que ce que nous proposons est la conséquence nécessaire des faits et, par conséquent, que si nous organisons avec volonté et méthode la marche en avant, des succès considérables en seront le résultat.

On a parlé de conscription, ce serait un dangereux essai que de militariser tout ce monde à la fois, car il ne se fera pas nôtre. Mais en former des bandes, les armer de nos vieux fusils, et les lancer sous la conduite de quelques officiers à la conquête du Sahara, puis du Soudan, c'est les occuper utilement pour nous, créer de

LES CONTRÉES MYSTÉRIEUSES. (*Firmin-Didot.*)

nouveaux espaces où ils pourront continuer leur vie de pasteurs, et aussi mettre un temps d'arrêt à leur multiplication au centre de la colonie.

Nous avons tout intérêt à établir d'avance un programme d'exécution et à marcher franchement à sa solution.

On dirait vraiment que les indigènes eux-mêmes nous y convient, car les Touaregs viennent de commettre, sans provocation aucune, un acte d'hostilité contre nos tribus et, dans la lutte, l'héritier présomptif du chef des Taïtok a été fait prisonnier, avec plusieurs personnages importants. Jamais nous n'aurons d'occasion plus favorable pour nouer des relations avec eux et marcher en avant.

Notre premier objectif doit-être Temassinin, puis Amguid, au confluent de l'Igharghar, de l'Oued Gharis et de l'Oued Iskaouen. La position d'Amguid est exceptionnelle, au point de vue des eaux et des cultures. De plus, d'Amguid on peut joindre Timissao et Tombouctou par les vallées de Gharis et de Tirerdjert.

Il n'existe pas dans tout le Sahara de position aussi importante. La route est connue, jalonnée, elle ne pénètre sur aucun territoire ennemi, on est là, à la limite du pays des Chambas. C'est un point où il faut absolument nous établir. L'effort est peu de chose en vue du résultat, car l'occupation d'Amguid établira entre nous et les Touaregs des relations forcées, et il n'est pas possible que notre civilisation supérieure reste sans action sur eux.

TABLE DES MATIÈRES

Pages.

CHAPITRE PREMIER. — Danger de nos possessions algériennes en cas de guerre européenne et de soulèvements indigènes. — Difficultés d'une concentration de l'armée d'Afrique. — Moyens de faciliter son action et celle de la flotte   1

CHAPITRE II. — Puissance conquérante du peuple musulman. — L'idée religieuse est en opposition avec les gouvernements. — Ordres religieux algériens. — Leurs doctrines, leur importance, leurs tendances   9

CHAPITRE III. — Origine et début des Senoussya. Leurs doctrines et leurs tendances. Siège de leur puissance, ses développements, dangers certains de notre établissement dans le nord de l'Afrique.   26

CHAPITRE IV. — Frontière sud de la Tunisie. — Frontière sud-est, les Ourghemmas. — Nécessité d'occuper fortement cette frontière et de garder les passages qui couvrent la Tunisie et l'Algérie   37

CHAPITRE V. — Le Sahara, les Rouagha. — Causes de leur décadence, moyens d'améliorer leur état social. — Le Nefzaoua. — Voies de pénétration dans le Nefzaoua   46

CHAPITRE VI. — Arrivée des colonnes françaises à Gafsa. — Son importance, ses environs, citernes anciennes. — Oasis d'El-Guettar, d'El-Hammam. — Vallées de l'Oued Terfaoui, et de son affluent l'Oued Tseldja. — Légendes.   64

CHAPITRE VII. — Le Djerid. — Oasis de Deggache. — Ceddada. — Tozer, Nefta. — Oasis de l'Oued Souf. — Ligne de partage des eaux du golfe de Gabès et de l'Atlantique. — Cours d'eau et affluents   77

CHAPITRE VIII. — Cours de l'Igharghar. — Eaux artésiennes. — Rôle des dunes. — Versant de l'Océan Atlantique. — Recherche des bassins artésiens. — Reconnaissance des environs d'Ouargla. — Le Transsaharien.   97

CHAPITRE IX. — Routes de pénétration dans le Soudan. — Ordre de Mouley Taïeb. — Routes occidentales du Maroc au Sénégal, et à Tombouctou. — Itinéraire du docteur Lentz. — Tombouctou, son importance commerciale. — Routes de l'Algérie à Tombouctou   120

CHAPITRE X. — Route transversale d'Insalah à Idelès, ville principale du Djebel Hoggar   156

TABLE DES MATIÈRES

Pages.

CHAPITRE XI. — Routes centrales. — 1ᵇ Par Amadghor. — Itinéraire de la mission Flatters, du docteur Barth. — Ordre des Tedjinya. — 2º Route par R'hât. — Massifs du Tassili du Hogghar. — Premières relations avec les Touaregs Asdjers. — Voyages de Si Ismaïl bou-Derba, de H. Duveyrier. — Formation du parti français, situation actuelle 180

CHAPITRE XII. — Routes de l'est. — Grande route de Bilma. — Routes transversales de R'hât à Bilma 233

CHAPITRE XIII. — Physionomie du Sahara. — Partage du pays en dunes, hammadas et vallées. — Possibilité de rendre ces vallées à la culture et de fixer les populations au sol. — Tendances agricoles. — Causes de l'état de misère actuelle des populations . . 237

CHAPITRE XIV. — Route des grands lacs. — Les traitants. — L'esclavage des noirs. Ses résultats. — Livingstone, Stanley. — Œuvre de l'Association internationale belge. — Les missions catholiques. — Organisation des missions en quatre cantons. — Installation des missions du Tanganika, du Nyanza. — Leurs résultats. — État actuel de la question. — L'Allemagne aux grands lacs 255

CHAPITRE XV. — Routes fluviales. — Les possessions de la Société internationale belge. — Le Qwillou. — L'Ogowé. — Produits du pays. 296

CHAPITRE XVI. — Le Bas-Niger. — Historique de l'occupation du Bas-Niger par les Européens. — Les factoreries. — Le Benoué, son importance. — Stations principales 309

CHAPITRE XVII. — Le Sénégal. — Nécessité de construction de chemins de fer. — Impossibilité de construire des routes. — Nécessité de joindre les efforts de l'Algérie à ceux de la colonie du Sénégal, pour assurer la pénétration du Soudan 320

CHAPITRE XVIII. — Le Nil. — Difficultés créées par les Musulmans aux Européens. — Echec des Anglais et des missions autrichiennes. 335

CHAPITRE XIX. — Difficulté de fonder des colonies. — Nécessité de trouver des marchés neufs. — Étendue; population du Soudan. — Renseignements sur les produits du Soudan. — Richesses du sol. — Populations aptes à aider à la création de relations. — Importance des Beni-Mzab 345

CHAPITRE XX. — Conclusion. — Nécessité de voies ferrées. — Chemins de fer russes dans la région Transcaspienne. — Importance du lac Tchad et du Benoué. — Force d'expansion des populations arabes algériennes. — Importance d'Amguid 361

ANGERS, IMP. BURDIN ET Cⁱᵉ, RUE GARNIER, 4.

www.ingramcontent.com/pod-product-compliance
Lightning Source LLC
Chambersburg PA
CBHW071908230426
43671CB00010B/1516